»Richtig reisen«
TOKIO

| In der hinteren Umschlagklappe: Drei Detailkarten der City |
| In der vorderen Umschlagklappe: Übersichtskarte Tokio |

TOKIO

Frank und Ceci Whitford

DuMont Buchverlag Köln

Im Gelben Info-Teil ➔

Abb. Umschlagvorderseite: Schaufensterpuppen in Tokio
Abb. Umschlagrückseite: Bei einem religiösen Umzug

CIP-Kurztitelaufnahme der Deutschen Bibliothek

Whitford, Frank:
Tokio / Frank u. Ceci Whitford. [Aus dem Englischen von Sylvia Hofheinz und Ingrid Nowel]. – Köln: DuMont 1980.
 (Richtig reisen)
 ISBN 3-7701-1043-9
NE: Whitford, Ceci

Übersetzung aus dem englischen Manuskript: Sylvia Hofheinz und Ingrid Nowel
© 1980 DuMont Buchverlag, Köln
Alle Rechte vorbehalten
Druck und buchbinderische Verarbeitung: Boss-Druck, Kleve

Printed in Germany   ISBN 3-7701-1043-9

Tokio – Informationen

Tokio	218	Erdbeben	231
Vor Reiseantritt	219	Fahrpreise	231
Auskünfte	219	Fernsehen und Radio	232
Reisedokumente	219	Fest- und Feiertage	232
Einreisevisum	219	Fremdenführer	234
Devisenvorschriften	219	Fundsachen	234
Zollbestimmungen	220	Gastbesuch in Tokioter	
Anreise, Rückreise	220	Familien	235
Anflug	220	Geishas	235
Vom Flughafen in die Stadt	221	Geld	236
Zurück mit der Transsibirischen Eisenbahn	222	Geschenke	237
		Getränke	237
Tokio in Stichwörtern	223	Haarschnitt	238
Apotheken	223	Hauptverkehrszeiten	238
Arbeitsmöglichkeiten für Ausländer	224	Hotels	238
Ärzte	224	Ikebana	241
Ausflüge	224	Informationen für Touristen	242
Autofahren in Tokio	225	Kaufhäuser	242
Autostop (Anhalter)	225	Kinder	242
Banken	226	Kinos	243
Besichtigungsfahrten	226	Kirchen	243
Betten	227	Kirschblüte	244
Botschaften	227	Klima und Kleidung	244
Bücher über Japan	227	Krankenhäuser	245
Buchläden	228	Kreditkarten	245
Coiffeure und Kosmetiksalons	228	Kunstgalerien	246
Dolmetscher	228	Massage	246
Einkäufe/Souvenirs	229	Maße und Gewichte	246
Einladungen	231	Museen und Galerien	246
Elektrizität	231	Nachtleben	250
		Notfälle	252
		Öffentliche Verkehrsmittel	252

Pachinko	254	Taxis	263
Post	255	Telegramme	263
Radfahren	255	Telephonieren	263
Rauschgift	255	Theater	264
Restaurants	256	Toiletten	266
Schuhe	259	Trinkgeld	267
Shinkansen – der japanische Blitzzug	259	Trödelläden	267
		Visitenkarten	267
Sport	259	Wasser	267
Sprachführer	260	Zahnärzte	268
Stäbchen	262	Zeitrechnung und Tierkreiszeichen	268
Strände	262		
Streichhölzer	263	Zeitungen und Zeitschriften	268

Hinweise zur Aussprache japanischer Namen finden Sie auf S. 117 dieses Buches.

Tokio zum Kennenlernen

Inhalt

Einladung nach Tokio 9
Geschichte und Geschichten
Kurze Geschichte Tokios 19
Audienz beim Shogun im Jahre 1691 (Engelbert Kaempfer) . . . 29
Die Geschichte der 47 Ronins 38
Tokio in Flammen (Robert Guillain) 46
Der Chrysanthemen-Thron 60
Zwischen Schintoismus und Buddhismus
Religion: Ein Überblick 66
Die Teezeremonie 74
Zen-Dialoge 79
Ein kleines Heiligtum in Feststimmung 105
Zeichen und Wörter
Die Sprache mit den sieben Siegeln 108
Fremdwörter in der japanischen Sprache 118
Kunst und Kultur
Begegnung mit einem lebenden Kulturdenkmal 122
Yoshiwara und die ›Schwebende Welt‹ 130
Mr. Ogawa – Kunsthandwerker und Vegetarier 137
Tokioter Alltag
Zu Hause bei den Shimodas 143
Etikette 156
Geishas 158
Sex 164
Ryokans – traditionelle japanische Herbergen 171
Bäder und was Sie darüber wissen sollten 173
Geheimnisse der Speisekarte 174
Statistisches 179
Die großen Kaufhäuser – Tokios Warenparadiese 181
Kriminalität und Polizei 184
Labyrinth Tokio 190
Tokios Sehenswürdigkeiten 194
Ausflüge für Tokio-Müde 205

Praktische Reiseinformationen 217
Bildnachweis 269
Register 270

Einladung nach Tokio

Vertraute Gesichter

»Hello!« rief uns eine junge Amerikanerin mit freundlichem Lächeln zu, als wir auf der Straße an ihr vorübergingen, und »Hello« antwortete auch ich, obwohl ich ganz sicher war, sie nie vorher gesehen zu haben. Als sie in dem Menschengewimmel Tokios verschwand, rief ich noch hinter ihr her: »Kennen wir uns eigentlich?« Sie blieb stehen und drehte sich lachend zu mir um: »Natürlich nicht, aber es ist doch schön, mal wieder ein vertrautes Gesicht zu sehen.«

Mit ›vertraut‹ meinte sie westlich, und ich wußte, was sie zu der Bemerkung veranlaßt hatte. Tokio wird in allen Reiseführern als große, internationale Stadt beschrieben, aber eigentlich ist es kaum weniger kosmopolitisch als der Mond. Jeder Europäer, jeder Besucher mit westlichen Gesichtszügen (oder einer ›langen Nase‹, wie die Japaner sagen würden), der sich auch nur für ein paar Tage hier aufhält, fühlt sich auf ganz seltsame Weise fremd.

Selbst auf der Ginza, der berühmten Ladenstraße der japanischen Hauptstadt, die westlichem Lebensstil am meisten zu entsprechen scheint, sind Ausländer nicht sehr zahlreich vertreten, und ihr Seltenheitswert ruft bei den Einheimischen Reaktionen hervor, die denen von Kindern im Zoo nicht unähnlich sind, wenn sie die Tiere, die sich hinter den Gitterstäben tummeln, in Augenschein nehmen: mit vor Erstaunen gerundeten Augen und offenen Mündern.

Der Japaner wird Sie anstarren – im Zug, in der U-Bahn, im Restaurant, im Park. Seine Kinder macht er mit dem Zeigefinger auf Sie aufmerksam. Sie werden hinter vorgehaltener Zeitung heimlich beobachtet oder ganz offenkundig von Ihrem Gegenüber gemustert. Ab und zu müssen Sie mit Lachen oder Kichern rechnen. Wenn sie von einer Gruppe Japaner begutachtet werden, kann es vorkommen, daß Sie mit ein paar Brocken zusammengesuchten Englisch traktiert werden: Die Japaner können sich nur schwer mit der Vorstellung vertraut machen, daß ein Langnasiger nicht unbedingt auch Englisch sprechen muß.

Als wir an einem Neujahrsmorgen die unendlich vielen Treppenstufen zu einem außerhalb Tokios gelegenen Gebirgsschrein hochtrotteten, rief uns aus der Menschenmenge eine Stimme zu, die wir keinem der vielen Gesichter zuordnen konnten: »This is a pen!« Zweifellos in freundlicher Absicht und angestrengt bemüht, mit uns fremdartigen und unverständlichen Geschöpfen, wie zaghaft auch immer, Kontakt aufzunehmen. Natür-

◁ Auf der Ginza: das Warenhaus Mitsukoshi

lich war nichts von einem Federhalter zu sehen: Der Satz war das einzig erinnerte Überbleibsel aus dem Englisch-Unterricht in der Schule. Aber die Menschenmenge um uns nahm die Bemerkung auf wie eine komödiantische Meisterleistung. Wir standen da, umringt von herzlichem Gelächter, sehr befangen und uns unserer Fremdheit bewußt wie Marsmenschen auf dem Oktoberfest.

Ich konnte gut nachvollziehen, wie der jungen Amerikanerin zumute gewesen sein mußte, als sie uns auf der Straße sah, und ich freute mich ebenfalls, ihr begegnet zu sein. Schon nach wenigen Tagen Aufenthalt in Tokio entwickelt der Besucher eine besondere Fähigkeit, mit Argusaugen jeden anderen Fremden zu erspähen. Blondes Haar, legere Kleidung, Körpergröße und Haltung sind schnell ausgemacht, und den warmen Wellen, dem anheimelnden Gefühl des ›Wiedererkennens‹, kann man sich nur schwer entziehen.

Altes und neues Tokio

Für jeden, der Tokio nur von Photographien oder von Presseberichten her kennt, muß dies als Produkt einer wild gewordenen Phantasie erscheinen. Ist Tokio nicht die am meisten europäisierte Stadt im Fernen Osten? Haben ihre Bewohner nicht seit langem die Mentalität und die Äußerlichkeiten des Westens übernommen? Ist Tokio nicht mit anderen kosmopolitischen Städten wie New York, London oder Frankfurt zu vergleichen?

Es stimmt schon: Man kann in jedem beliebigen Stadtteil Tokios einen Standard-Hamburger von McDonald's essen, und er unterscheidet sich auch durch nichts von den Exemplaren, die in Köln, Paris oder Oshkosh, Wisconsin, verkauft werden. Wenn Sie einen solchen Hamburger irgendwo in Tokio essen, finden Sie sich auch manchmal umringt von einer Horde kleiner Baseball-Helden, die auf dem Weg zum Sportplatz sind – mit einem Hamburger in der Hand. Sie haben auch Recht mit Ihrer Vermutung, in einigen Stadtteilen sei Tokio nicht zu unterscheiden von anderen betriebsamen Großstädten. Zumindest aus der Entfernung betrachtet, scheinen die Stadtteile austauschbar zu sein. Wolkenkratzer ragen in den Himmel (Farbabb. 4), der durch die Luftverschmutzung kaum noch wahrzunehmen ist; Autoschlangen kriechen im Schrittempo über mehrspurige Highways. Scharen von uniform gekleideten Angestellten werden von immer gleichen Vorstadtzügen ausgespuckt, um in überall gleich aussehenden Bürohäusern zu verschwinden. Und nachts erzählt das Meer der Neonlichtreklame in gleißend heller Zeichensprache vom Selbstbewußtsein der Firmengiganten Sony, Toyota und Mitsubishi, genauso wie von Bayer und den Farbwerken Hoechst.

All dies aber ist nur ein Trugbild, ist die Oberfläche eines der vielen Gesichter Tokios. Nicht nur, daß nahezu jeder einzelne aus der millionenfachen Schar dunkelgekleideter Gehaltsempfänger beim Nachhausekommen die Manager-Tasche in die Ecke stellt, Jackett und Bügelfaltenhose gegen den Kimono eintauscht und vor Erleichterung seufzt, daß er endlich seine Füße auf dem Fußboden kreuzen und nach der ersten Schale Sake des Tages greifen kann – auch die Straßen um die Bürotürme herum bleiben unverändert japanisch. Die gebrechlichen Hütten, in denen sich kleine Geschäfte, Wohnungen und Bars eingenistet haben, sind durch ein Spinnengewebe von elektrischen Leitungen miteinander verbunden – störrisch und widerspenstig behaupten sie sich gegen die gläsernen Leviathane, in deren Schatten sie um Luft ringen.

Zu Hause wird sich der Gehaltsempfänger im Fernsehen den Farbfilme anpreisenden Yul Brynner und die Reklame für BMW anschauen, während sein eigener Winzigwagen den größten Teil des Gartens als Parkplatz beansprucht. Er ißt mit Genuß rohen Fisch und plaudert mit seiner Frau, die er durch einen Vermittler kennengelernt hat. Ihre Unterhaltung ist stark durchsetzt mit englischen Begriffen, die durch die japanische Aussprache eine erstaunliche Transformation erleben. Trotz aller westlichen Errungenschaften, von denen unser Mann umgeben ist, denkt und lebt er japanisch.

Tokio, obwohl eine der größten Städte der Welt, Hauptstadt der zweitgrößten Industrienation der Welt und eines Industrieimperiums, dessen Produkte von Düsseldorf bis Detroit gekauft und bewundert werden, ist deshalb noch keineswegs kosmopolitisch. Tokio ist ebensosehr die Hauptstadt eines Landes, dessen Einwohner geistig und gefühlsmäßig vom Rest der Welt isoliert sind. Eingesponnen in das Netz ihrer einzigartigen Sprache und geographisch isoliert auch von den nächsten Nachbarn, sind die Japaner nur an der Oberfläche durch westlichen Lebensstil gekennzeichnet, den sie doch anscheinend so enthusiastisch angenommen haben. Die Japaner bestehen entschiedener als jede andere Nation auf dem Unterschied zwischen ›wir‹ und ›den anderen‹, zwischen sich und der übrigen Welt. Und auch wenn der ganze Globus der Amerikanisierung des Lebens anheimfiele (was Gott verhüten möge), wären die Japaner die letzten, die sich diesem Diktat unterordneten – sie wären auch weiterhin fest und würdevoll von ihrer grundlegenden Andersartigkeit überzeugt.

Die Einsamkeit der Japaner

Nicht nur geographische und historische Gründe sind ausschlaggebend dafür, daß die japanische Mentalität so völlig isoliert dasteht; auch die kulturelle und ethnische Homogenität Japans ist einzigartig. Die Japaner selbst

◁ Der Stadtteil Chiyoda-ku

erkennen ihr Gegenüber auf einen Blick, sehen die Unterschiede innerhalb ihrer eigenen Rasse, aber auch bei für uns so gleichartigen Völkern wie den Koreanern und Chinesen. Mischehen sind äußerst selten, und die wenigen in der Öffentlichkeit bekannten Mischlinge sind meistens Sänger und Unterhaltungskünstler. ›Ausländer‹ der zweiten und dritten Generation, auch wenn sie in Japan geboren sind und über japanische Pässe verfügen, sind dazu verurteilt, ihr Leben als Außenseiter zu verbringen: Auch sie werden – nicht anders als ausländische Touristen – in den Zügen schweigend gemustert und besonders behandelt. Die Mischlinge, die aus den Verbindungen zwischen Japanerinnen und amerikanischen Besatzern in der Nachkriegszeit hervorgingen, wurden größtenteils in Waisenhäusern aufgezogen und von dort auf große Haziendas nach Brasilien geschickt, denn – so argumentierte man – ihre Anwesenheit in einer derart geschlossenen, einheitlichen Gesellschaft wie der japanischen könne nur zu Problemen führen.

Das Bewußtsein der Einzigartigkeit und einer Sonderstellung findet seinen stärksten Ausdruck in der Tatsache, daß es nur eine verschwindend geringe Anzahl von Ausländern gibt, die die japanische Sprache verstehen und sich auf japanisch verständigen können, ganz zu schweigen von der Fähigkeit, japanisch zu lesen oder zu schreiben. Die Japaner sind überzeugt davon, daß kein Ausländer ihrer Sprache mächtig sein kann. Es soll vorgekommen sein, daß einem Fremden, der eine Frage in perfektem Japanisch vortrug, die Antwort gegeben wurde, man verstehe leider kein Englisch – Ausdruck der Weigerung, den eigenen Ohren zu trauen.

Dabei ist es gar nicht so schwierig, die Anfangsgründe der japanischen Sprache zu erlernen. Obwohl sie sich zum Teil der chinesischen Kalligraphie bedient, ist die japanische Sprache dem Chinesischen nicht weniger unähnlich als dem Deutschen, das ja zur indogermanischen Sprachfamilie gehört. Das Japanische hat keine nachweislichen Beziehungen zu irgendeiner anderen Sprache. Die Ideengeschichte, die Erfahrungen und die kulturellen Werte, die diese Sprache formten oder durch sie ausgedrückt werden, sind ebenfalls als isolierte Phänomene zu sehen, und die daraus resultierende In-sich-Geschlossenheit des durch die japanische Sprache vermittelten Denkens ist ein ebensolches Hindernis wie die Sprachbarriere selbst.

Die Eigentümlichkeiten der japanischen Sprache, die langen Jahre, die jeder Japaner damit zubringen muß, lesen und schreiben zu lernen, die geographische Abgeschlossenheit Japans und die oft belächelte Angewohnheit seiner Einwohner, im Ausland nur als Geschäftsreisende oder als Teilnehmer einer photographierenden Reisegruppe aufzutreten – alles das trägt dazu bei, daß die Japaner sich um andere Sprachen wenig sorgen, sie ignorieren. Jeder Japaner muß allerdings in der Schule Englisch lernen, und die japanische Sprache ist leider nur zu deutlich gespickt mit Anglizismen – noch mehr als die deutsche Sprache. In den Zeitungen findet man seitenlang Anzeigen, die Englisch-Unterricht in Privatschulen anbieten:

In einem Tokioter Restaurant

»Sprechen Sie Englisch wie Königin Elisabeth!« – noch schneller, besser, effektiver. Und doch trifft man nur selten einen Japaner, der Englisch versteht, und noch seltener kann man sich im Lande auf englisch unterhalten. Ein Beispiel: Geht ein Ausländer in ein Restaurant, das größtenteils von Einheimischen besucht wird (und das sind natürlich die Restaurants, die man unbedingt aufsuchen sollte), breitet sich auf dem Gesicht des japanischen Kellners bei diesem Anblick deutliche Panik aus, und erst die beharrlichen Versuche, Speisenwünsche in der Landessprache zu äußern, bringen ein erlöstes Lächeln im verunsicherten japanischen Antlitz hervor.

An dem Gefühl der Isolation und eigenen Andersartigkeit tragen jedoch nicht nur die Japaner selbst die Schuld. Es ist auch ein Ergebnis unserer Verhaltensweise ihnen gegenüber, setzen wir doch mehr oder minder selbstverständlich voraus, daß die Japaner zumindest eine europäische Sprache beherrschen. Mit Sicherheit erwarten wir von ihnen Kenntnisse über unsere Lebensweise, denn immerhin sind sie es ja – so argumentieren wir –, die seit mindestens einem Jahrhundert von uns lernen, unsere Kultur imitieren und sie sich zu eigen machen. Werden die Tradition, Kunst und handwerkliche Vollkommenheit Japans auch allgemein und weltweit anerkannt und bewundert, scheint es uns doch immer noch große Schwierigkeiten zu bereiten, eine Verhaltensweise zu entwickeln, die der japanischen Kultur ohne Gönnerhaftigkeit und Herablassung zu begegnen vermag.

Die Japaner sind sich dessen bewußt, und ganz zu Recht nehmen sie uns das übel, genauso wie die weltweite Unwissenheit über ihr Land. So wollen zum Beispiel die Europäer und Amerikaner, alarmiert von den Erfolgsziffern des japanischen Exportmarktes, den Japanern mit Hinweisen auf volkswirtschaftliches Verantwortungsgefühl und Regulierung des wirtschaftlichen Wachstums eine Lehre erteilen. Die Japaner reagieren mit Verwunderung und Empörung auf eine solche Standpauke: vollkommen zu Recht, denn Japan ist ein unterprivilegiertes Land; die Japaner sind ein unterprivilegiertes Volk. Und ehe Sie anfangen zu lachen, wollen wir Ihnen erklären, warum und wieso. Japan hat keine nennenswerten natürlichen Rohstoffe. Es verfügt nicht über eine eigene Rohstoffbasis und es kann seinen Nahrungsmittelbedarf nicht ausreichend durch Eigenproduktion decken. Der größte Teil des Landes ist gebirgig – der zur Verfügung stehende Lebensraum ist drangvoll beengt. Ist Japan auf der einen Seite von seinen ökonomischen Partnern durch die Sowjetunion und China getrennt, muß auf der anderen Seite erst der Pazifische Ozean überwunden werden, um Japan mit der westlichen Welt in Verbindung zu bringen. Der japanische Fernhandel ist so besonders krisenanfällig.

U-Bahn-Passagiere

Ist es daher so verwunderlich, daß sich die Japaner in einer Sonderstellung sehen und als andersartig begreifen? Und daß umgekehrt Sie sich – ob als Tourist oder Geschäftsmann – in Tokio so fremd vorkommen? Dies alles soll nun aber keine Warnung an Sie sein, den trauten heimischen Herd besser doch nicht zu verlassen – im Gegenteil. Die Verständigungsschwierigkeiten und die befremdlich erscheinenden Eigenarten, denen Sie an jeder Ecke begegnen werden, haben ihre positiven Seiten. In Europa oder Amerika ist es doch heute nahezu unmöglich, das aufregende Gefühl zu verspüren, in eine neue Welt einzutreten, wirklich anderswo, in der Fremde zu sein. Japan, Tokio, ist so unvergleichlich mit dem, was als europäisch erlebt und erfahren werden kann, daß eine Reise dorthin die Augen öffnet. Die Wahrnehmung wird verändert, vertieft. Ein völlig alltägliches Ereignis – eine U-Bahn-Fahrt oder das Sich-treiben-Lassen in einer dichten Menschenmenge – kann so aufregend, so erheiternd und bewegend neuartig sein, daß es ihre gesamte Betrachtungsweise verändert. Die Schwierigkeiten sind nicht so gewichtig, daß sie nicht überwunden werden könnten – und wir hoffen, daß dieser Tokio-Führer Ihnen dabei behilflich sein wird.

Rush hour auf der Ginza

Kurze Geschichte 東京 TOKIOS

Eine Stadt ohne Altertum

Tokio ist keine antike, keine alte Stadt. Noch vor fünf Jahrhunderten war das Gebiet, das heute mit Beton und Asphalt zugewachsen ist, ein ländliches Paradies, hier und da belebt durch bäuerliche Ansiedlungen und umgeben von einem Ring ärmlicher Fischerdörfer. Eine kleine Festungsanlage war damals das einzige herausragende Gebäude. Heute steht dort der kaiserliche Palast. Nichts wies darauf hin, daß aus dem unbedeutenden Fleckchen einmal das militärische Hauptquartier Japans, das politische Zentrum, eine riesige, pulsierende Metropolis und eine der größten Städte der Welt werden sollte.

Tokios Geschichte ist also kurz, und es sind nicht einmal Zeugen der jüngeren Geschichte erhalten. Bauten aus Stein waren unüblich: Die Japaner errichteten ihre Häuser, Tempel und Paläste aus Holz. Immer wieder gab es verheerende Feuersbrünste in Tokio, und all das, was den Bränden entgangen war, fiel den Erdbeben zum Opfer, von denen das Stadtgebiet fast genauso oft heimgesucht wurde wie von Brandkatastrophen. Während des Krieges, als Tokio von den amerikanischen Bomben dem Erdboden gleichgemacht wurde (vgl. S. 46ff.), verschwanden auch die neueren Gebäude aus Stein, Beton und Stahl. Das Gesicht der Stadt hat sich mehr als einmal von Grund auf geändert.

Es gibt in Tokio kein historisches Juwel, das etwa dem Parthenon vergleichbar wäre, auch kein japanisches Gegenstück zur Wiener Ringstraße oder dem Brandenburger Tor in Berlin. Die Tiefbau-Ingenieure, die in den Eingeweiden der Stadt die Fundamente für den neuesten Wolkenkratzer legen, werden nicht zufällig auf die Überreste eines mittelalterlichen Badehauses oder die morschen Pfähle eines antiken Schreins stoßen. Die Geschichte Tokios läßt sich leider nicht an ihren Gebäuden ablesen. Tokio ist eine völlig moderne Stadt und ständig im Umbau begriffen. Nach einem Jahr Abwesenheit kann es Ihnen passieren, daß Sie sich in einem fremdgewordenen Stadtteil wiederfinden, orientierungslos und wie blind umherirrend.

... doch mit Traditionen

Aber auch wenn sich Tokio einer wahrlich spektakulären modernen Architektur brüsten kann (zu Recht werden einige Gebäude zu den schönsten der Welt gerechnet), ist die Stadt kein Retorten-Gigant. Hinter den beherrschenden Fassaden der Bürohäuser, hinter den Wohntürmen und Warenhäusern liegen winzige Häuschen versteckt, ausgeblichen und wettergebeugt. Sie schauen noch genauso drein, wie sie während des Mittelalters ausgesehen haben mögen – dabei sind sie gar nicht alt. Die Häuser reihen sich, Wand an Wand gedrückt, zu schmalen Straßen und Passagen, die, planlos und wirr, keinem offensichtlichen Ordnungsschema entsprechen. Sie bilden Tokios versteckte Dörfer. Jedes hat seine eigenen Läden und Heiligtümer. Die Schreine, obwohl erst nach dem Krieg errichtet, wirken altertümlich und wie aus dem Erdreich gewachsen. Diese Tokioter Dörfer stellen abgekapselte Einheiten dar, in sich selbst zurückgezogen und wie in eine andere Zeitrechnung verstrickt. Autos prallen ab – sie können nicht eindringen, die Bewohner freilich finden sich in ihrem Labyrinth genauestens zurecht.

Doch nicht nur in diesen Dorf-Kapseln wird die Vergangenheit Tokios lebendig. Sie wird auch sichtbar in den Schreinen und Tempeln, die von

Blick vom Tokyo Tower in Richtung Hafen

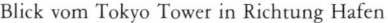

weitläufigen Grünflächen umgeben sind und deren Lebensrhythmus und Ritual seit Jahrhunderten unverändert sind. Zum Beispiel der Asakusa-Tempel: Er ist der buddhistischen Gnadengottheit Kannon gewidmet, und das Eingangstor mit seiner riesigen roten Lampe (Farbabb. 11), die scharlachroten Pagoden und die weiträumigen Hallen strahlen in üppiger Pracht. Der Tempel existiert seit den Anfängen der Stadt Tokio. Die Gebäude haben immer so ausgesehen, und doch sind es neue Bauten – nach jeder Katastrophe im alten Stil wiedererrichtet.

Der Asakusa-Tempel ist von tausend kleinen Läden und Verkaufsständen umgeben. Hier wird alles angeboten: Plastikspielzeug genauso wie religiöse Souvenirs, Perücken und Kimonos oder Papierdrachen und hölzerne Kämme. Obwohl der Großteil der promenierenden Menschenmenge westliche Kleidung trägt, folgen die Tokioter traditionellen Mustern des japanischen Lebens und verknüpfen so die Vergangenheit mit der Gegenwart. Besonders eindringlich tritt uns die Vergangenheit Japans in Gestalt eines buddhistischen Bettelmönches entgegen: Den Kopf gebeugt, bewegt er sich in seinem zerschlissenen und verschmutzten Gewand und in abgerissenen Strohsandalen durch die Ladenreihen. Oder man beobachtet einen umherziehenden Künstler, der auf einem brachliegenden Erdflecken neben dem Tempel einen traditionellen Tanz zelebriert. Seine Kleidung und seine Bewegungen sind altüberliefert; die Musik dazu ertönt freilich aus einem transportablen Tonbandgerät.

Straßentänzer und -schauspieler auf dem Gelände des Asakusa-Kannon-Tempels

*Ein Gang
durch die Geschichte*

Die Geschichte ist allgegenwärtig in Tokio. Der gewaltige Kaiserliche Palast, in dem der Tenno seine meeresbiologischen Forschungen fortsetzt, die ihm Weltruhm brachten, ist an der Stelle errichtet, wo der erste Festungsbau stand, der dann zum Mittelpunkt der sich ausdehnenden Stadt Tokio wurde. Er ist 1456 von dem Feudalfürsten Ota Dokan erbaut worden, der deswegen als der Gründer der Stadt gilt. Zu Dokans Zeiten befand sich das

Macht- und Kulturzentrum des Landes im Westen, in Kyoto. Aus westlicher Blickrichtung erschien das Gebiet von Tokio (oder Edo, wie die Stadt bis 1868 genannt wurde) unwegsam und urtümlich. Die Stadt galt als Pioniersiedlung, nur von verwegenen und abenteuerlichen Draufgängern bewohnbar, als ›Wilder Osten‹ Japans, in dem einzig der Gebrauch des Schwertes vervollkommnet wurde.

Zu Lebzeiten Dokans erlangte Edo keinerlei Bedeutung. Das änderte sich erst ab 1590, als ein brillanter und äußerst geschickter Kriegerfürst sich dort niederließ. Sein Name war Tokugawa Ieyasu. Er lebte von 1542 bis 1616, und sein Bekanntheitsgrad in Japan gleicht dem von Karl dem Großen und Napoleon in unseren Geschichtsbüchern. Von seinem Hauptquartier Edo aus, mit der Festung Dokans, begann Ieyasu seinen Siegeszug gegen den übrigen Kriegsadel, der verschiedene Landesteile Japans beherrschte. Er besiegte sie alle – mit der Schlacht von Sekigahara im Jahr 1600 war sein Triumph vollkommen.

Die Thronfolger des kaiserlichen Herrscherhauses besaßen seit dem 12. Jahrhundert kaum noch politischen Einfluß. Der Kriegsadel ließ dem jeweiligen Kaiser nur noch die Rolle eines geistigen und kulturellen Oberhauptes, der mit seinem Hof in Kyoto residierte. Das japanische Reich war zerfallen; ein geeintes Reichsterritorium gab es nicht mehr, und die Kriegeraristokratie spaltete sich in verschiedene Machtbereiche auf. Große und kleinere Bürgerkriege lösten einander ab.

Tokugawa Ieyasus Sieg im Jahre 1600 machte all dem ein Ende. Seine Machtfülle zwang alle anderen Feudalherren und Krieger in die Knie. Er war von nun an Alleinherrscher von Japan und regierte von Edo aus das Land. Ieyasus Regierung bewährte sich über Kriegs-und Friedenszeiten hinaus. Er entwickelte ein streng hierarchisches Feudalsystem und eine neue Regierungsform. Beides, Feudalgesellschaft und Verwaltungsstruktur, verbunden mit dem Herrschaftsanspruch seines Hauses, blieben in ungebrochener Erbfolge erhalten, bis zu seinem letzten Nachkommen im Jahre 1867.

Die 264 Jahre der Tokugawa-Dynastie machten Edo zu einer blühenden Stadt, und obwohl sie dem religiösen und kulturellen Mittelpunkt Kyoto nie gleichkam, erlangte sie erstrangige Bedeutung. Die Stadt wuchs zunächst entsprechend den Bebauungsplänen und Vorstellungen Ieyasus. Sie wucherte aber im Lauf der Zeit so unaufhaltsam und unkontrolliert, daß sie im 18. Jahrhundert für sich in Anspruch nehmen konnte, die größte Stadt der Welt zu sein.

Vor dem Gebäudekomplex der Stadtverwaltung Tokios erinnert eine Bronzestatue an Ota Dogan, dargestellt mit Pfeil und Bogen. Ein Denkmal jedoch, das Tokugawa Ieyasu gewidmet ist, findet man nirgends, denn es sind zwiespältige Gefühle, die die Bewohner Tokios mit seiner Person verbinden. Zwar war er ein brillanter Reichsverwalter, aber er regierte mit

Grausamkeit und unbarmherziger Strenge. Unter seiner Herrschaft entwickelte sich die Feudalaristokratie zu einer ›Blume des Bösen‹, und die Tokugawa-Dynastie regierte mit blutigem Schwert, änderte bis 1867 nichts an dem mittelalterlichen Zustand des Landes und riegelte Japan durch eine Mauer des Schweigens von allen anderen Ländern ab.

Das Jahr 1853 besiegelte das Ende der Tokugawa-Herrschaft und setzt gleichzeitig das Datum für die neuere Geschichte Japans und Tokios. Eine amerikanische Flottille schwarzer Dampfkraftschiffe lief in die Bucht von Tokio ein. Präsident Fillmore hatte den Kommandanten der Flotte, Matthew Perry, beauftragt, ein Handelsabkommen mit Japan zu schließen, um das Land dem ausländischen Markt zu öffnen.

Perry hatte Erfolg mit seiner Mission. In Edo wie auch im übrigen Japan bildeten sich zwei Lager: Die einen wollten Japan, das alte Japan, bewahren und die Ausländer zum Teufel jagen; die anderen waren verzweifelt um Außenkontakte bemüht und entschlossen, die Herausforderung der modernen Zivilisation anzunehmen. Der daraus resultierende Konflikt führte zum Ende der Tokugawa-Herrschaft, der Feudalaristokratie, und zur Wiederherstellung des japanischen Kaiserreiches. Bis zu diesem Zeitpunkt hatten die Kaiser ihren Sitz in Kyoto – jetzt begab sich die kaiserliche Fa-

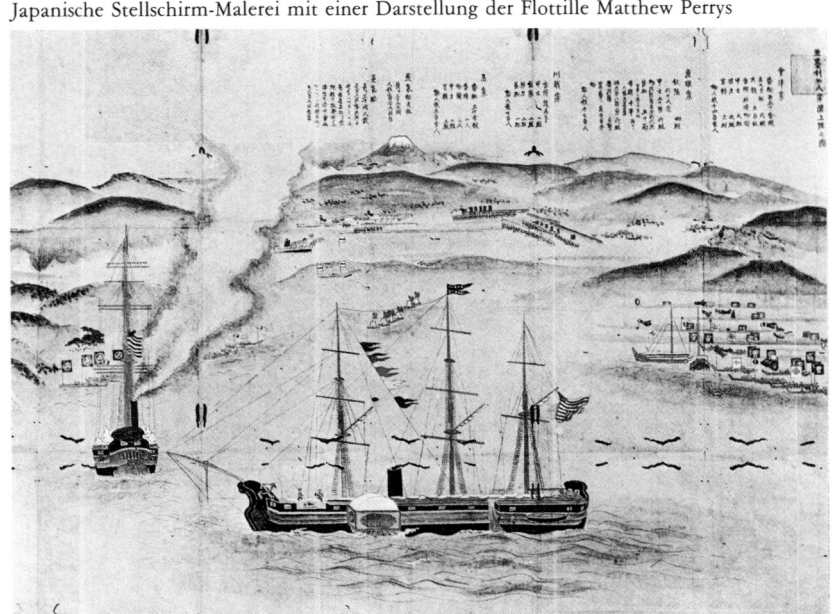

Japanische Stellschirm-Malerei mit einer Darstellung der Flottille Matthew Perrys

Holzblockdruck mit einer Darstellung der ersten japanischen Eisenbahnlinie zwischen Tokio und Yokohama

milie nach Edo. Die Stadt wurde in Tokio, ›Hauptstadt des Ostens‹, umbenannt. Die moderne Geschichte Japans und ihrer Hauptstadt Tokio hatte begonnen.

Mit der Restauration des Kaisertums im Jahre 1868 setzte eine Verwandlung Tokios ein. Innerhalb einer Generation, im Zeitraum einiger weniger Jahre, holte Japan all das nach – besonders im industriellen Bereich –, was sich in Europa über Jahrhunderte hin entwickelt hatte. Ausländer wurden ins Land geholt, um die Japaner bei der Schaffung einer neuen Gesellschaft zu unterstützen. Preußen kamen, um ein modernes Erziehungssystem zu entwickeln; die Briten und Amerikaner standen den parlamentarischen Gremien beratend zur Seite; die Engländer legten Eisenbahnschienen und halfen beim Aufbau der Marine. Experten aller europäischen Länder berieten die Japaner beim Bau von Krankenhäusern, Fabriken und bei der Organisation des Militärwesens.

Die Japaner lernten schnell: Die Tatsache, daß sie nur durch sofortige Technisierung dem Schicksal der übrigen Länder des Fernen Ostens entgehen konnten, trieb unbarmherzig zur Eile. Die Nachbarstaaten waren kaum mehr als Kolonien, von den westlichen Imperialmächten ausgebeutet, die nur ihr eigenes Interesse verfolgten, indem sie die Kolonialgebiete in Rückständigkeit hielten.

Kaiser Meiji und sein Hofstaat. Bemerkenswert die europäische Kleidung

Die überwältigende Flut westlicher Technik und europäischer Lebensart muß eine ungeheure Verwirrung und Ratlosigkeit hervorgerufen haben. Der fliegende Wechsel vom Pferdetransport zur Eisenbahn, von Pfeil und Bogen und Muskete zu schwerer Artillerie, von der Öllampe zur Gasbeleuchtung war abrupt. Es gibt eine Menge amüsanter Geschichten, die die Schwierigkeiten der Japaner verdeutlichen, mit all dem Neuartigen und Befremdlichen zurechtzukommen. Im Jahre 1872 zum Beispiel wurde die erste Eisenbahnstrecke von Tokio nach Yokohama in Betrieb genommen. Ganz ihren Gewohnheiten in Häusern und Tempeln entsprechend, zogen die Passagiere artig ihre Schuhe aus, bevor sie das Abteil betraten. Entsetzt – und zu spät – mußten sie dann feststellen, daß ihr Schuhwerk auf dem Bahnsteig zurückgeblieben war.

In Tokio wurden westliche Kleidung und europäische Umgangsformen große Mode. Alte Holzschnitte, die bald darauf durch moderne Reproduktionstechniken verdrängt wurden, stellen japanische Frauen dar, die Nähmaschinen bedienen, festliche Bälle in Abendroben besuchen und, von westlichen Möbeln umgeben, Tee aus europäischen Tassen trinken. Am Kaiserhof trug man Frack und Uniform mit diplomatischen Ehrenzeichen. Sogar die Essensgewohnheiten wandelten sich. Milchprodukte, die nach den Vorschriften des Buddhismus für die traditionelle japanische Küche

Holz-Torii mit kaiserlichem Chrysanthemen-Wappen, Zugang zum Meiji-Schrein

nicht erlaubt waren, hielten Einzug. Hierin liegt auch der Grund, warum die japanische Sprache keine eigenen Begriffe für Butter und Käse hat – ›bata‹ und ›chizu‹ sind aus dem Englischen übernommen.

Bei seinem Regierungsantritt erhält jeder japanische Kaiser einen Beinamen, der für die gesamte Amtszeit Gültigkeit hat und gleichzeitig als Grundlage für das traditionelle Zeit- und Datierungssystem dient. Der junge Kaiser, der 1868 den Thron bestieg, wurde ›Meiji‹, d. h. ›Erleuchtete Regierung‹, genannt. Das Jahr seiner Amtsübernahme war dementsprechend das Jahr Meiji 1. Er regierte bis 1912; dann übernahm sein Sohn Taisho die Krone und trug sie 14 Jahre lang. Während der Meiji-Ära schritt die Technisierung Japans so weit voran, daß sich das Land zu einer starken Militärmacht entwickelte. Wer hätte 1868 jemals geglaubt, daß Japan nach wenigen Jahrzehnten imstande sein könnte, die Kriegsmarine eines der mächtigsten Staaten der Welt, die Flotte Rußlands nämlich, zu zerstören? Genau das aber war das Ergebnis der außerordentlich schnell geführten und taktisch raffinierten Seeschlacht von Tsushima im Jahr 1905.

Die Regierungszeit Taishos war zwangsläufig weniger spektakulär als die seines Vaters. Tokio wuchs unaufhaltsam weiter, bis 1923 ein ungeheures Erdbeben und mehrere Feuersbrünste die Stadt dem Erdboden gleichmachten. So sind nahezu alle Gebäude, die in der Regierungsperiode von

Meiji und Taisho errichtet wurden, durch Erdbeben, Feuer und die Bombenangriffe von 1944/45 zerstört worden.

Der Hauptbahnhof von Tokio ist eines der wenigen Gebäude, die noch aus der Taisho-Zeit stammen. 1914 wurde er aus roten Ziegelsteinen errichtet, die die Ähnlichkeit mit dem Bahnhof in Amsterdam deutlich hervorheben. Die alte Fassade ist noch gut zu erkennen, obwohl einige Erweiterungsbauten den Bahnhofskomplex nachhaltig verändert haben. Der Akasaka-Palast von 1909 war die Residenz des Kronprinzen Taisho. Er ist ein eindrucksvolles Beispiel für die Verwirrung, die in den Köpfen der japanischen Architekten geherrscht haben muß: eine wunderliche Verquickung von japanischen und europäischen Baustilen. Der Ansprechendste der verbliebenen Taisho-Bauten ist der 1920 fertiggestellte Gedenkschrein für den Kaiser Meiji (vgl. Farbtafel 27). Der in reinem japanischem Stil errichtete Schrein besticht durch seine Harmonie und Formschönheit, die durch den großzügig angelegten, wundervollen Park noch unterstrichen werden.

Kaiser Taisho starb 1926; sein Sohn ist der heute noch regierende Kaiser Japans mit dem Titel ›Showa‹, was so viel heißt wie ›Leuchtender Friede‹. Der Name scheint recht unpassend und wenig glücklich gewählt, bedenkt man, daß während seiner Amtsperiode der Beitritt Japans zum Bündnis der faschistischen Achsenmächte erfolgte und ein Krieg geführt wurde, der für die Japaner 1931 mit der Invasion der Mandschurei begann, mit dem Angriff auf Pearl Harbor den Höhepunkt erreichte und 1945 mit den Atombombenexplosionen von Hiroshima und Nagasaki sein furchtbares Ende fand.

Aufgrund der Katastrophe von Hiroshima und Nagasaki wurde die Zerstörung Tokios von der Weltöffentlichkeit kaum zur Kenntnis genommen. Es wurden zwar keine Atombomben über Tokio abgeworfen, aber die Luftangriffe vom 9. und 10. März ließen die Stadt in Schutt und Asche sinken. 250000 Gebäude wurden total zerstört, und weit über 100000 Menschen kamen im Flammenmeer um, viele durch Erstickungstod. Kilometerweit nur Trümmer, Ruinen und Schuttberge. Der Augenzeugenbericht des französischen Journalisten Guillain schildert dieses Inferno der japanischen Hauptstadt (vgl. S. 46ff.).

Das neue Tokio

Tokio mußte wiederaufgebaut werden – einmal mehr in seiner Geschichte. Ordnende Baupläne und Vorschriften gab es nicht. Die Stadt wucherte wie ein Riesenpilz aus der verbrannten Erde. Sie wurde zum Monster, das mehr Menschen verschlang als je zuvor. Die glitzernden Paläste der Industrie- und Handelsunternehmen ziehen die Aufmerksamkeit auf sich und lenken den Blick davon ab, daß viele Grundvoraussetzungen für eine gesunde

Stadtentwicklung entweder ganz fehlen oder nur unvollständig vorhanden sind. Es gibt Stadtviertel, in denen neben atemberaubenden Wolkenkratzersilhouetten und dem engmaschigen Verkehrsnetz der Schnellzüge endlose Reihen von gebrechlichen Holzhäusern auf kahlen Ackerflächen stehen. Diese von Menschen überquellenden Wohnquartiere sind unhygienisch und gesundheitsgefährdend, weil sie, wie viele andere Stadtviertel Tokios auch, noch nicht an die Kanalisation angeschlossen sind. Nicht nur darin erinnern sie an das alte Tokio, als es noch Edo hieß. Die Fernsehgeräte, Hi-Fi-Systeme, Waschmaschinen, Mikrowellenherde und Gefriertruhen, die in den äußerlich so armselig erscheinenden Behausungen zu finden sind, lassen ihren Bewohnern kaum Raum zum Atmen. Ost und West rücken in dieser seltsamen Holzhauskultur zusammen, ohne jedoch zu verschmelzen.

Die Geschwindigkeit, mit der die Nachkriegsindustrialisierung vorangetrieben wurde, brachte so viele Probleme mit sich, daß sie für Tokio fast unlösbar scheinen: die enorme Luftverschmutzung; ein öffentliches Verkehrsnetz, das trotz seines gewaltigen Leistungsvermögens durch den täglichen, millionenfachen Ansturm der Pendler zusammenzubrechen droht; der Wildwuchs der Außenbezirke, deren Fangarme sich immer weiter ins Land ausbreiten. Der Verwaltungsbereich Gesamt-Tokio hat gigantische Ausmaße angenommen. Das Stadteinzugsgebiet ist zu einem einzigen Beton-, Asphalt- und Stahlkoloß zusammengeschmolzen, der mit seinem verpesteten Atem das Umland erstickt. Wenn Sie mit dem Schnellzug westlich bis Kyoto oder Osaka fahren, dem anderen großen Industriezentrum Japans, gewinnen Sie den Eindruck, daß Tokio kein Ende nimmt. Der Küstenstreifen zwischen dem westlichen und dem östlichen Teil der größten Insel Japans wird Jahr um Jahr von neuen Bürotürmen und Wohnsilos verschlungen. Ganze Landstriche fallen dem Großstadtmonster zum Opfer, dessen Ausmaße so gewaltig sind, daß das Ruhrgebiet oder die Stadtfläche von Los Angeles darin verschwinden könnten. Es ist nur zu hoffen, daß wir in Tokio nicht unsere eigene Zukunft vor Augen haben.

Erdbebensicheres Bauen

Audienz beim Shogun im Jahre 1691

Im Jahre 1691 kam Engelbert Kaempfer (1651–1716), ein westfälischer Arzt und Forschungsreisender, mit einer holländischen Handelsdelegation nach Japan, wo er für zwei Jahre volkskundliche und vor allem naturwissenschaftliche Studien trieb. 1777/79 erschien in Kaempfers Geburtsort Lemgo posthum die ›Geschichte und Beschreibung von Japan‹, zu deren interessantesten Kapiteln die folgende Schilderung eines Besuchs bei Hofe gehört. Sie ist in der ersten Passage leicht gekürzt und in der Schreibweise vorsichtig modernisiert.

Den 29. März, Donnerstag, also wurden die dem Kaiser zugedachten Geschenke nach Hof gebracht und allda in dem großen Audienzsaal, wo sie der Kaiser in Augenschein nimmt, nach der Ordnung, jedes Stück auf einem besonderen hölzernen Tischchen, nach der Gewohnheit ausgelegt. Wir folgten in einem kleinen Aufzug, jeder mit einem seidenen schwarzen Mantel wie mit einem europäischen Ehrenkleid bedeckt, nach. Drei Hausbediente nebst unserm Dosin oder Unterführer, zwei Stadtboten und des Dolmetschers Sohn gingen mit uns zu Fuß, wir drei Holländer* aber und der Unterdolmetscher ritten hintereinander her; ein Diener führte bei jedem Pferde zur rechten Seite, von welcher man es auch hierzulande besteigt, den Zaum. Ehedem hatte man es durch zwei zu beiden Seiten leiten lassen, aus welcher Prahlerei man sich aber jetzt nichts mehr macht. Hinter uns her kamen unser Kapitän in einem Norimon und der alte Dolmetscher in einem Cango getragen. Unsere Leibdiener folgten, soweit es ihnen erlaubt war, nebenher.

Nach einer viertel oder halben Stunde kamen wir zu der ersten, mit Wall und Mauern befestigten Burg und daselbst über eine große, mit messingnen Knöpfen gezierte Brücke, unter welcher ein großer, mit vielen Fahrzeugen belegter Strom nordwärts, wie es schien, um die Burg herabfloß. Zwischen den beiden starken Pforten am Eingang befand sich eine kleine

---

* Da zu dieser Zeit die Holländer als einzige Ausländer mit den Japanern handeln durften, mußte sich Kaempfer als Holländer tarnen.

Wache und auf dem obersten Burgplatz, sobald man die zweite Pforte passiert hatte, rechter Hand ein ansehnliches, mehr, wie mich dünkte, zum Prunk als zur Verteidigung eingerichtetes Wachthaus, auswendig mit schönen Schanzkleidern, Büchsen und Piken, inwendig mit vergoldeten Schauben, lackierten Röhren-, Piken-, Schild-, Bogen- und Pfeil-Futtern behangen und ausgeputzt. Die Soldaten saßen niederhockend in guter Ordnung und hatten über ihren schwarzseidenen Kleidern zwei Säbel hängen.

Sobald wir also quer über diesen mit landesherrlichen Häusern bebauten Platz gezogen (wobei wir noch zur linken Hand einen vorbeifließenden breiten und befahrenen Strom von weitem gewahr wurden), gelangten wir in die zweite, mit gleicher Festigkeit bewahrte Burg, deren Pforten und inwendige große Wachten nebst den Palästen weit ansehnlicher sich ausnahmen als die vorigen. Unsere Körbe, Pferde und Diener blieben hierselbst zurück, und nun gingen wir mit unseren Führern quer über den Platz dem Fon mar oder der kaiserlichen Residenz zu. Erst kamen wir über eine lange steinerne Brücke durch ein doppelt verschlossenes Bollwerk, danach, etwa 20 Schritte aufwärts, durch eine krumme Gasse, die nach Beschaffenheit des Erdreichs zu beiden Seiten eine unglaublich hohe Mauer umgab, bis an die zur linken Hand am Ende dieser Gasse unter der letzten Pforte der Residenz gelegene Fjak nin ban, d. i. die Hundert-Mann-Wache oder die große Schloßwache, wo wir abwarten mußten, bis man uns weiter aufforderte, was, wie man versicherte, sobald der hohe Rat am Hofe zusammen wäre, erfolgen sollte.

Zwei Hauptleute von dieser Wache empfingen uns inzwischen sehr höflich und setzten uns Tee und Tabak vor; die beiden Kommissare und Sino Cami kamen dazu, uns zu begrüßen, mehrerer anderer, uns unbekannter Hofkavaliere nicht zu gedenken. Nachdem dann die älteren und jüngeren Reichshofräte innerhalb einer Stunde teils zu Fuß, teils in Norimons vorbei ins kaiserliche Schloß passiert waren, wurden wir abgerufen und über einen viereckigen, mit zwei prächtigen Pforten verschlossenen Platz, und zwar zu Ende der einen, einige steinerne Tritte hinauf in den eigentlichen Residenzplatz geführt, welcher von dort bis an die Front des kaiserlichen Palastes nur wenige Schritte breit und mit wachthabenden Soldaten wohl besetzt, auch voll von Hofleuten und Pagen war. Man trat noch etwa zwei Treppen hinauf in den Palast und am Eingange zur rechten Hand in die nächste Kammer, den gewöhnlichen Wartesaal für die, so vor den Kaiser[*] oder die Reichsräte zur Audienz gelassen werden sollen. Es war derselbe mit vergoldeten Pfeilern, Wänden und Schauben prächtig ausgeputzt, auch ziemlich hoch, bei geschlossenen Schauben aber sehr finster, indem alsdann durch das obere Gitter einer zur rechten Hand daranstoßenden Möbelkammer nur ein kleines Licht hereinfiel.

---

[*] Kaempfer setzt den Shogun, den Militärregenten, hier wie im folgenden mit dem Kaiser gleich.

»Die Geschenke wurden nach der Ordnung, jedes Stück auf einem besonderen hölzernen Tischchen, nach der Gewohnheit ausgelegt.«

Die Geschenke für den Shogun

Als wir hier über eine gute Stunde gesessen, währenddem sich der Kaiser auf seinem gewöhnlichem Sitze eingefunden hatte, holten beide Kommissare und Sino Cami unseren Residenten oder Kapitän ab und führten ihn zu dem Audienzsaal, ließen uns aber zurück. Kaum daß er hineingetreten sein mochte, gab eine überlaute Stimme mit »Hollanda Capitan« das Zeichen, daß er sich nähern und seine Ehrerbietung ablegen sollte, worauf er zwischen dem Ort, wo die Geschenke nach der Ordnung lagen, und dem hohen Sitzplatz der kaiserlichen Majestät, so weit man es ihm anwies, auf Händen und Füßen herbeikroch, das Haupt, auf dem Knie liegend, bis zum Boden neigte und sich ganz stillschweigend ebenso und wie ein Krebs wiederum kriechend zurückzog. Hierin besteht die ganze kurze Zeremonie bei der mit so vielen Umständen zubereiteten Audienz. Mit der, welche jährlich die großen Landesherren haben, geht es nicht anders zu, ihre Namen werden ebenfalls abgerufen, sie bezeugen sodann ihren demütigen und gehorsamen Respekt und kriechen rücklings wieder davon.

Es ist dieser mit hundert Matten belegte Audienzsaal an einer Seite gegen einen kleinen Hof hin offen und empfängt von daher sein Licht. An die Seite gegenüber schließen sich zwei nach gedachtem Hof hin offene Kammern an, deren erstere ziemlich weit ist und zum Sitz der Reichsräte dient, wenn sie kleineren Landesherren, Residenten und Abgesandten Gehör geben, während die andere oder letztere enger, tiefer und mit einem Tritt höher als der Saal selbst ausfällt. Eben hier, am Ende der Kammer, ist es, wo der Kaiser auf einem mit wenigen Matten erhabenen Fußboden mit unter den Leib geschlagenen Beinen sitzt und wobei seine Gestalt nicht wohl zu erkennen ist, teils weil das volle Licht bis dahin nicht reicht, teils auch weil es mit der Audienz zu geschwinde hergeht und man mit niedergebücktem Haupt erscheinen und wieder abziehen muß, ohne sein Gesicht zur Betrachtung der kaiserlichen Majestät erheben zu dürfen. Die stille Gegenwart der Reichsräte, fürstlichen Prinzen und anderer hoher Hofbedienter, womit die Seiten des Saales und die Galerien nach der Ordnung besetzt sind, geben indes der Audienz kein geringes Ansehen.

Vormals war es hinreichend, wenn der Kapitän bei der Audienz allein erschien, da er denn nach wenigen Tagen und wenn er die ihm vorgelesenen Gesetze angehört und im Namen der holländischen Nation zu halten versprochen von den Reichsräten wieder nach Nagasaki gelassen wurde. Jetzt aber und seit 20 Jahren hat man angefangen, die mit der Gesandtschaft gekommenen Holländer nach der ersten Audienz tiefer in den Palast einzuführen und sie der Kaiserin, den dazu eingeladenen Prinzessinnen von Geblüt und den übrigen Hofdamen zum Vergnügen und zur Betrachtung vorzustellen, wobei der Kaiser nebst dem Frauenzimmer hinter Jalousien verdeckt, die Reichsräte und die übrigen bei einer Audienz verordneten hohen Bediente aber öffentlich zugegen sitzen.

»Hinter der Jalousiematte, nicht weit von uns zur rechten Hand, saß der Kaiser mit seiner Gemahlin.«

Vorstellung der Holländer

Sowie demnach unser Kapitän seinen ehrerbietigen Respekt abgelegt und der Kaiser sich in sein Kabinett verfügt hatte, wurden wir Holländer auch herbeigerufen und samt unserem Kapitän durch verschiedene Gemächer in eine aus künstlichem Schnitzwerk bestehende und vortrefflich vergoldete Galerie und von da, nachdem wir uns eine Viertelstunde verweilt, wieder durch andere Gänge in einen Saal geführt, wo man uns zum Sitzen nötigte.

Verschiedene der geschorenen Hofleute (diese sind nämlich die Tempelherren, Ärzte, auch Tafel- und Küchenbedienten) kamen alsbald zu uns und taten Fragen nach unserem Namen, Alter und anderen Kleinigkeiten. Die vorgezogenen vergoldeten Schirmwände aber befreiten uns kurz darauf von ihnen und dem ganzen vorbeigehenden Hofschwarm. Nach einer halben Stunde, während sich der Hof in den Kammern, aus welchen wir besucht sollten werden, eingefunden, brachte man uns durch einige finstere Gänge dahin. Diese Gänge waren mit einer einfachen Reihe auf den Knien niedergebückter kaiserlicher Leibwächter und anderen sich an diese in der Ordnung anschließenden Hofbedienten in ihren Staatsuniformen bis an den Schauplatz, wo wir nämlich vorgestellt wurden, besetzt. Dieser Platz aber bestand aus verschiedenen gegen einen Mittelort teils offenen, teils mit Jalousien geschlossenen Kammern, von denen jede 15 Matten weit und nach dem Rang der darin sitzenden Personen jede Matte eine Mattendicke höher als die andere war. Den soeben genannten Mittelraum, der mit gefirnißten Brettern belegt, von Matten entblößt und daher der niedrigste war, wies man uns zum Sitz an. Hinter der Jalousiematte, nicht weit von uns zur rechten Hand, saß der Kaiser mit seiner Gemahlin, deren Gesicht ich ein paarmal, während ich auf kaiserlichen Befehl etwas tanzte, als sich die Matte mit einer kleinen Öffnung neigte, erblicken und eine bräunliche, runde, schöne Gestalt mit europäischen schwarzen Augen, voller Feuer und Leben an ihr wahrnehmen, auch nach Verhältnis ihres Kopfes eine große Statur und ein etwa 36jähriges Alter mutmaßen konnte.

Auf vier Matten Länge vor uns, ebenfalls hinter den Hängedecken, befanden sich die eingeladenen Prinzessinnen vom kaiserlichen Geblüt und die übrigen Hofdamen. Zwischen die Fugen und Ritzen dieser Matten waren Papiere gesteckt, die sie zu einer freieren Durchsicht zuweilen öffneten. Ich zählte solcher Papiere über 30 Stück und vermutete daher die Zahl ebenso vieler anwesender Personen.

Diesseits der besagten Hängematten, neben der Seite, wo man die Stimme des Kaisers hörte, in einer besonderen Kammer saß Bengo auf einem erhöhten Fußboden vor uns und zur Linken wiederum auf einem besonderen Kammerboden die Ober- und Unterreichsräte nach ihrem Rang in einer doppelten Reihe. Hinter uns war die Galerie, wie vorhin erwähnt, mit den Kammerherren und den übrigen hohen Hofbedienten, der Eingang der kaiserlichen Kammer vor und hinter der Stirnwand aber mit übereinander hervorguckenden fürstlichen Prinzen, Pagen und Hofpfaffen besetzt. Dies mag von der äußerlichen Gestalt und Beschaffenheit unserer Schaubühne genug sein, ich will nun zur Beschreibung der Rolle, welche wir hier gespielt haben, übergehen.

Als wir von den Kommissaren bis vor die Galerie geleitet waren, empfing uns ein Unterreichsrat und führte uns auf den vorhin beschriebenen Mittelplatz. Jeder von uns mußte alsbald gegen die Seite, wo sich der Kaiser aufhielt und die man uns anwies, seine Respektsbezeigung auf japanische Manier, mit bis zur Erde gebücktem Haupte herzukriechend, ablegen, worauf uns Bengo auf Befehl des Kaisers durch den Dolmetscher willkommen hieß, der sich zur besseren Vernehmung der Rede näher herbeigemacht und uns zur Seite in einer Reihe hatte.

Unser Kapitän stattete nun im Namen seiner Herren ein untertänigstes Kompliment und Danksagung für die Gnade ab, daß ihnen der freie Handel in Japan bisher vergönnt gewesen. Der Dolmetscher wiederholte solches mit auf der Erde niederliegendem Gesichte in japanischer Sprache, so daß es der Kaiser hören konnte, dessen Antworten und Reden Bengo aus seinem und unser Dolmetscher wieder aus dieses Munde annehmen mußte, der sie uns Holländern sodann erst wiedersagte, anstatt daß er den Bengo seiner Mühe hätte überheben und sie alsbald gerade vom Kaiser selbst auf uns bringen können. Ich glaube aber, daß dies darum geschieht, weil man vielleicht die Worte, so warm sie aus des Kaisers Munde fließen, für zu heilig und majestätisch hält, um sogleich von Personen niederen Ranges wiederholt zu werden.

Diese erste Szene verwandelte sich nun weiter in ein wahres Possenspiel. Zuerst kamen noch mancherlei läppische Fragen, und zwar an einen jeden insbesondere, wie alt er und wie sein Name sei, was jeder, weil man ein europäisches Schreibzeug bei sich hatte, aufzeichnen und dem Bengo hinreichen mußte, welcher den Zettel nebst dem Schreibzeug dem Kaiser unter der Decke hin einhändigte. Unser Kapitän wurde gefragt, wie weit Holland von Batavia, Batavia von Nagasaki, ob der General auf Batavia oder der Prinz von Holland mächtiger sei; und ich: welche innerlichen und äußerlichen Gebrechen ich für die schwersten und gefährlichsten hielte, wie ich mit den Krebsschäden und innerlichen Geschwüren zu Werk ginge, ob ich nicht auch, wie die chinesischen Ärzte seit vielen Jahrhunderten getan, einem Mittel zum langen Leben nachgespürt oder ob nicht andere europäische Ärzte bereits eins ausgefunden. Ich antwortete, daß unsere Ärzte noch täglich studieren, das Geheimnis zu entdecken, wie der Mensch seine Gesundheit bis zu einem hohen Alter erhalten möchte. Man fragte weiter, welches denn fürs beste dazu gehalten würde. Antwort: Das letzte sei allezeit das beste, bis die Erfahrung ein anderes lehre. Frage: Welches denn das letzte sei. Antwort: Ein gewisser Spiritus, der bei mäßigem Gebrauche die

»Ich antwortete, daß unsere Ärzte noch täglich studieren, das Geheimnis zu entdecken, wie der Mensch seine Gesundheit bis zu einem hohen Alter erhalten möchte.«

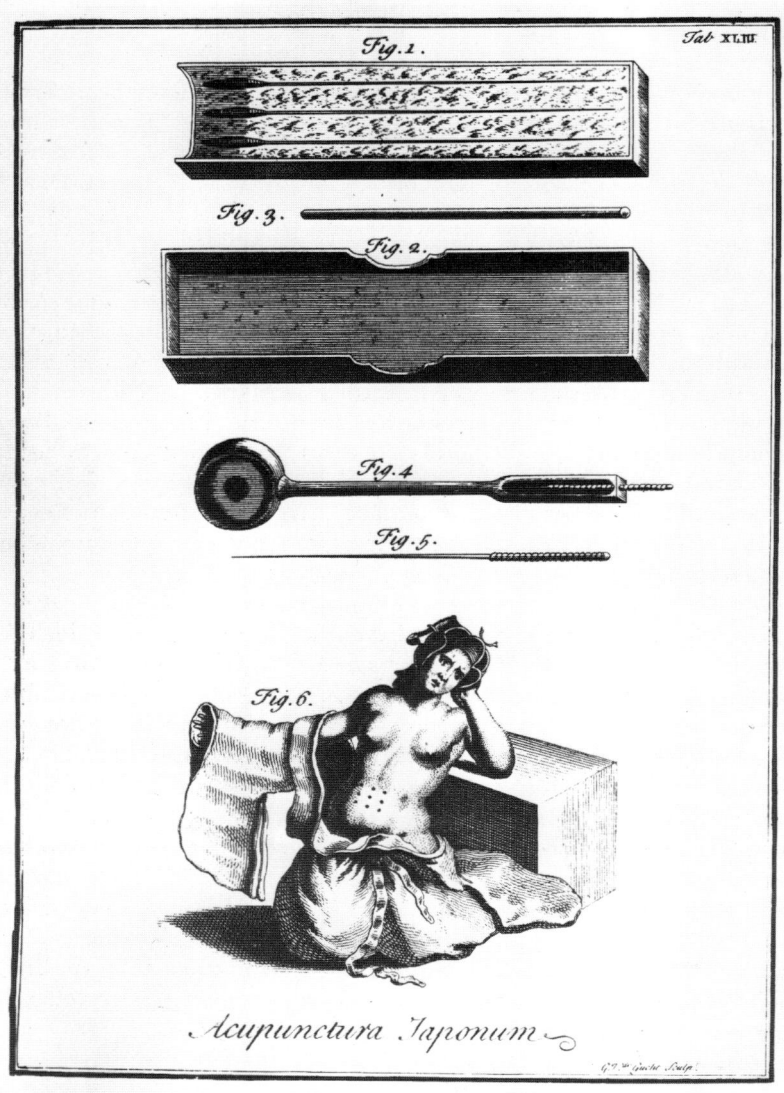

Japanische Akupunktur

Feuchtigkeiten flüssig erhalte und die Lebensgeister aufmuntere und stärke. Frage: Wie selbiger genannt werde. Antwort: Fal volatile oleosum Sylvii.

Da ich wußte, daß alles, was bei den Japanern Achtung erwerben soll, einen langen Namen und Titel haben muß, so erwählte ich diese Benennung um so eher, die ich auch etlichemal nacheinander wiederholen mußte, indem man sie hinter der Matte nachschrieb. Frage: Wo er denn zu bekommen und wer ihn erfunden. Antwort: In Holland der Professor Sylvius. Frage: Ob ich ihn auch zu machen wüßte. Hier befahl mir unser Herr Kapitän mit einem Winke, nein zu sagen. Ich antwortete aber: O ja, aber nicht hier. Frage: Ob er auf Batavia zu bekommen sei. Antwort: Ja, womit denn der Kaiser verlangte, daß mit dem nächsten Schiffe eine Probe überschickt werden sollte, die auch unter dem Namen im folgenden Jahre wirklich überkommen ist, in der Tat aber nichts anderes war als ein unlieblicher Spiritus Salis Ammoniaci, mit Gewürznelken abgezogen.

Gleichwie nun der Kaiser anfänglich uns gegenüber bei dem Frauenzimmer weiter von uns gesessen, so veränderte er jetzt seinen Platz und setzte sich zur Seite hinter der Hängematte näher zu uns und hieß uns unsere Mäntel und Ehrenkleider ablegen und aufrecht sitzen, damit er uns besser ins Gesicht sehen könnte. Dieses war es aber nicht allein, was der Kaiser verlangte, sondern wir mußten uns gefallen lassen, ordentliche Affenpossen auszuüben, die mir nicht einmal alle mehr erinnerlich sind. Bald mußten wir nämlich aufstehen und hin und her spazieren, bald uns untereinander komplimentieren, dann tanzen, springen, einen betrunkenen Mann vorstellen, japanisch stammeln, malen, holländisch und deutsch lesen, singen, die Mäntel um- und wieder wegtun und dergleichen; ich für meinen Teil stimmte hierbei eine deutsche Liebesarie an. Unser Kapitän blieb jedoch von diesen Sprüngen verschont, weil man gleichwohl darauf bedacht war, daß das Ansehen unserer Oberherren in seiner Person ungekränkt bleiben mußte, wie er sich denn auch wegen seines ernsthaften und empfindlichen Gemüts außerdem gar schlecht dazu geschickt haben würde.

Nachdem wir denn solchermaßen an die zwei Stunden lang, obwohl beständig unter sehr freundlichem Ansinnen, zur Schau gedient hatten, wurde jedem von geschorenen Dienern ein kleiner Tisch mit japanischen Imbissen, wobei statt der Messer und Gabeln ein paar Stöckchen lagen, vorgesetzt. Es war wenig, was wir davon aßen. Das Übriggebliebene mußte der alte Dolmetscher vor sich mit beiden Armen davontragen, ob er gleich kaum die Macht hatte, sich selbst auf seinen Füßen fortzubringen. Man hieß uns darauf die Mäntel anlegen und Abschied nehmen, dem wir denn auch unverzüglich nachkamen.

Die Geschichte der 47 Ronins

Inmitten der brodelnden Hektik Tokios liegen Hunderte von Heiligtümern und Tempeln – Oasen der Ruhe und des Friedens in der geschäftigen Turbulenz der Großstadt. Im Bezirk Takanawa findet sich das berühmteste aller Heiligtümer, der Sengakuji, der ›Tempel des Frühlingshügels‹, und zwar dicht neben der gleichnamigen U-Bahn-Station. Der Tempel wird täglich von Gläubigen aufgesucht, die dort beten, meditieren und bei den Steindenkmälern in den wundervollen Gartenanlagen Räucherstäbchen anzünden.

Die steinernen Monumente erinnern an die 47 Ronins, die zu den gefeiertsten Helden der japanischen Geschichte zählen. Sie werden nicht nur wegen ihrer außerordentlichen Fähigkeiten und ihrer Meisterschaft im Umgang mit der Waffe verehrt, sondern hauptsächlich, weil ihr Leben und Tod die höchste altjapanische Tugend widerspiegelt: unverbrüchliche Treue zu seinem Herrn und dessen Familie.

Es gab eine Zeit im alten Japan, da die Shogune, die Militärregenten, das Land beherrschten. Ihr Machtzentrum war die blühende Stadt Edo, das heutige Tokio. Um ihre Herrschaft auch nach außen hin deutlich zu machen, verlangten sie regelmäßige Huldigungen von Delegationen nicht nur des niederen Adels, sondern auch von den Bevollmächtigten des Kaisers, der in Kyoto residierte. Viele Adlige mußten einen Teil des Jahres im Palast von Edo verbringen, um am höfischen Leben teilzunehmen, und einen

Teil der Repräsentationsaufgaben übernehmen. Auf diese Weise kontrollierten die Shogune in Edo den Adel und stärkten ihre eigene Stellung.

Zwei Provinzadlige, Asano Takumi no Kami und der Edelmann Kamei, lebten in der Mitte des 18. Jahrhunderts am Hof in Edo. Eines Tages stand der Besuch des kaiserlichen Gesandten aus Kyoto bevor. Die Aufgabe des Empfangs und der Unterhaltung dieser wichtigen Persönlichkeit wurde den zwei Edelmännern übertragen. Da beide mit der raffinierten Hofetikette nicht vertraut waren, sollten sie vom Zeremonienmeister Kira Kotsuke no Suke täglich unterwiesen werden.

Kira war habsüchtig, eitel und herablassend. Er liebte es, sich auf Kosten anderer zu amüsieren, sie bloßzustellen, besonders wenn es sich um brave, schlichte Gemüter handelte. Ihm war jede Gelegenheit recht, seine Schüler zu demütigen. Die Geschenke seiner beiden Zöglinge nahm er in Augenschein – nur um sie mit kaltem Stolz zurückzuweisen. Soweit er ihnen überhaupt Belehrungen erteilte, waren sie falsch, damit seine Schüler beim Shogun in Ungnade fielen und vor den Augen des übrigen Adels und der Bediensteten erniedrigt würden.

In Kamei wuchs der Zorn – er war entschlossen, Kira zu töten, und machte bei seinen eigenen Beratern und im engsten Familienkreis keinen Hehl daraus. Es sei ihm absolut unmöglich, die Beleidigungen und Demütigungen länger zu ertragen, auch wenn er damit den Ruin aller heraufbeschwöre. Aber der Ehrenkodex und der Name seiner Familie verlangten nach Rache.

Rauchopfer an den Ronin-Gräbern des Sengakuji

Einer der Berater Kameis war ein besonders kluger Mann, und es schien ihm, daß es eine andere Lösung geben müsse als Blut und Mord. Die Habsucht Kiras ausnutzend, überbrachte er ihm ohne Wissen seines Herrn am nächsten Morgen eine beträchtliche Geldsumme als Ausdruck des Dankes für die hervorragende Unterweisung, die Kamei durch ihn erfahren habe.

Ob Kira die samtweiche Ironie bemerkte oder ob ihn die unerwartete Großzügigkeit überraschte, ist unwichtig. Sein Verhalten gegenüber Kamei änderte sich jedenfalls schlagartig, er gab verläßliche Anweisungen und blieb von nun an sachlich und höflich.

Je besser Kamei behandelt wurde, desto schlechter erging es jedoch dem anderen Adligen, Takumi no Kami. Hatte Takumi bisher seine Gefühle beherrschen können, gelang es ihm jetzt nicht mehr, seinen Haß zu verbergen. Als Kira ihm eines Tages gebot, vor ihm niederzuknien, um seine Strümpfe zu richten, führte er den Befehl zwar aus, aber nur mit sichtbarem Widerwillen und Zögern. Als Kira ihn darauf einen ungeschickten und groben Tölpel schalt, sprang Takumi auf, zog seinen Dolch und stürzte sich in blinder Wut auf den verhaßten Lehrer. Sein Zorn war jedoch so groß, daß er nicht mehr kühl und planvoll zu handeln vermochte; es gelang Kira, der messerscharfen Schneide seines Dolches auszuweichen und dem Tod zu entkommen. Nur an der Augenbraue trug er eine Verletzung davon. Kiras Wachen nahmen Takumi fest und brachten ihn in den Palast des Shoguns. Dort hatte er auf das Urteil des Herrschers zu warten. Kira weidete sich währenddessen am Unglück Takumis und stellte ihn vor aller Augen bloß.

Über den Urteilsspruch des Shoguns konnte es keinerlei Zweifel geben. Am Hof des Herrschers den Dolch zu ziehen galt als Verbrechen, das nur mit dem Tode zu sühnen war. Takumi mußte das Todesurteil an sich selbst vollstrecken, und zwar durch Seppuku, rituelles Bauchaufschlitzen. Seine Familie wurde enterbt, sein Besitz beschlagnahmt.

Ganz Edo betrauerte das tragische Schicksal Takumis, denn Kiras Charakter wurde allgemein verabscheut, und jeder Adlige gab zu, daß er in der gleichen Situation nicht anders als Takumi gehandelt hätte. Das Urteil wurde aber als unumstößlich angesehen.

Ein Fall wie der Takumis hatte schwerwiegende Folgen. Alle Vasallen und Samurai-Krieger, die ihm untertan waren, verloren nicht nur ihren Herrn, sondern auch ihre soziale Stellung. Ohne Lebensaufgabe irrten sie ziellos in Japan umher. Solche Samurai wurden Ronins genannt, ›Männer der Wellen‹, weil ihr Leben der heimatlos rollenden See glich.

Takumis Krieger bewahrten die Treue zu ihrem Herrn über seinen Tod hinaus. Sie beschlossen, an Kira Rache zu nehmen, dessen Hochmut und grausame Dreistigkeit ihr Elend verursacht hatte.

Sie waren 47 Männer – ihr Anführer war Oishi Kuranosuke, ein Mann mit scharfem Verstand, starkem Leib und furchtlosem Wesen. Da Kiras Pa-

Samurai-Darsteller in einem Kabuki-Stück

last zu gut bewacht war, schien ein sofortiger Blitzangriff nicht durchführbar; die Ronins mußten sich in Geduld fassen und mit List und Klugheit vorgehen.

Sie beschlossen also, vorerst nichts zu unternehmen; zumindest gaben sie vor, untätig zu sein. Die meisten von ihnen erlernten Berufe; als Handwerker oder Händler ließen sie sich in Edo nieder. Ihr Anführer Kuranosuke ging nach Kyoto – er war bald verrufen wegen seines ausschweifenden Lebenswandels, seiner Trinkgelage und lichtscheuen Händel.

Kira war umgeben von Leibwächtern und thronte inmitten seines streng gesicherten Palastes. Über die Mitteilungen seiner Spione, die ihm von Kuranosuke berichteten, war er hocherfreut. Er hatte fest damit gerechnet, daß der bedeutendste Samurai Takumis Versuche unternehmen würde, den Tod seines Herrn zu rächen. Kiras Furcht ließ langsam nach – er begann sich sicherer zu fühlen.

Kuranosuke sank immer tiefer. Wenn er nicht betrunken durch die Straßen taumelte, prügelte er sich in den Bordellen. Hatte er anfangs seine Frau und Kinder grob vernachlässigt, ließ er sie jetzt völlig im Stich; er kaufte sich eine Konkubine und sagte sich von seiner Familie los. Nur seinen ältesten Sohn behielt er an seiner Seite.

Jedermann verachtete Kuranosuke: In den Straßen spuckte man ihn an, und oftmals lag er, bewußtlos geschlagen, in der Gosse.

Je häufiger solche Episoden an Kiras Ohr drangen, desto beruhigter fühlte er sich. Er zahlte die zusätzlich eingestellten Wächter aus und begann langsam wieder, ein normales Leben zu führen. Die Aufmerksamkeit und Anspannung des Zeremonienmeisters ließen nach – die der Freunde Kuranosukes dagegen wurden mehr und mehr in Anspruch genommen. Als Händler und Kaufleute verschafften sie sich Zutritt zum Palast ihres Todfeindes. Sie konnten die Anordnung der Räumlichkeiten und die Schlagkraft der verbliebenen Leibwache auskundschaften.

Endlich kam die Stunde der süßen Rache. Kyoto wurde Zeuge einer wunderbaren Verwandlung: Das häßliche Entlein entpuppte sich als Schwan. Kuranosuke gab seiner Konkubine den Laufpaß, verließ die heruntergekommene Hütte, in der er gehaust hatte, und warf seine Lumpen von sich. Er war wieder ein stolzer Samurai, in prächtiger Kleidung und mit zwei im Gürtel gekreuzten Schwertern. Zusammen mit seinem Sohn machte er sich auf den Weg nach Edo.

Es war tiefer Winter. Die erste Dezemberwoche verstrich. Der Himmel hing tiefgrau und bleischwer über dem schläfrigen, verschneiten Edo. Die Nacht brach herein. Die Stadt schien den Atem anzuhalten, nichts rührte sich, Totenstille. In der Nähe von Kiras Palast traf Kuranosuke seine Gefährten, dort entwickelten sie ihren Angriffsplan. Zwei Gruppen sollten gebildet werden: eine, um frontal anzugreifen, die andere, um die Rückseite des Palastes zu bewachen. Sowie man Kira fände, sollte er enthauptet, sein Kopf als Zeichen des Triumphes in den Sengakuji-Tempel gebracht werden. Dort ruhten die sterblichen Überreste des Mannes, den er so tödlich gedemütigt hatte.

Der Mond war aufgegangen. Der Palast schimmerte als silberne Silhouette vor den tiefschwarzen Baumreihen der japanischen Zedern. Ein kurzer Trommelschlag gab das Signal. Beide Gruppen setzten sich lautlos zum Palast hin in Bewegung; nur die Sandalen der Männer knirschten im Schnee.

Vier Ronins drangen in den Innenhof ein, sie fesselten den Pförtner und öffneten das Eingangsportal. Die zweite Gruppe besetzte unterdessen den Hintereingang des Palastes. Zehn Bogenschützen bezogen auf dem Dach des Hofumlaufs Stellung. Die übrigen Ronins betraten den Palast, ohne von der Wachmannschaft bemerkt zu werden – alles schlief.

Die mittelalterliche Prachtrüstung eines Samurai

Als die Wächter endlich hochschreckten, gellten ihre Entsetzensschreie durch die Räume. Das dumpfe Geräusch von Klingenschlägen zerriß die nächtliche Stille. Die Schwerter der Ronins trennten Köpfe und Körper in machtvollen Hieben. Der Innenhof war blutüberströmt; rote Lachen sickerten in den Schnee. Die Ronins boten einen gespenstischen Anblick: Die Haare fielen ihnen wirr ins Gesicht; die wild aufgerissenen Augen waren schwarz vor Zorn; Kleidung, Arme und Beine waren blutbesudelt. Sie töteten die gesamte Wachmannschaft. Die Ronins selbst blieben sämtlich unverletzt.

Der Mann, den sie suchten, kauerte währenddessen mit Frau und Bediensteten in einem der inneren Gemächer. In fliegender Hast sandte Kira Boten um Boten zu seinem Herrscher aus, um Verstärkung und Hilfe zu holen. Die Boten hasteten über den Innenhof, stolperten über Körper und Rümpfe, strauchelten in Blutlachen. Die schwarzgefiederten Pfeile der Bogenschützen streckten sie nieder.

Die 47 Ronins durchsuchten den gesamten Palastkomplex – ihren Feind jedoch fanden sie nicht. Sie machten sich über jeden Raum her; Holz splitterte, Papier brannte, Seide zerriß – Kira blieb unauffindbar.

Kuranosuke entdeckte schließlich den Geheimgang, der durch einen Wandschmuck verdeckt war und zu einem kleinen, abgeschlossenen Innenhof führte. In der Mitte befand sich dort ein Bretterverschlag, in dem Holz und Holzkohle gelagert wurden. In einer Ecke hockte Kira, zitternd vor Angst.

Man zerrte ihn in den Empfangssaal seines Palastes. Kuranosuke verbeugte sich vor ihm und forderte ihn mit vollendeter Höflichkeit auf, dem Beispiel seines edlen Opfers zu folgen und sich selbst zu richten. Kira weigerte sich. Mit einem einzigen Schwerthieb wurde er daraufhin enthauptet. Der Ronin nahm den Kopf, reinigte ihn und trug ihn in einem Eimer zum Sengakuji-Tempel. Der Abt wurde aufgefordert, den Kopf auf den Gedenkstein ihres Herren zu setzen. Dann baten sie ihn, er möge sich nach ihrem eigenen Tod um ihre Leichen kümmern. Ihnen blieb nicht viel Zeit; obwohl der Tod Kiras allgemein begrüßt wurde, wußten sie, daß der Shogun von ihnen ebenfalls den rituellen Selbstmord verlangen würde.

Kuranosuke sprach noch mit dem Abt, als ein Bote des Shoguns ihnen befahl, sich unverzüglich im Palast einzufinden. Alle wurden einige Mona-

Selbstmord

Harakiri gehört zu den wenigen japanischen Wörtern, die jeder Ausländer schon einmal gehört hat, und ist sogar der Name einer satirischen französischen Wochenzeitschrift. Im Munde von Japanern werden Sie dieses Wort allerdings nicht oft hören, wenn auch selbst in der heutigen aufgeklärten Zeit Menschen hin und wieder auf rituelle Weise Selbstmord begehen. Der höfliche Ausdruck lautet Seppuku, und dieser schreckliche Brauch stammt wahrscheinlich von unterlegenen Kriegern, die der Folter entgehen wollten. Anfang des 12. Jahrhunderts entwickelten die Samurai-Krieger Seppuku zu einem komplizierten Ritual weiter, bei dem ein in Papier gehülltes Schwert verwendet wurde, aus dem 5 cm blanker Stahl hervorschauen. Da der Schnitt zwar außerordentlich schmerzhaft ist, aber nicht unmittelbar tötet, ist meistens eine zweite Person anwesend, die dem Selbstmörder sofort danach den Kopf abschlägt. Der Selbstmörder kniet bzw. hockt auf seinen Fersen; er bohrt sich das Schwert tief in den Leib und schlitzt sich mit einer leichten Drehung des Schwertes den Bauch bis zum Nabel auf. Der berühmteste Selbstmord dieser Art in neuerer Zeit war der des Schriftstellers Yukio Mishima im Jahre 1969. Auch Frauen können Seppuku begehen, indem sie sich die Kehle durchschneiden; in diesem Fall spricht man von Jingai.

te später zum Tode verurteilt. Mit der Gewißheit, ihrem Herren auch nach seinem Tod treu gedient und seine Ehre wiederhergestellt zu haben, kamen sie der Aufforderung, sich selbst zu töten, mit Stolz und Freude nach.

Die Körper der 47 Ronins wurden mit großen Ehrenbezeigungen in den Sengakuji-Tempel überführt. Dort wurden sie begraben. Die Nachricht von ihrem Schicksal breitete sich nach ihrem Tod wie ein Lauffeuer in Japan aus. Bücher wurden über sie geschrieben, Kabuki-Stücke wurden aufgeführt, in Holzschnitten wurde ihr Heldentum, oft mit blutigen Details, verewigt. Noch heute werden sie in Film und Fernsehen verherrlicht.

Geht man zum Sengakuji und zählt inmitten der Besuchergruppen, die dem Andenken der Helden ihren Respekt zollen, die Grabsteine, kommt man auf erstaunliche 48. Es gab 47 Ronins – ein Totenmal zuviel? Nein, 48 Männer liegen hier begraben.

Das überzählige Denkmal wurde für einen Mann aus der Provinz Satsuma errichtet. Er war einer der vielen entrüsteten Gegner und Ankläger Kuranosukes in Kyoto. Nachdem er von den Taten der 47 Ronins gehört hatte, begab er sich nach Edo zum Sengakuji und bat bei den Gebeinen Kuranosukes um Vergebung.

Wie hatte er nur die Redlichkeit eines so großen Samurai in Zweifel ziehen können? Warum war er dem Irrglauben verfallen, daß dieser Mann die Werte und Grundsätze des Kriegerkodex verwerfen könnte? Warum nur hatte er Kuranosuke angespien und ihn der Untreue bezichtigt?

Unter Tränen der Reue legte der Mann aus Satsuma Hand an sich selbst.

Ronin-Gedenkstein

Die Entscheidung der Amerikaner, japanische Städte zu bombardieren, fiel fast ein Jahr vor dem Atombombenabwurf auf Hiroshima. Ende November 1944 wurden die ersten Brandbomben über Tokio ausgeklinkt, im Laufe der Monate wurden die Einsätze immer schwerer, die Geschwader umfaßten bald Hunderte von Bombern. Am 9. März 1945 warfen die Amerikaner Brandbomben auf Tokio ab, die eine Frühform von Napalm enthielten. Durch starken Wind begünstigt, tobte fast zwei Tage lang in der aus Holz und Papier gebauten Stadt eine Feuerhölle. Allein dieser Vernichtungsschlag forderte 125 000 Tote. Die Angriffe dehnten sich auf nahezu alle japanischen Städte aus, und bei Ende des Krieges waren 668 000 Zivilisten ums Leben gekommen. Japan hatte mehr Ziviltote als gefallene Soldaten zu beklagen. In 66 Städten waren über 50% der Wohnungen zerstört. Robert Guillain, ein französischer Korrespondent, der während des Krieges in Japan akkreditiert war (die Vichy-Regierung in Frankreich befand sich nicht im Kriegszustand mit Japan), beschreibt die Luftangriffe, wie er sie in Tokio selbst erlebt hat.

Tokio in Flammen

Seit dem Sommer 1943 ist nichts mehr getan worden, um den Zustand der in der Stadt vorhandenen Luftschutzkeller zu verbessern. Diese bestehen eigentlich nur aus Erdlöchern, die mit ein paar Brettern von schon abgebrannten Häusern und mit einer hastig aufgeschichteten Lage Erde abgedeckt sind. Die Zivilschutzgruppen haben an Zisternen oder Wassergräben ein paar Handpumpen installiert, die einen drucklosen, fingerdicken Strahl liefern. Die wichtigsten Waffen zur Bekämpfung der ultramodernen Brandbomben stellen nasse Strohmatten, kleine Papiersäcke mit Sand und ganz besonders Wassereimer dar, die in Gräben gefüllt und von Hand zu

Militärparade auf der alten Ginza im Jahre 1935

Hand weitergereicht werden. Die ›Feuerwehrleute‹ sind Diener, Hausmeister, alte Leute und Rentner aus der Nachbarschaft. Will man der Propaganda Glauben schenken, die rasch Verbreitung findet und ihre Wirkung tut, reichen diese Geräte selbst zum Löschen des schlimmsten Brandes aus. In den Luftangriffen sieht man kaum eine ernste Gefahr, sie werden als Gelegenheit benutzt, die Leute zu beeinflussen und sie moralisch aufzurüsten. Die Zeitungen schreiben unaufhörlich von Regierungsplänen, die Zivilbevölkerung zu evakuieren, da sie in Tokio nicht helfen könne. Aber außer Kinder auf das Land oder in die Berge zu verschicken, ist buchstäblich nichts geschehen. Die Leute sind von den Zivilschützern gehalten, bei einem Luftangriff ihren eigenen Unterstand aufzusuchen und sich nicht weit vom Haus zu entfernen. Tokio wird gerettet, so tönt die Propaganda, wenn jede Familie bleibt und ihr Haus selbst schützt. Die Polizei spricht sich immer wieder gegen öffentliche Luftschutzkeller aus: Wenn viele Leute solche Sicherheitsräume aufsuchten, würden die Häuser leer und ohne Schutz zurückbleiben. Da ein japanisches Holzhaus aber in wenigen Minuten abbrennt, stünde zu wenig Zeit zur Verfügung, um nach dem Angriff nach Hause zurückzukehren und mit den Löscharbeiten zu beginnen.

Überhaupt hat es in der Zeit der ersten Angriffe den Anschein, daß sich die Regierung weigert, an eine echte potentielle Gefahr zu glauben. Und wenn, dann ist ihre Politik darauf ausgerichtet, möglichst viele Leute zur Brandbekämpfung in Tokio zurückzuhalten – selbst auf Kosten großer Verluste an Menschenleben ...

In der Nacht vom 29. zum 30. November 1944: Fliegeralarm! Der erste Nachtangriff. Millionen machen nun zum ersten Mal das, was sie fortan jede Nacht und bald oft auch mehrmals jede Nacht tun werden: Decke weg und herunter von der Schlafmatte, hinaus in den eisigen Regen und hinein in ein primitives Erdloch, das randvoll mit Wasser steht. Überall dicht bei dicht wie gestapelte Scheite die Holzhäuser ... Flugzeuge ziehen im Tiefflug vorüber, so beginnt die Teibjagd einer japanischen Nacht. Bomben explodieren, die Erde schüttelt sich. Dann erfüllt plötzlich ein eigenartiges, rhythmisches Brummen die Nacht, pulsiert in Donnerstößen und läßt mein Haus erbeben: der unheimliche Ton von B 29-Bombern, die unsichtbar irgendwo am Nachthimmel dahinfliegen, verfolgt von den Abschüssen der Flak und von Sperrfeuer. Das Radio gibt durch, daß der Angriff zur Hälfte vorüber ist. Ich steige auf das Terrassendach, wo ich noch so viele Winternächte verbringen werde. Denn um Bombenschäden am Haus bekämpfen zu können, muß man gute Sicht haben. Nur wenn man sofort an Ort und Stelle ist, kann man einen Brand rechtzeitig ersticken, bevor er als Feuergeysir aufschießt. Über mir die Bomberformation der B 29, die ruhig ihres Weges ziehen, und die roten Explosionen der Flakgeschosse, die nichts ausrichten. Am Horizont glüht hinter einem nahen Hügel ein rosa Licht auf, wird immer größer und färbt den Himmel schließlich blutrot. Immer mehr

Rübenverkäufer im Ginza-Viertel (historisches Photo)

Geschäftsstraße im alten Tokio (historisches Photo)

verschwommene rote Flecke tauchen am Himmel auf – dies alles wird bald ein vertrauter Anblick sein. Im alten Tokio – das damals noch Edo hieß – war jedesmal die Hölle los, wenn die ›Blumen von Edo‹, so umschrieb man die Brände, den Himmel erleuchteten. In dieser Nacht nun ist Tokio ein einziges Blumenmeer.

Im Januar ist es ziemlich ruhig, weil die Amerikaner mit dem Angriff auf die Philippinen beschäftigt sind. Jedoch noch vor Ende des Monats erlebt Tokio einen neuen, schrecklichen Luftangriff. Die Wolken hängen sehr tief, und das fürchten die Leute mehr als alles andere, denn es kursiert eine seltsame Legende über Radar: Man sagt, mit Radar könne der Feind durch Wolken hindurch und auch in der Nacht sehen. Der Angriff findet an einem Samstag um ein Uhr mittags statt. Man hat bereits Entwarnung gegeben, und die Leute in den Geschäftsvierteln haben in dem Glauben, der Angriff sei vorüber, ihre Unterstände verlassen. Da werfen 15 ›Fliegende Festungen‹ im Pulk über Nihombashi und der Ginza Sprengbomben ab. Man zählt mehrere tausend Tote; zumeist stammen sie aus Owaricho genau im Zentrum Tokios, wo eine Bombe die von Schutzsuchenden vollgepfropfte U-Bahn-Station zerstört. Dasselbe nahe dem Redaktionsgebäude der Asahi, wo Hunderte, die unter einer Eisenbahnüberführung Schutz gesucht haben, bei oder in der Folge von Bombendetonationen ihr Leben lassen. Zwei Tage später, als die Polizei die Absperrungen aufgehoben hat, besuche ich diese beiden Plätze. Zu sehen ist nur ein einziger Trümmerhaufen. Die Ginza, einst ein geschäftiges und farbenfrohes Viertel im Zentrum der Hauptstadt, ein Paradies mit Restaurants, Bars, Theatern und Geishas, von Trauerweiden gesäumten Straßen und Tausenden von Geschäften mit Jade, Seide, Muscheln und Perlen in den Auslagen, liegt jetzt in Schutt und Asche. Aus allen Teilen der Stadt strömen Massen von Neugierigen zusammen und starren fassungslos auf das Trümmerchaos. In diesem Moment wissen die Menschen in Tokio, daß der Krieg verloren ist.

Die Fliegerwarnungen werden nun immer häufiger, bei Tag und bei Nacht, wobei besonders schwere Angriffe in einem Abstand von acht bis vierzehn Tagen geflogen werden. Das Alarmsystem funktioniert angesichts des allgemeinen Durcheinanders bemerkenswert gut. Lange bevor der Alarm ertönt, werden die Leute im Radio gewarnt, daß über der ›Südsee‹ feindliche Maschinen im Anflug auf Tokio ausgemacht wurden. Die Stimme des Sprechers ist gewöhnlich ruhig, wird aber eindringlich, wenn die Gefahr nahe ist. Nachrichten über Route und Verlauf des Angriffs – wann die Verbände im Gebiet über den Abwehrstellungen eintreffen oder wann sie wieder abfliegen – werden dauernd vom Sprecher durchgegeben. Die vielen Inseln zwischen Tokio und den Marianen scheinen als Meldeposten für die Verteidigung der Hauptstadt eine große Hilfe zu sein, und gewöhnlich kann eine gute halbe Stunde im voraus Alarm gegeben werden. Andererseits klagen die Japaner, der Fuji würde sie verraten. Denn der weiße Gipfel ist immer über den Wolken sichtbar und dient so als Orientierungs- und Treffpunkt, wenn kleine Staffeln die nahegelegene Stadt anfliegen.

Vier Tage vergehen. Man schreibt den 9. März, den 9. März 1945; ein Datum, das Tokio genausowenig vergessen wird wie den 1. September 1923, den Tag des großen Erdbebens. An diesem 9. März beginnt der Frühling so plötzlich, wie es für Japan typisch ist. Aber das schöne Wetter bringt in diesen Tagen der Luftangriffe Angst statt Freude. Noch beunruhigender ist der Wind – ein Wind, der seit dem Morgen bläst, am Nachmittag böig wird und in der Nacht Wolken bringt. Am Abend hat er die Heftigkeit eines Frühjahrs-Taifuns erreicht. Das Drama, das sich ankündigt, ist eng mit diesem Sturm verbunden. Überall in der Stadt herrscht nur ein Gedanke: Wenn sie bei einem solchen Wind kommen, kann es eine Katastrophe geben, und: Jetzt wissen sie über das Wetter in Tokio Bescheid, denn eine einzelne B 29 beobachtet aus einer Höhe von 11 000 Metern den ganzen Tag lang die Stadt. Offenbar ein Aufklärer. Um 11 Uhr abends machen Radio und Sirenen den feindlichen Anflug zur Gewißheit.

Noch vor Mitternacht sind sie da, und der Himmel wirft seine Todessaat aus. Lichtblitze zucken in der Dunkelheit auf, ›Christbäume‹ erhellen die tiefe Nacht und sinken pfeifend und im feuersprühenden Zickzack in sich zusammen. Keine Viertelstunde nach Beginn des Angriffs breiten sich Brände, durch den Wind geschürt, in rasender Geschwindigkeit im Innern der Stadt mit ihren Holzhäusern aus.

Glücklicherweise (oder wohl mehr auf Grund der Einsatzpläne des amerikanischen Oberkommandos) ist mein Bezirk nicht direkt betroffen. Die Bomben haben eine ungeheure Morgenröte über der Innenstadt aufglühen lassen, die von Angriff zu Angriff heller wird – für die Angreifer eine Morgenröte des Sieges. Alles ist jetzt taghell erleuchtet, hie und da wird ein Bomber am Himmel sichtbar. Zum ersten Mal fliegen sie auf verschiedenen Ebenen an, in mittlerer oder niedriger Höhe. Zwischen den schiefen Rauchsäulen, die nun von der Stadt aufsteigen, heben sich die Rasiermesser der metallenen Tragflächen im Feuerschein der Stadt kantig vom Hintergrund ab und werfen dunkle Schatten an den geröteten Himmel. Vor einem fernen schwarzen Himmelsstreifen leuchten sie golden auf, und bläulich, wie Meteore, wenn sie der Strahl eines Suchscheinwerfers erfaßt, der den Horizont abtastet. Bei einem solchen Angriff sollte man sich nicht in einem unterirdischen Stand aufhalten. Wer die Geschehnisse nicht mitverfolgt, kann leicht bei lebendigem Leib verbrennen, ohne überhaupt zu begreifen, was ihm geschieht. Die Japaner in meiner Umgebung stehen alle draußen im Garten oder im Eingang ihrer Unterstände, und ich höre Rufe der Bewunderung (wie japanisch!), als sie diese grandiose, ja fast theatralische Szenerie betrachten.

Ein Hügel begrenzt meinen Horizont, dahinter fallen in einiger Entfernung die Bomben. Aber der ungebrochen heftige Wind trägt nun Asche und glühende Partikel herüber, die der brennende Himmel verstreut. Immer stärker wird der Funkenregen – Papier und Holz fangen Feuer, und bald steht alles lichterloh in Flammen. Man muß ständige Kontrollgänge auf der Terrasse, im Garten und im Haus machen, um Brandherde rechtzeitig entdecken und löschen zu können. Bomben explodieren vor dem Nachthimmel und fallen wie flackernde Fackeln auf die Stadt herab. Die brennende Flüssigkeit verleiht manchen das Aussehen einer flammenden Haarlocke. Da und dort ziehen sich die Geschoßbahnen der Flugzeugabwehrgeschütze, roten Blumenblättern gleich, über den Himmel und enden in grellen Lichtblitzen, aber das Abwehrfeuer ist schwach und den großen B 29, die in aufgelockerter Formation fliegen, scheint es nichts anzuhaben. Gelegentlich sind alle Maschinen vom Himmel verschwunden. Die heisere, aber doch zuversichtliche Stimme des Radiosprechers kündigt indessen neue Verbände der Nacht an. Abermals beginnt die furchtbare Vernichtung. Flammen lodern empor, diesmal ziemlich nahe meinem Bezirk, der auf einer Anhöhe liegt. Wir sehen, wie Brände sich auf den schattenhaften Dächern drunten wirbelnd drehen und wie der Sturm dunkle Aschenwolken mit sich reißt. Es heißt, die Feuersbrunst nähere sich, und bald hat sie wirklich den Nachbarbezirk Sarumachi, wörtlich das ›Affendorf‹, erreicht. Leute laufen die nahe Straße hinunter, jetzt ist auch die Feuerwalze zu hören, vermutlich handelt es sich um das Krachen zusammenstürzender Häuser. Über uns legen sich ihr ein breiter Boulevard, dann Parks und Gärten in den Weg. Das ›Dorf der Affen‹ brennt teilweise nieder, aber wieder einmal ist die Flanke unseres Hügels verschont geblieben. Die rastlosen Flammen ziehen weiter auf ihrem Weg, allmählich weicht die Nacht einem rotschwarzen Morgengrauen, und überall in der Stadt steigen Rauchwolken zum Himmel.

Das alles jedoch war nur die Szenerie zu einem furchtbaren Drama, das sich etwas weiter entfernt abgespielt hat, im östlichen und nordöstlichen Teil der Stadt. Ich erzähle die Geschehnisse so, wie sie sich mir in den folgenden Tagen und später darstellten, und ich kann mich für die Genauigkeit der Schilderung verbürgen.

Zielgebiet waren die flachen Außenbezirke der Stadt, das endlos sich ausbreitende Tokio der Arbeiter und Fabriken. Hier gibt es neben großen Fabriken und Arbeiterwohnungen auch zahlreiche Heimwerkstätten, in denen Handwerker und ihre Familien leben und für die Rüstungsindustrie tätig sind. Dieses Gebiet heißt ›die Ebene‹ im Gegensatz zum ›Berg‹ und den verstreuten Wohngebieten zwischen den Hügeln im Westen und Süden der Stadt. Es ist im wörtlichen Sinne eine Ebene, in der die Stadtteile dschungelartig zusammenwachsen, die übervölkerten Bezirke zu einer kompakten Baumasse verschmelzen und die Menschen in engen Gassen miteinander verklebt scheinen. Jenseits einiger rechtwinklig angelegter Boulevards und eines Netzes von stehenden Kanälen zieht der Sumida auf seinem einsamen Weg durch dieses Ballungsgebiet an Tausenden von hölzernen Häusern vorbei. Am linken Ufer Fukagawa mit seinen Docks an der Bucht von Tokio und die Fabrikviertel Honjo und Mukoyima. Am rechten Ufer Asakusa, Shitaya sowie die Vorstädte Kanda und Nihombashi. Dies sind die Hauptzielgebiete, dies ist der Schauplatz der Vernichtung. Gegen Mitternacht werfen die ersten ›Fliegenden Festungen‹ Hunderte von Brandbomben ab, um mit vier oder fünf großen Bränden das Zielgebiet zu markieren (der Volksmund nennt diese Brandbomben ›Molotow-Sträuße‹). Die nächsten Maschinen fliegen noch tiefer und ziehen im Zickzack und kreuz und quer über das Gebiet, große Flammenringe säend. Dort hinein laden dann bald darauf neue Flugzeuge ihre Bombenlast ab. Die Hölle bricht los.

Die Menschen harren im Bombenhagel aus, gemäß der Weisung, wonach jede Familie ihr Haus zu schützen hat. Aber wie soll man bei solch einem Sturm ein Feuer löschen, zumal wenn ein einziges Haus zehn oder mehr Treffer erhält? Die Bomben wiegen nicht mehr als drei Kilogramm und können daher zu Tausenden in einem wahren Platzregen abgeworfen werden. Die Metallzylinder stoßen außerdem noch während des Falls eine rötliche brennbare Flüssigkeit aus, die auf die Dächer klatscht und alles sofort in Brand setzt. Ströme tanzender Flammen ergießen sich überallhin. Die armseligen Gerätschaften, die Tausende von Amateur-Feuerwehrleuten, der kraftlose Wasserstrahl der Handpumpen, die wassergetränkten Strohmatten, der Sand zum Ersticken der Brandsätze, falls man nah genug herankommt – das alles erweist sich als völlg sinnlos. Dächer stürzen unter der Aufschlagwucht der Bomben ein, und in Minuten brennen die gebrechlichen Häuser aus Holz und Stroh lichterloh. Aus dem Innern glüht es wie aus einem Lampion. Der Sturmwind wirbelt mit seinem Feueratem brennende Bretter durch die Luft, die Menschen verwunden und überall neue Brände entfachen. Die Flammen greifen mit der rasenden Geschwindigkeit eines Waldbrandes von einem Häuserkomplex zum nächsten über. Familien entscheiden sich schreiend zu fliehen, die Frauen sind manchmal schon vorausgelaufen und schleppen ihre Babys und ihr tragbares Hab und Gut mit sich. Zu spät. Ein Feuerring hat den Fluchtweg am Ende der Straße versperrt. Es gibt kein Entkommen mehr.

Die Polizei und die hilflosen Feuerwehrleute versuchen von Fall zu Fall auf die fliehenden Massen einzuwirken und sie in die ascheschwarzen Lücken zu dirigieren, wo das Feuer bereits gewütet und hier und dort einen Durchlaß geschaffen hat. In den seltenen Fällen, wo die Feuerspritzen funktionieren (denn das Wasser ist in den meisten Kanalzonen knapp oder drucklos), spritzen die Feuerwehrleute die Flüchtenden an, damit sie sicher durch feuerumlohte Passagen gelangen. Manchmal werfen sich die Menschen auch in die Brunnen, die sich vor jedem Haus befinden, bevor sie ihre Flucht fortsetzen. Diese Flucht ist ein einziger Hindernislauf, weil Telephonmasten und Leitungsdrähte, die Tokio mit einem dichten Netz umschlingen, zu Boden gestürzt sind und die Straßen versperren. Bei dem dichten Rauch und dem Wind, der so heiß ist, daß er die Lungen verbrennt, brechen die Leute zusammen und sterben den Feuertod. Der Wind drückt die Flammenzungen bis auf den Boden, und oft fangen als erstes die Füße Feuer. Wenn die Gamaschen der Männer und die Hosen der Frauen erst einmal brennen, greifen die Flammen rasch auf die restliche Kleidung über. Die Luftschutzkleidung, die die Regierung ausgegeben hat, besteht aus dick gepolsterten Kapuzen, die Kopf und Schulter bedecken. Sie dienen besonders dazu, die Ohren vor dem Druck der Explosionen zu schützen – Tokio hat ja viele Monate lang unter unentwegten Bombardements zu leiden gehabt. Jetzt fangen die Kapuzen in dem Funkenregen Feuer, und wessen Füße nicht in Brand geraten, dem züngeln die Flammen um den Kopf. Mütter, die ihre Kinder nach japanischer Sitte auf dem Rücken tragen, bemerken plötzlich – und oft zu spät –, daß die Decken ihrer Babys in Brand geraten sind. Auf den wenigen unbebauten Plätzen – den großen Kreuzungen, Gärten und Parks – drängen sich dicht bei dicht die Flüchtlinge. Aber auch hier bleiben sie nicht vom Feuer verschont, ihre Habseligkeiten fangen fast noch schneller als ihre Kleidung Feuer. Hunderte, die nicht fliehen wollen, verkriechen sich mit oder ohne ihre Wertsachen in den Erdlöchern, die ihnen als Unterstände dienen. Später wird man sie vom Rauch vergiftet auffinden. Ganze Familien sterben in Löchern, die sie aus Platzmangel in diesen armen, übervölkerten Bezirken in den Häusern selber ausgehoben haben. Wenn das Haus über ihren Köpfen Feuer fängt, werden die Leute in ihren Löchern bei lebendigem Leibe zu Tode geröstet oder sie ersticken.

Mancherorts rückt die Feuerwand so schnell vor, daß für die Polizei, die eben noch einen Fluchtweg sah, plötzlich keine Zeit mehr zur Evakuierung bleibt. Und wegen des Windes, der die Glutasche weit forträgt, tauchen neue Brände an völlig unerwarteten Stellen auf. In der anderen Hälfte der Stadt suchen Feuerwehrleute, in das Flammenmeer einzudringen oder an den Grenzpunkten des Feuers einzugreifen, aber der Wind treibt die Flammen viel zu rasch vorwärts. Die Männer stehen dann in einem Gebiet, wo es nichts mehr zu retten gibt, während die Feuerlinie schon längst weitergewandert ist. Es kommt auch wieder zu jenem Phänomen, das schon beim Brand von 1923 Tokio in Angst und Schrecken versetzte: Die Kombination von Wind und Feuer läßt verheerende, feuerglühende Wirbelstürme entstehen, die mit ihrem rasenden Sog ganze Häuserkomplexe hochreißen.

Die Leute springen auf der Flucht, wo immer sie auf sie stoßen, in die Kanäle und tauchen an den seichten Stellen im schmutzigen Wasser unter,

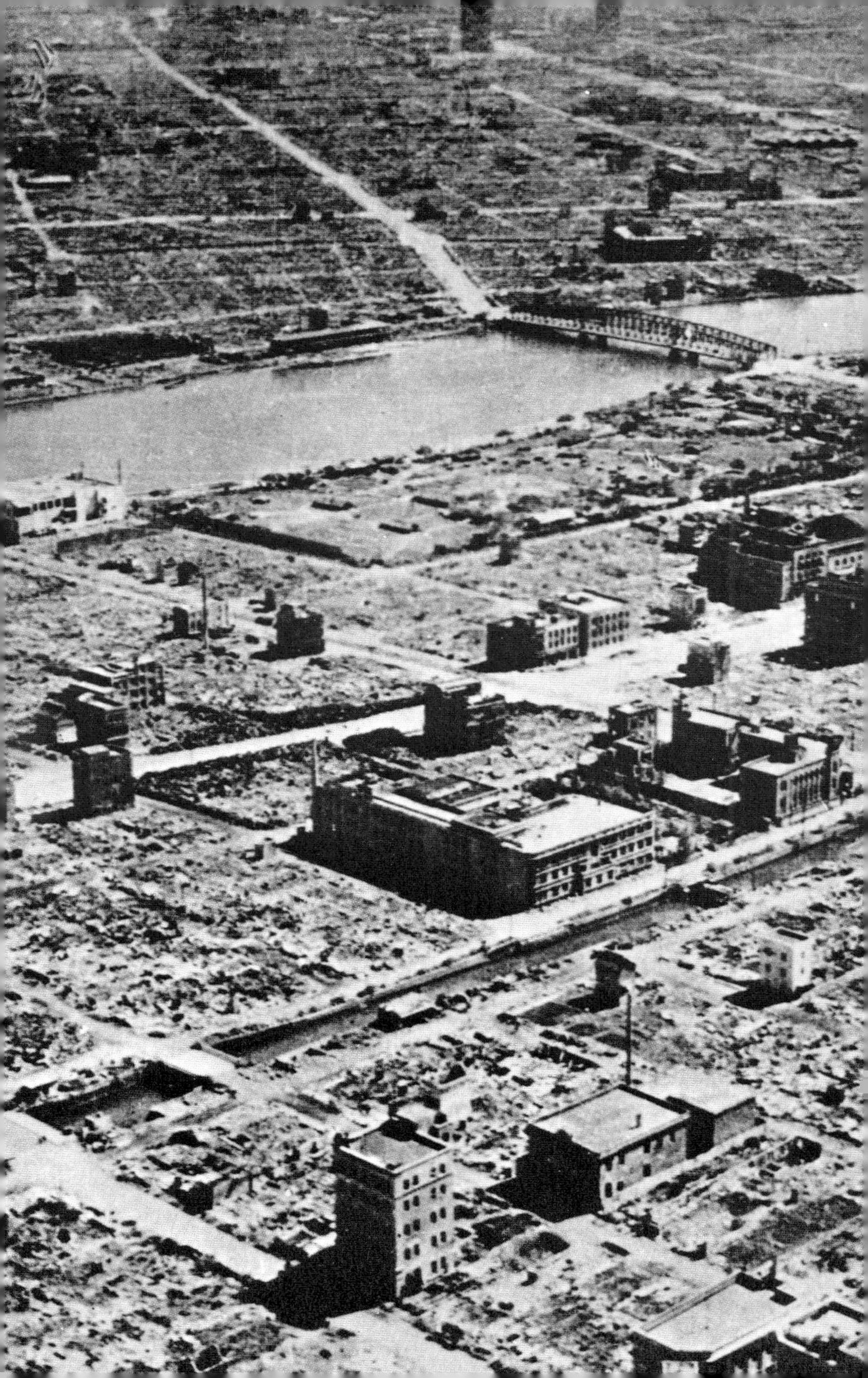

nur Mund und Nase bleiben zum Atmen an der Oberfläche. Tausende von ihnen wird man tot auffinden – nicht weil sie ertrunken sind, sondern weil die brennend heiße Luft und der beißende Rauch den Erstickungstod bedeuten. In manchen Gebieten steigt die Temperatur des Wassers rasch an, es wird unerträglich heiß, und die Ärmsten werden zu Tode gesotten. Einige Kanäle stehen direkt mit dem Sumida-Fluß in Verbindung. Bei Flut führen sie sehr viel Wasser, zahlreiche Leute gleiten aus und ertrinken. In Asakusa und Honjo suchen die Massen Zuflucht auf den Brücken. Aber diese sind aus Metall und heizen sich allmählich auf. Die Menschentrauben, die sich an die erhitzten Geländer klammern, müssen loslassen und fallen in den Fluß, der sie wegreißt. Zu beiden Seiten des Sumida drängen sich Tausende von Flüchtlingen in den Uferparks und Gärten. Sie pressen sich unerträglich dicht auf diesem schmalen Streifen Land zusammen, und immer wieder erfaßt Panik die Massen. Schiebend und drückend bewegen sie sich zentimeterweise auf den Fluß zu. Die Leute in der vordersten Reihe des schreienden Mobs werden in das tiefe Wasser gedrängt und gehen unter. Später werden Tausende von Ertrunkenen auf die Sandbänke der Flußmündung geschwemmt.

In Asakusa sucht die Menge Schutz in einem alten Buddhatempel. Das Heiligtum der Kannon, der Göttin der Barmherzigkeit, ist einer der schönsten Tempel von Tokio und hat in Friedenszeiten 50000 bis 60000 Besucher jährlich. Der Tempel gilt als sicherer Zufluchtsort, er datiert auf das 17. Jahrhundert zurück und hat die großen Feuersbrünste in Tokio und auch das Erdbeben von 1923 überstanden – hauptsächlich, weil die Priester den Zugang zum Gelände nur Leuten ohne jedes Gepäck gestatteten. Doch glaubt man allgemein, der Tempel stehe unter dem besonderen Schutz der Gottheit. Ach! Auch Kannon kann die Gläubigen dieses Mal nicht retten. Von Feuerbränden und Bomben getroffen, gerät die große Balkenkonstruktion in Brand, das gewaltige graue Ziegeldach bricht zusammen. Auch die großen Gingko-Bäume in den Parks brennen, und in den Gärten verbrennen die Menschen. Überall in den wenigen grünen Zufluchtsstätten im Herzen der Stadt kommt es zu makabren Szenen: Zu Hunderten sterben die Schutzsuchenden in dem so oft von japanischen Dichtern besungenen Garten von Hyakkaen, im Kiyozumi-Park in Fukagawa und in anderen Anlagen. Im Innenhof des Kameido-Tempels, bekannt für seine Glyzinien-Sträucher, finden sich die Flüchtlinge von brennenden Gebäuden eingeschlossen, und hier wie in den kleinen benachbarten Häusern sterben auch die Liebesdienerinnen des Bezirks. Im berühmt-berüchtigten Yoshiwara, im Bezirk Asakusa, spielt sich aufs neue ein Drama ab, das seit den großen Bränden Tokios in der Vergangenheit mehr oder weniger klassisch geworden ist: Diejenigen, die vor dem Höhepunkt des Bombardements noch nicht das Weite gesucht haben, schließen eilig die schweren Metalltüren, die das Vergnügungsviertel abschotten. Ihr Ziel: zu ver-

Kapitulationszeremonie auf dem amerikanischen Kriegsschiff USS Missouri ▷
am 2. September 1945

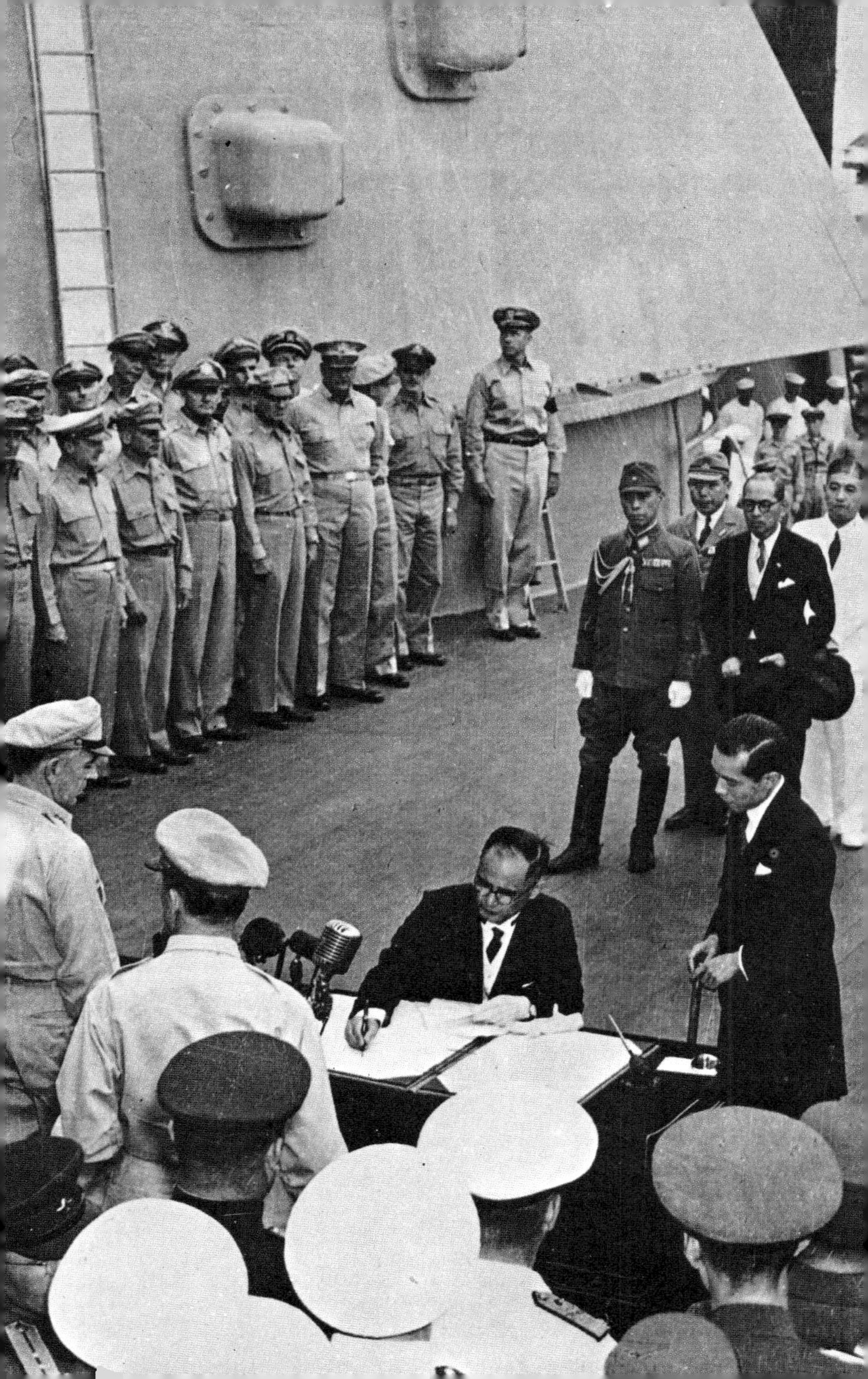

hindern, daß ihre wertvolle Kollektion von Damen der Nacht davonläuft. An diesem Frühlingsabend geht das Geschäft gut. Viele Kunden bemerken nichts von der Gefahr, und als sie die Situation erfassen, ist es zu spät. Die meisten der Mädchen finden mit ihren Kavalieren in den Flammen den Tod.

In Nihombashi dirigiert die Polizei den Flüchtlingsstrom in ein großes stabiles Gebäude, das Meijiza oder Meiji-Theater. Als Rauch von schwelendem Feuer durch die Luft zieht, schließen die keuchenden Flüchtlinge die elektrisch betriebenen riesigen Feuervorhänge. Aber bald brennt der Nachbarbezirk, und auch das Innere des Theaters selbst gerät in Flammen. Die Eingeschlossenen wollen ins Freie und versuchen den eisernen Vorhang emporzuziehen, doch er ist blockiert... Genug aber nun der Schilderungen jener grauenhaften Nacht.

Um fünf Uhr morgens wird Entwarnung gegeben. Aber nur von Sirenen in der verschonten Hälfte der Stadt. Die andere Hälfte steht noch weitere zwölf Stunden in Flammen. Ein Mann, der am 11. März die zerstörten Stadtteile besuchte, berichtete mir, am schmerzlichsten sei für ihn das Erlebnis gewesen, daß er wegen der vielen Toten auf den Straßen alle paar Schritte vom Fahrrad habe absteigen müssen. Noch immer ging ein leichter Wind, und er nahm die Überreste der manchmal völlig eingeäscherten Leiber mit sich und zerstreute sie wie Sand in alle Himmelsrichtungen. An vielen Stellen versperrten verkohlte Leichen den Weg.

Ein paar Tage später hörte ich dann die offiziellen Verlustziffern. Vermutlich streng geheim, war es doch bald in ganz Japan bekannt: Der Angriff hatte 120 000 Menschenleben gefordert. Nach dem Krieg erfuhr ich, daß in offiziellen japanischen Dokumenten (Geheimdokumenten der japanischen Regierung), die den Amerikanern in die Hände gefallen waren, der Gesamtverlust an Toten und Vermißten mit 197 000 beziffert ist. (Zum vergleich: Durch die Atombombe auf Hiroshima kamen etwa 130 000 Menschen ums Leben, wovon die Hälfte an den Spätfolgen starb.) Das Ausmaß der Vernichtung – das Wort ›Holocaust‹ ist hier nicht zu hoch gegriffen – wurde in diesem Umfang erst durch den schrecklichen Sturm in der Nacht vom 9. auf den 10. März möglich. Tokio erlebte in der Folgezeit Luftangriffe, die gemessen an der Zahl der Flugzeuge und der abgeworfenen Bomben schwerer waren, keiner aber forderte offenbar mehr als 20 000 Menschenleben.

Nach amerikanischen Informationen waren an jenem furchtbaren Angriff am 9. März 300 ›Fliegende Festungen‹ beteiligt, von denen nur zwei nicht zurückkehrten. Jede Maschine beförderte eine Bombenlast von sieben bis acht Tonnen, Bomben von einer Art, wie man sie vorher noch nicht eingesetzt hatte. Diese Neukonstruktionen vom Typ M 29 enthielten in ihrem Zylinder eine hochbrennbare Mischung aus einer geleeartigen Substanz und Öl (eine Vorform von Napalm). In jener Nacht wurden zwischen Mit-

Alte Holzhäuser am Sumida-Fluß

ternacht und etwa drei Uhr morgens 700 000 Bomben über der Stadt abgeworfen. Die Gesamtbombenlast war zehnmal so hoch wie die der deutschen Luftwaffe im September 1940 bei der ›Schlacht um London‹, und die am 9. März verwüstete Fläche Tokios war fast fünfzehnmal größer als die in der englischen Hauptstadt viereinhalb Jahre zuvor.

Abschließend möchte ich sagen, daß ich den Hergang nicht deshalb in all seinen Einzelheiten geschildert habe – meines Wissens geschieht dies hier zum ersten Mal –, um die Urheber des Strafgerichts zu verurteilen, und genauso wenig, um die Verantwortlichen freizusprechen, sondern allein, um die Tatsachen einer breiten Öffentlichkeit zugänglich zu machen und um noch mehr Anklagematerial für eine Verurteilung des Krieges zu liefern.

Der Chrysanthemen-Thron

Der Kaiser von Japan, der einhundertvierundzwanzigste in einer ununterbrochenen Erbfolge, die bis 600 v. Chr. zurückreicht, war bis zum 1. Januar 1946 ein Gott. Am Neujahrstag gab er die Selbstaberkennung seiner Göttlichkeit bekannt. Er wurde ein konstitutioneller Monarch, ähnlich den Herrschern in Großbritannien und in den skandinavischen Ländern.

Für Hirohito, Kaiser von Japan, war der Wechsel von göttlichem zu – freilich privilegiertem – menschlichem Dasein keineswegs so erschütternd und tiefgreifend wie für das japanische Volk. Zumal seit 1870, als der Schintoismus (vgl. S. 69 ff.) zur offiziellen Staatsreligion erklärt und in allen Schulen unterrichtet wurde, hatten die Japaner ihren Kaiser als direkten Nachkommen der obersten Sonnengöttin verehrt. Seine Göttlichkeit war unantastbar – sein Name war zu heilig, als daß man ihn hätte direkt aussprechen können, und sein Antlitz mußte der Allgemeinheit verborgen bleiben. Bis zum Ende des Krieges mußten alle Fahrgäste der Busse und Straßenbahnen, die am Palast (Farbabb. 7, 24) vorbeifuhren, dem Befehl des Schaffners folgen: »Kyojo mae ni, verbeugen Sie sich!« Und alle verbeugten sich tief in Richtung der Palastmauern.

Nur wenige Japaner machten sich klar, daß ihre Kaiser schon seit dem 14. Jahrhundert nur noch über geringen politischen Einfluß verfügten. Auch die Meiji-Restauration von 1867/68 brachte kaum Machtzuwachs – die kaiserliche Entscheidungsgewalt war stets eingeschränkt. Die Minister machten im Namen des Tenno Politik, und bis zum Ende des Zweiten Weltkrieges gelang es der Führungsspitze mühelos, ihre Politik durch seine Göttlichkeit, den Kaiser, repräsentieren zu lassen.

Hirohito, seit 1926 auf dem Thron, soll sich bemüht haben, seine Minister von einer Kriegserklärung abzuhalten. Vergeblich. 1945 stimmte er dem Ultimatum der Alliierten zu – seine Berater ließen sich erst durch die Atombomben zur Kapitulation zwingen. Auch während des Krieges blieb er ein großer England-Freund. Bei seiner Weltreise 1921 wurde der weltfremde, schüchterne junge Mann von George V. und Queen Mary so herzlich empfangen, daß er sich frei und unbeschwert wie nie zuvor fühlte. Später unternahm er einige zaghafte Versuche, die Monarchie zu demokratisieren. Hof und Minister wußten das jedoch schnell und wirksam zu verhindern.

Der Kaiserliche Palast

Die kaiserliche Familie posiert vor dem Hofphotographen (Neujahrstag 1973)

All dies, wie auch die privaten Ansichten des Kaisers über den Krieg, blieb der japanischen Öffentlichkeit verborgen. Als göttlicher Herrscher war der Tenno für sie unerreichbar.

Heute ist das anders. Zwar wird Hirohitos Name immer noch nicht genannt – man spricht nur von Seiner Majestät oder dem gegenwärtigen Kaiser –, aber jedermann kennt Photos von ihm, die ihn in westlicher Kleidung zeigen, umgeben von seiner Frau, seinen Kindern und Enkeln, Inbegriff eines mit Würde gealterten gütigen Patriarchen.

Der Wandel vom Gott zum konstitutionellen Monarchen vollzog sich für ihn mit verblüffender Selbstverständlichkeit. Seit dreiundfünfzig Jahren im Amt, regiert Hirohito länger als jeder seiner Vorgänger, und seine neue, rein symbolische Funktion scheint ihn mehr zu befriedigen als seine vorherige göttliche Würde.

Was für ein Mensch ist Hirohito? Er soll schüchtern sein, hervorragend informiert und eher der Vorstellung von einem Gelehrten entsprechen. Er ist begeisterter Meeresbiologe. Im Palast in Tokio hat er ein großes Laboratorium, in dem er forscht und experimentiert.

Hinter den zwei Meter dicken Palastmauern befinden sich nicht nur die Wohnräume der kaiserlichen Familie und das Laboratorium, sondern auch ein Krankenhaus, ein Friedhof, ein Luftschutzkeller, ein kleines Reisfeld, Tennisplätze, Pferdestallungen, Gemüsegärten, ein Hühnerhaus und eine Seidenraupenzucht. Der kaiserliche Fuhrpark besteht nicht aus Toyotas, Nissans und Mazdas, sondern aus Rolls Royces, Mercedes und Cadillacs.

Abgestorbene Lotosblüten im Schloßgraben des Palastes

Zweimal wurde der Kaiserliche Palast von feindlichen Truppen umzingelt: 1936 und 1945, zum letzteren Zeitpunkt, um eine Rundfunkerklärung des Gott-Kaisers über die offizielle Kapitulation zu verhindern. In den Wassergräben der Wallanlagen schwimmen heilige Karpfen. Bei einem schweren Taifun im Jahre 1958 wurden sie weggeschwemmt und mußten dann mit Fangnetzen aus den Straßenrinnsteinen gefischt werden.

Obwohl konstituiertes Staatsoberhaupt, entspricht Hirohito nicht den Vorstellungen von einem modernen volksnahen Monarchen. Niemals wurde er fahrradfahrend oder spazierengehend in der Öffentlichkeit gesichtet. Selten hält er Ansprachen, und ein leichter Umgangston ist im fremd. Dies zu ändern, könnte Aufgabe seines Sohnes sein.

Ein Ausländer würde sofort kritisch anmerken, daß es der kaiserlichen Familie an guter ›Öffentlichkeitsarbeit‹ mangele. Obwohl der Geburtstag des Kaisers am 29. April ein allgemeiner Feiertag ist, steht die Presse dem Ereignis interesselos gegenüber – nur eine Zeitung brachte zuletzt eine Photographie des kaiserlichen Paares, und das auf Seite drei.

Nur ältere Japaner verweigern der konstitutionellen Monarchie vereinzelt ihre Zustimmung, sie sehnen sich nach dem Gott-Kaiser Hirohito zurück. Der größte Teil der Bevölkerung ist mit dem neuen System einverstanden und respektiert Hirohitos Art, seinen Pflichten nachzukommen. Der Wunsch nach einer Republik wird nur ganz selten laut. Sogar die einflußreiche Kommunistische Partei Japans unternimmt keinerlei Anstrengungen, die Monarchie abzubauen.

Stimmen der Kritik bleiben freilich nicht aus. Obwohl der Kaiser dem Krieg im Pazifik ein Ende setzte, wird ihm vorgeworfen, durch seine Politik Elend und Tod Millionen seiner Landsleute mitverursacht zu haben. Auch bei Besuchen des Monarchen im Ausland gab es immer wieder Proteste und Demonstrationen.

Der fünfundvierzigjährige Kronprinz Akihito ist im allgemeinen wenig beliebt. Er wird als glanzloser, zurückgezogener Mann bezeichnet, der noch nicht einmal Wissenschaftler wie sein Vater sei. Daß er vor zwanzig Jahren durch seine Hochzeit mit einer Bürgerlichen ganz Japan aufrüttelte und weltweit Schlagzeilen lieferte, scheint in der Öffentlichkeit allerdings vergessen.

Seine Gewandtheit und Weltoffenheit beeindrucken offensichtlich niemanden. Er hatte einen amerikanischen Englisch-Lehrer; seine eigenen Kinder besuchten Internate in Australien. Seine ehemals bürgerliche Frau war eine ausgezeichnete Sprachwissenschaftlerin, die sich auch in mehreren Sportarten hervortat.

Diese Tatsachen bleiben von der Presse unbeachtet. Der Öffentlichkeit ist das Leben der Kronprinzen-Familie genauso fern und fremd wie das seiner Eltern. Es gibt Anzeichen dafür, daß der Hofstaat (größtenteils aus verarmtem Adel bestehend) daran interessiert ist, fernöstliche Prachtentfal-

Wachablösung vor dem Haupttor des Kaiserlichen Palastes

tung und steifes Zeremoniell beizubehalten: Veränderungen sind nicht erwünscht, und Kontakt zur Außenwelt gilt als unnötig.

Zwei Beispiele: Es ist zwar nicht unmöglich, aber äußerst schwierig, sich Zutritt zu der hervorragenden kaiserlichen Bibliothek zu verschaffen, und den Archäologen ist es immer noch nicht gestattet, die alten kaiserlichen Grabstätten zu untersuchen, obwohl sie interessante Aufschlüsse über das höfische Leben geben könnten, bevor es dem chinesischen Einfluß unterlag. Und wenn man den Klatschspalten der Zeitungen trauen darf, wird Prinzessin Michiko als Bürgerliche im exklusiven Kreis ihrer Hofdamen noch immer als Fremdkörper behandelt.

Vielleicht gelingt es dem Kronprinzen einmal, seine und seines Vaters goldene Fesseln zu sprengen. Nicht nur Entschlossenheit ist dazu vonnöten, sondern vor allen Dingen politische Hilfestellung.

In Kürze wird der Kronprinz einige sehr wichtige Entscheidungen zu fällen haben, die die weitere Zukunft der Monarchie in Japan betreffen. Sein Vater Hirohito ist alt und amtsmüde; die äußeren Erscheinungsformen der konstitutionellen Monarchie, die er 1946 einführte, sind überholt – sie entsprechen nicht mehr dem modernen Japan. Sind seine Landsleute aber auch keine Republikaner, so wollen sie doch ein Staatsoberhaupt, das ihnen Identifizierungsmöglichkeiten anbieten kann.

Kaisertreue Palastbesucher am Geburtstag des Tenno (29. April)

Torii vor dem Yasukuni-Schrein ▷

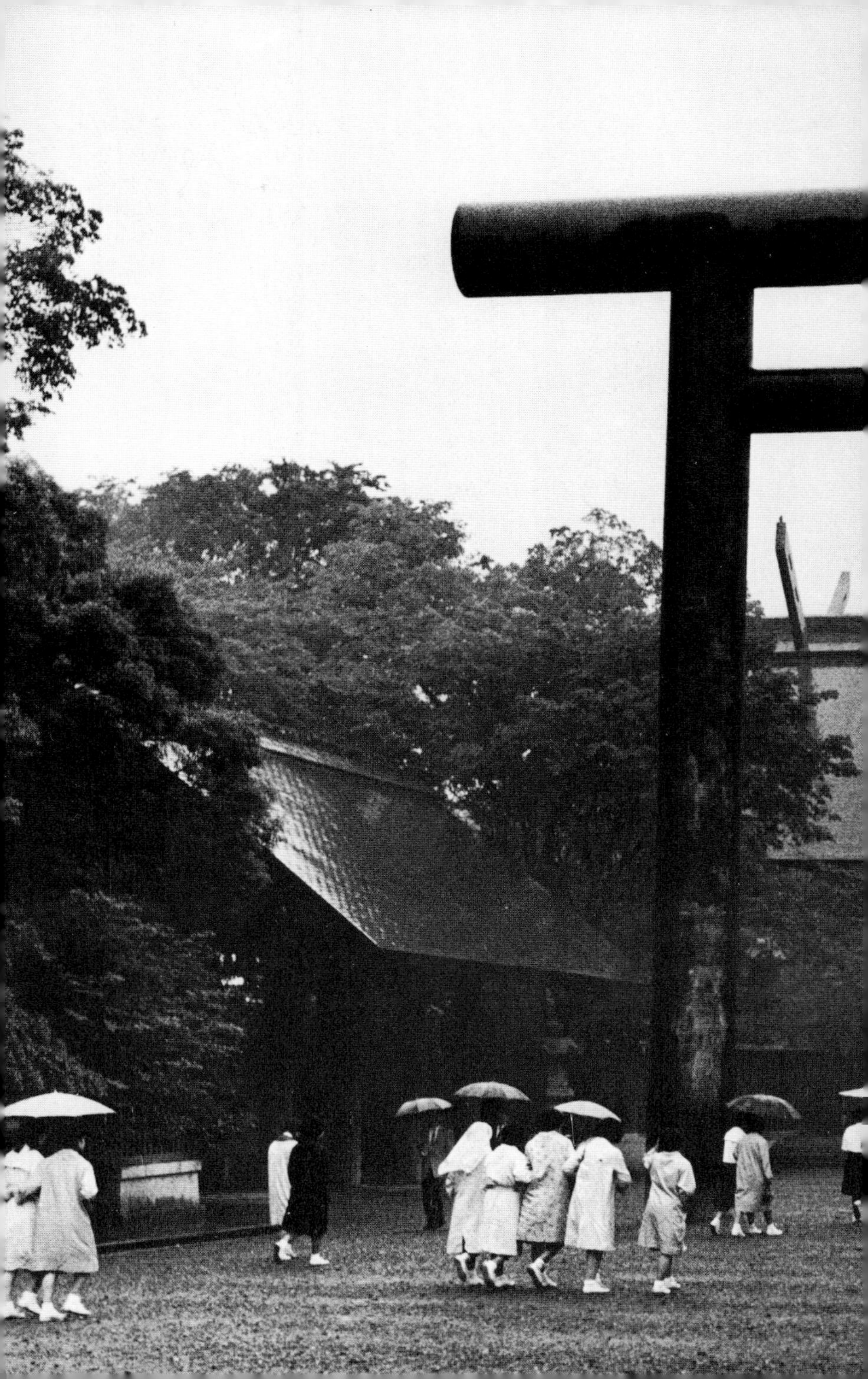

Religion: Ein Überblick

Glauben und Aberglauben

Wir befinden uns auf dem Gelände, das zu einer der größten Tempelanlagen Tokios gehört. Im Innern des Hauptgebäudes beten die Priester. Sie schlagen den Gong und führen mit Sorgfalt und Hingabe ihre religiösen Verrichtungen aus. In den Tempelanlagen zünden die Besucher Räucherstäbchen an und reinigen sich unter dem Wasserstrahl der schönen bronzenen Brunnen. Ein Freund von uns, der der kleinen christlichen Gemeinde von Tokio angehört, begleitet uns. Lächelnd sagt er: »Laßt Euch nicht täuschen – die Japaner sind eigentlich gar nicht religiös. Was wie Religion aussieht, ist nicht mehr als kultivierter Aberglaube. Das Erscheinungsbild läßt zwar nichts Primitives vermuten, aber im Grunde genommen unterscheidet der japanische Glaube sich kaum von afrikanischem Buschzauber.«

Sicherlich ein Vorurteil, aber mit einem Körnchen Wahrheit. Die meisten Japaner interessiert nur das weltliche Glück, das die Religion zu geben vermag. Gebete sind wie magische Reime und Zauberverse, und erweisen sie sich als unwirksam, sind die Umstände schuld, die außerhalb der Einflußnahme des Betenden liegen – man betet weiter und hofft auf mehr Glück beim nächsten Mal.

Die buddhistischen Tempel und Schinto-Schreine reagieren eilfertig auf die Wünsche und Bedürfnisse der Abergläubischen. Als der Ochsenkarren noch das schnellste Fortbewegungsmittel war, gab es niemanden, der für die Sicherheit der Verkehrswege betete; heutzutage gibt es Stätten der Verehrung, die speziell der Verhütung von Autounfällen geweiht sind. Liest man die Gebetstexte, die auf Papierzettelchen an Wandtafeln im Tempelinnern aufgesteckt sind, kann man sich nur über die vielen Glaubensanhänger Buddhas wundern, die ihm die Sorge um erfolgreiche Examen ihrer Kinder und das Bangen um den Sieg ihres Baseball-Teams übertragen haben.

Im Umkreis der großen Heiligtümer und Tempel herrscht lebhafter Trubel, der eher an ein Volksfest denken läßt als an einen Ort der religiösen Verehrung. Priester und Mönche stehen in farbigen Buden und preisen ihre Zukunftsprognosen an. Es gibt sogar einige Heiligtümer, in denen dressierte Tauben aus einem wirren Papierhaufen ›Ihre spezielle Prophezeiung!‹ herauspicken. Viel Geld wechselt den Besitzer.

Das Wahrsagen ist ein florierendes Geschäft in Tokio und steht in enger Verbindung zur Religion. Eine gute Freundin von uns – eine erfolgreiche Geschäftsfrau – konsultiert ihren Wahrsager mit schöner Regelmäßigkeit und befolgt mit Andacht seine Weisungen. Jedesmal, wenn wir sie in Tokio besuchen, hat sie, seinen Empfehlungen gemäß, die Adresse gewechselt, denn ein erfolgreiches Jahr sei ohne den vorherbestimmten Umzug nicht zu garantieren. Auch ihr Sterbetag ist für sie kein Geheimnis mehr – der Wahrsager wußte ihn ihr mitzuteilen. Ob sie die Rechnungen für ihren Lebensberater von der Steuer absetzen kann? Es würde uns nicht wundern, denn Wahrsagen wird in Japan sehr ernst genommen.

Schintoismus und Buddhismus

Für die meisten Japaner sind die zwei wichtigsten Glaubensrichtungen, Schintoismus und Buddhismus, nicht voneinander zu trennen. Bei dem Wunsch, mit einer geheiligten Wesenheit ihrer Wahl in Verbindung zu treten, stellt sich für viele Japaner die Frage, ob dies im buddhistischen Tempel durch lautes Klatschen und im Schinto-Schrein durch schweigendes Beten herbeizuführen ist – oder umgekehrt. (Umgekehrt wäre richtig.) In Japan sind Schintoismus und Buddhismus keine getrennten Religionen; die meisten Familien bezeigen beiden ihre Anhänglichkeit, indem sie nach Schinto-Bräuchen heiraten und ihre Kinder weihen, sich aber nach buddhistischen Ritualen beerdigen lassen. Dieses doppelte Treueverhältnis erklärt auch die kuriose Statistik, nach der von 100 Millionen Einwohnern Japans 72 Millionen Schinto-Anhänger und 81 Millionen Buddhisten sind.

Räucherbecken vor dem Meiji-Schrein

Der Buddhismus stammt ursprünglich aus Indien, ist also, wenn man so will, eine importierte Religion, während der Schintoismus genuin japanischen Ursprungs ist. Schinto ist eine animistische Religionsform, d. h. sie basiert auf dem Glauben, daß die Natur von Geistern und gottähnlichen Wesen beseelt ist, den ›acht Millionen Göttern‹. Diese Naturkräfte werden Kami genannt (›höhere Wesen‹). Sie sind sämtlich gütig und wohlwollend. Zu Hause sind sie in den landschaftlich schönen Gebieten Japans: in Gebirgsschluchten, Felsen, Wasserfällen und sanften Tälern. Aus diesem Grund gehören zu vielen Heiligtümern herrliche Gartenanlagen, oder sie liegen außerhalb städtischer Ansiedlungen in unberührter Landschaft. Das erklärt auch, warum der Fuji als Heiligtum gilt und von allen Schintoisten verehrt wird.

Früher gab es keine Schreine – man betete unter freiem Himmel. Erst im 4. Jahrhundert wurden Gebetshäuser errichtet und Priester ernannt. Das Priestertum unterstand der Regierung, weil die Person des Kaisers als heilig galt. Er war der direkte Nachfolger der Sonnengöttin Amaterasu-Omikami, der höchsten Gottheit des japanischen Pantheons.

Da der Schintoismus die einzige Religion Japans war, brauchte er keinen Namen. Erst als der Buddhismus im 6. Jahrhundert von koreanischen Mönchen nach Japan eingeführt wurde, mußte die heimische Religion getauft werden. Das Wort Schinto stammt aus dem Chinesischen und bedeutet soviel wie ›Weg Gottes‹. Der Schintoismus ist eine so wenig konturierte Glaubensform mit so vielen unklaren und widersprüchlichen Vorstellungen, daß sie sich einer genaueren Beschreibung entzieht. Einfacher ist die Bestimmung dessen, was sie nicht ist oder bietet: Der Schintoismus verlangt keinen festen Glauben, keine bewußte Anstrengung; seine Götter bedürfen keiner besonderen Aufmerksamkeit; es gibt keine moralischen Vorschriften, keine starre Ethik. Der Schinto-Religion genügen Gebete, heilige Waschungen und Zeremonien.

Beide Glaubensrichtungen vertragen sich gut miteinander. Der Schintoismus ist vage und bezieht sich auf ein ursprüngliches Gutsein des Menschen, der Buddhismus großzügig. Dem Schintoismus sind die Vorstellungen von Reinheit sehr wichtig; jede Berührung mit dem Tod wird vermieden, während der Buddhismus im wesentlichen um das Seelenheil bemüht ist und den Konstrast zwischen Geist und Körper hervorhebt.

Aber auch der Schintoismus hat sich mit dem Tod zu befassen – der Kaiser als Kami, als göttliches Wesen, kann nicht nach buddhistischem Ritual beerdigt werden. Daher ist auch ein Schinto-Schrein die letzte Ruhestätte des Kaisers Meiji. Sein Sohn Taisho liegt in einem kahlen Steingrab in einem Park am Stadtrand Tokios.

Die Schinto-Religion spielt auch heute noch eine große Rolle. Die Kami werden zur Saat- und Erntezeit angerufen und beschworen. Wichtig ist besonders die Nahrungsgöttin Inari, deren Bote der Fuchs ist. Die hochent-

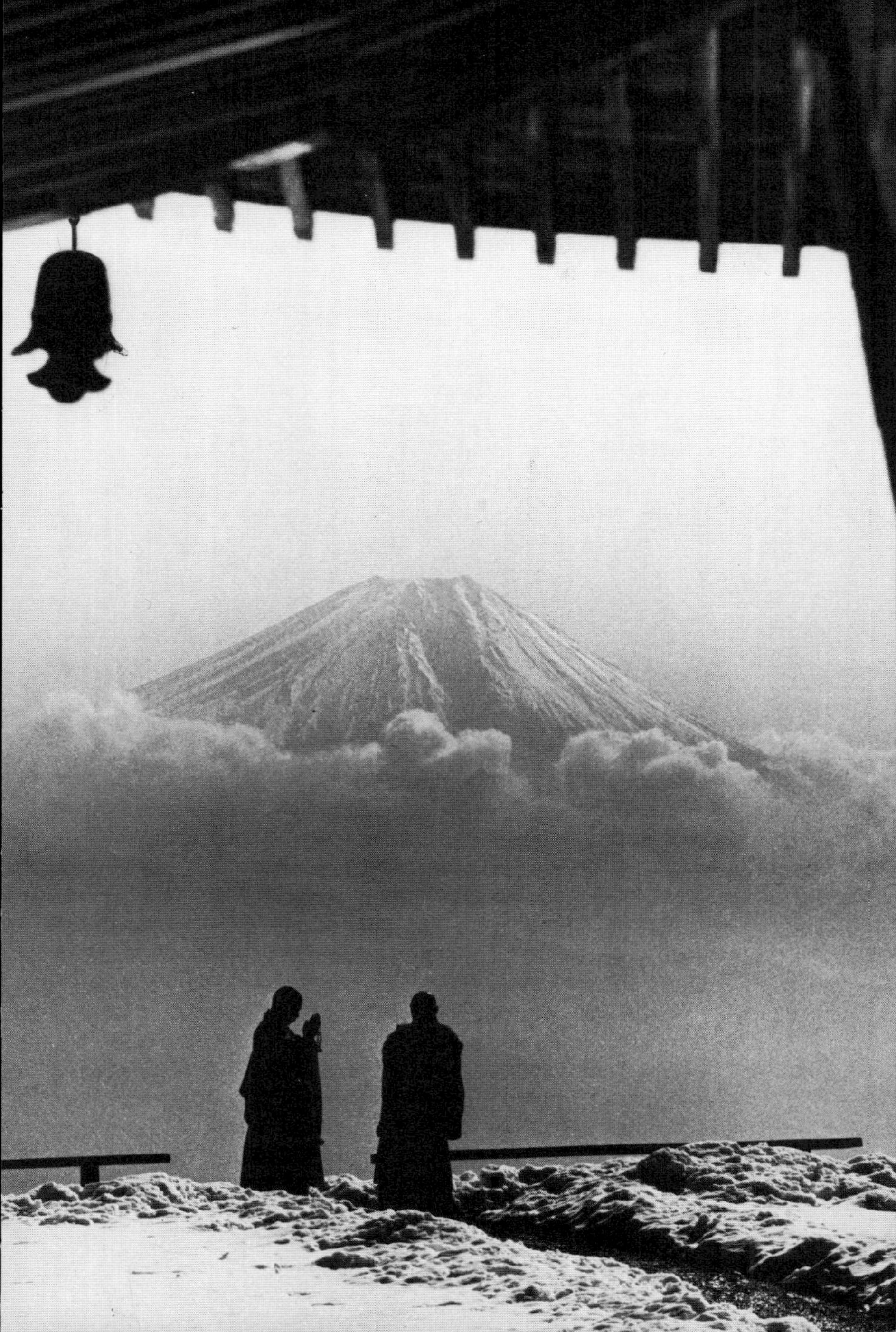

wickelte Sensibilität des Japaners für die Schönheiten der Natur, für die ästhetische Gestaltung der Dinge, die ihn im täglichen Leben umgeben, steht in direkter Beziehung zu dem Glauben an die Gegenwart der göttlichen Naturgeister. Obwohl der Kaiser nicht mehr als Gott angesehen wird (der letzte Krieg machte diesen Glauben zunichte), bleibt die kaiserliche Familie in besonderer Weise mit dem Schintoismus verbunden. Die Schinto-Religion wird ausschließlich in Japan praktiziert, denn nur Japaner können Schintoisten sein. Da diese Religion so stark mit nationaler und ethnischer Geschichte und Mythologie verknüpft ist, kann sie für einen Ausländer nur als Studienobjekt interessant werden.

Der Buddhismus konnte sich deshalb so erfolgreich verbreiten, weil mit ihm die Einflüsse der indischen und chinesischen Hochkulturen nach Japan eindrangen. Der Schintoismus war bäuerlich, schlicht, geringer entwickelt als der Buddhismus mit seinen schriftlich fixierten Texten und seiner Tradition in Malerei, Skulptur und Architektur. Im Gegensatz dazu konnte sich der Schintoismus keiner einzigen Textzeile rühmen.

Zu Beginn war der Buddhismus eine Religion der Privilegierten: ein Glaube, der nur von Adligen, Mönchen und einer kleinen Gruppe Eingeweihter praktiziert wurde. Im

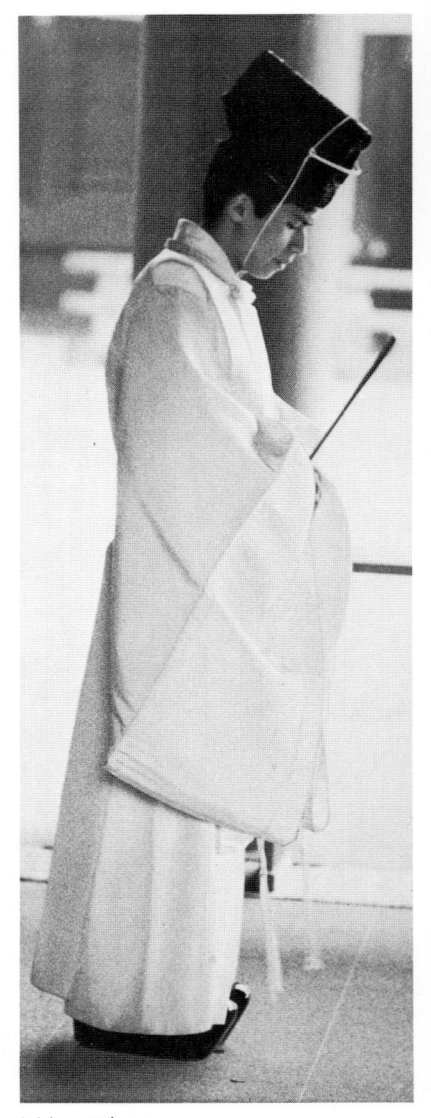

Schinto-Priester

12. Jahrhundert dann entstand eine neue, volkstümliche Art des Buddhismus in Japan, der ›Reine Land‹-Buddhismus, der weder kanonisiertes Wissen noch eine besondere Ausbildung erforderte. Er verkündete folgende Botschaft: Die Welt nähert sich ihrem Ende, und alle Menschen können

nach ihrem irdischen Tod wiedergeboren werden und in das Paradies eingehen, wenn sie Amida, eine der vielen Inkarnationen Buddhas, um Hilfe bitten. Diese klare und schlichte Botschaft fand großen Anklang unter den Japanern, die aber deswegen ihrem Schintoismus nicht abtrünnig zu werden brauchten. Denn die Schinto-Priester waren der Überzeugung, daß Buddha und die verschiedenen buddhistischen Gottheiten in Japan als Kamis existierten. Außerdem befasse sich der Schintoismus mit dem Diesseits, während der Buddhismus sich auf das Jenseits beziehe. So ergänzten sich beide Religionen gegenseitig.

Eine weitere Form des Buddhismus tauchte im 13. Jahrhundert auf; sie war in ihrer Ausprägung noch spezifischer japanisch als die ›Reine Land‹-Bewegung. Der Priester Nichiren verkündete die nationalistische Lehre, daß Japan das Land des wahren Buddhismus sei: Japan sei dazu bestimmt, die unverfälschten Vorstellungen des Erleuchteten wiederaufleben zu lassen. Außerdem erschöpfe sich der Buddhismus nicht allein darin, Leiden hinzunehmen, sondern man müsse das irdische Leid aktiv und bewußt suchen. Von seinen Gefolgsleuten forderte er missionarischen Eifer, um jede andere Glaubensrichtung, auch innerhalb des Buddhismus, zu verdrängen: Für das große Ziel müßten auch persönliche Opfer gebracht werden.

Die dritte Ausprägung des japanischen Buddhismus ist auch im Westen sehr bekannt: Zen. Für den Zen-Buddhismus stehen Disziplin und Meditation im Vordergrund, als Weg zur inneren Erleuchtung. Die Erhöhung des Ich ist das Ziel des Gläubigen, eine persönliche Form der göttlichen Verinnerlichung. Die Betonung der eigenen Energie und Kraft war sicher ein ausschlaggebender Faktor dafür, daß besonders die japanische Kriegeraristokratie des 13. und 14. Jahrhunderts dem Zen-Buddhismus huldigte.

Die Förderung dieser Religion durch die Krieger-Fürsten hatte große Auswirkungen auf das künstlerische Schaffen. Dem Bestreben des Zen-Buddhismus entsprechend, nur das Wesentliche, den Kern der Dinge zu betonen und herauszustellen, entstand eine Architektur, bildende Kunst und Literatur von strenger Klarheit und Schlichtheit. Zen-Bauten sind schmucklos und sparsam; die Malerei ist monochrom und reduziert ihren Gegenstand auf wenige, aber wesentliche Pinselstriche. Zen-Poesie hat aphoristischen Charakter und besticht durch ihre Herbheit und Kühle. Gleichzeitig liebt sie die Provokation als Gedankenanstoß und das geistreiche, irritierende Paradox.

Auch die Teezeremonie hat ihren Ursprung im Zen-Buddhismus. Obwohl sie einem komplizierten, ausgeklügelten Ritual unterworfen zu sein scheint, soll sie dem Beteiligten das innere Wesen der Dinge, ihre Eigenart in konzentrierter Form vermitteln und die Bedeutung angemessen zum Ausdruck bringen, die auch den alltäglichsten Verrichtungen zukommt.

Das Wissen über Schintoismus und Buddhismus in der Bevölkerung ist gering. Die junge Generation Japans ist im allgemeinen sogar noch weniger

Die Teezeremonie

Für viele Ausländer gehört die Teezeremonie zu den geheimnisvollsten und möglicherweise auch zu den kuriosesten japanischen Riten. Eine Gruppe schweigender Menschen, die in einem Kreis auf dem Boden sitzt und höchst aufmerksam zusieht, wie der helle, leuchtend grüne Tee aufgegossen und in einem Gefäß serviert wird, das danach von Hand zu Hand wandert, kann, rein äußerlich betrachtet, schon zum Lachen reizen.

Die Teezeremonie, ursprünglich als Unterstützung der Zen-Meditation gedacht, ist heutzutage ein sinnfälliges Beispiel für den tiefen Wunsch der Japaner, auch noch die alltäglichste Handlung mittels eines komplizierten und feierlichen Rituals in eine Kunstform zu verwandeln. Bei der Zeremonie, die oft in kleinen, eigens für diesen Zweck errichteten Teehäusern inmitten herrlicher Gärten stattfindet, werden erlesene Gerätschaften benutzt und ein besonderer, pulverisierter Tee verwendet, der, wenn man ihn schlägt, wie Bier eine Schaumkrone bekommt. Alles, vom Kochen des Wassers bis zum Schlagen des Tees und dem Abwischen des Schalenrandes, bevor der Teilnehmer der Zeremonie trinkt, geschieht nach genau festgelegten Regeln und Formen.

über ihren Glauben unterrichtet als die gleichaltrigen Europäer über das Christentum. Die meisten jungen Männer, die buddhistische Priester werden, haben sich dazu lediglich entschlossen, weil es der Tradition ihrer Familie entspricht und ihnen ein angesehenes und geordnetes Leben bietet. Die Touristen aus anderen buddhistischen Ländern sind es gewohnt, daß ihr Priesterstand nicht heiraten darf und vegetarisch leben muß; in Japan stellen sie dann mit Grausen fest, daß hier die Diener Buddhas nicht nur Fleisch essen, sondern auch verheiratet sind und sich eines reichen Kindersegens erfreuen.

Der Buddhismus befindet sich in Japan allerdings in einer Phase des Niedergangs – Zeugen sind die vielen leerstehenden oder verlassenen Tempel in Tokio. Das mag den ›Boom‹ einer Reihe von neuen Glaubensformen erklären, die eine stetig wachsende Anhängerschar verzeichnen können und einen nicht geringen Einfluß auf die Regierungspolitik und die gesellschaftliche Meinungsbildung ausüben.

Neue Religionen

Eine der ältesten dieser jungen Religionen ist Tenrikyo, ›die Lehre von der himmlischen Vernunft‹. Aus dem Schintoismus erwachsen, gibt es mit der Stammreligion doch wenig Gemeinsamkeiten. Die Lehre wurde von einer

Gebetszettel auf einer Tempelsäule   Spendenbretter vor einem Tempel

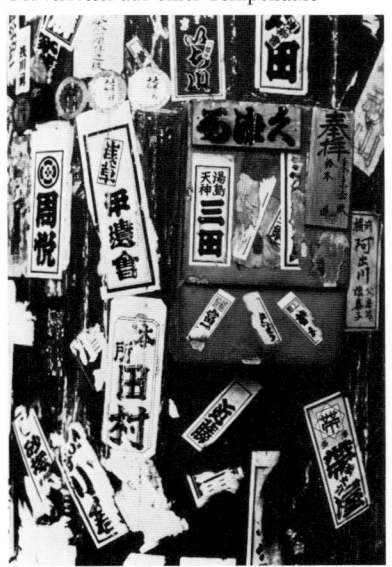

Ehepaar in Festkleidung beim Neujahrsfest im Meiji-Schrein

Bäuerin im Jahre 1838 begründet und hat heute über zwei Millionen Anhänger. Rissho Kosei-Kai, die ›Gesellschaft zur Förderung der Gerechtigkeit und Vervollkommnung der menschlichen Beziehungen‹, basiert auf dem Nichiren-Buddhismus, wurde 1938 von einem Molkereibesitzer ins Leben gerufen und kann mit einer Gefolgschaft von über drei Millionen Gläubigen aufwarten. Über sieben Millionen Mitglieder zählt die größte der neuen Religionsgemeinschaften, die ›Wissenschaftliche Vereinigung zur Schaffung von Hohen Werten‹, Soka Gakkai. Auch sie entstand, wie Rissho Kosei-Kai, aus dem Nichiren-Buddhismus, wurde 1930 von einem Lehrer ins Leben gerufen und verfügt heute über großen gesellschaftlichen Einfluß und erstaunliche Geldmittel.

Es gibt etwa 120 verschiedene neue Glaubensgemeinschaften in Japan; ihre Existenz wird durch die Tätigkeit von Laien gesichert – Priester oder Mönche kennt man nicht. Die Gründer oder auch Nachfolger der vielfältigen spirituellen Richtungen werden mit hingebungsvollem Respekt verehrt, der schon fast einer Vergötterung gleichkommt.

Als religiös im herkömmlichen Sinne können die Anhänger der verschiedenen Glaubensrichtungen nicht bezeichnet werden; die meisten von ihnen suchen Wege, um sich ihren Anteil am irdischen Glück zu sichern – und es gibt eben verschiedene Wege. Also werden auch politische Verbindungen nicht gemieden, sondern mit Nachdruck gefördert. 1964 z. B. wurde Komeito, die ›Partei der ehrlichen Politik‹, einzig mit dem Ziel gegründet, die religiösen Vorstellungen Soka Gakkais mit Hilfe von Parteipolitik durchzusetzen.

Christen in Japan

Die Geschichte des Christentums in Japan ist relativ kurz, doch gab es um so mehr Momente des Kampfes und der Gewalt. Das Christentum setzte 1549 in Gestalt Franz Xavers zum ersten Mal den Fuß auf japanische Erde. Zu jener Zeit zeigten sich die militärischen Herrscher liberal und aufgeschlossen, und sie hatten keine Einwände gegen ausländische Einflüsse und fremde Religionen. Den christlichen Missionaren, die größtenteils in Portugal beheimatet waren, wurden keine Steine in den Weg gelegt. Sie konnten schnell auf 300 000 bekehrte Seelen stolz sein.

Beim japanischen Kriegeradel waren aber die christliche Ethik und die kolonialen Ambitionen der Spanier und Portugiesen nicht wohlgelitten, so daß unter der Tokugawa-Herrschaft Ausgang des 16. Jahrhunderts Christenverfolgungen eingeleitet wurden, die in ihrer Grausamkeit nur noch mit denen des Römischen Reiches zu vergleichen sind. Das Christentum wurde geächtet, und die Portugiesen, die den lebhaftesten Handel mit Japan betrieben, vor die Tür gesetzt.

Gedenkbretter auf einem Friedhof

Erst nach der Meiji-Restauration von 1867/68 durfte die christliche Religion wieder praktiziert werden, und obgleich nur 0,7 Prozent der heutigen Bevölkerung Christen sind, ist ihr gesellschaftlicher Einfluß bedeutend – der letzte japanische Premierminister ist z. B. Christ gewesen. Das Christentum ist aus dem täglichen Leben Japans nicht mehr wegzudenken; Protestantismus und Katholizismus blühen und gedeihen.

Viele der besten Schulen und Universitäten sind christlich ausgerichtet. Die meisten Japaner verbergen auch keineswegs ihre Bewunderung für die christliche Ethik und deren Wertvorstellungen und Normen, geben aber gleichzeitig zu, daß dem damit verbundenen praktischen Anspruch nur schwer zu genügen ist. Zwar hat das Christentum seinen festen Platz in der japanischen Gesellschaft gefunden, aber der Anblick einer japanischen Heilsarmee-Gruppe, die sich auf der Ginza einfindet und Lieder schmettert, ist doch eher von bizarrem Reiz.

Zen-Dialoge

Berühmt ist jene Zen-Frage, die als Hilfe zur Meditation dienen soll: »Du weißt, wie es klingt, wenn jemand in die Hände klatscht. Aber weißt du auch, wie es klingt, wenn eine Hand allein klatscht?« Es folgen einige weniger bekannte Dialoge zwischen einem Zen-Meister und seinem Schüler.

»Wo ist der Weg?«
»Er liegt vor deinen Augen.«
»Warum kann ich ihn dann nicht sehen?«
»Weil du über dein eigenes Selbst nachsinnst.«
»Kannst du ihn denn sehen?«
»Solange du Worte wie ›ich‹ und ›du‹ benützt und Sätze wie ›du siehst‹ und ›ich sehe nicht‹ sprichst, kannst du ihn nicht sehen.«
»Wenn es kein Ich und kein Du mehr gibt, ist es dann möglich, ihn zu sehen?«
»Wenn es kein Ich und kein Du mehr gibt, wer soll dann noch da sein, ihn zu sehen?«

»Was ist die Lotosblume, solange sie noch nicht auf dem Wasser sichtbar ist?«
»Eine Lotosblume.«
»Und was ist sie danach, wenn sie auf dem Wasser sichtbar ist?«
»Eine Lotosblume.«

»Was kann man über den Herbst sagen, wenn die Bäume ihren Saft verlieren und die Blätter fallen?«
»Daß der goldene Wind sein wahres Selbst zeigt.«

»Meister, ich habe dir nichts mitgebracht. Was hast du mir darauf zu sagen?«
»Nimm es weg!«

Farblegenden

1. Drachen und Kirschblütennachahmungen als Neujahrsschmuck beim Asakusa-Kannon-Tempel
2. Blick auf Tokio
3. Die Stadtlandschaft von Tokio mit dem 333 m hohen Tokyo Tower
4. Hochhäuser im Stadtteil Shinjuku
5. Blick auf die Stadt und das Akasaka Tokyo Hotel
6. Der Sumida-Fluß
7. Nijubashi, die Doppelbrücke, führt über den Wassergraben des Kaiserpalastes
8. Werbung für die Nichigeki Music Hall (vgl. Farbabb. 44)
9. Lampions auf einem Tokioter Markt
10. Schuhputzerin
11. Der große Lampion am Eingang zum Asakusa-Kannon-Tempelgelände
12. Japanerin in ihrem besten Kimono an einem Ortsgespräch-Telephon
13. Golfer auf einer Anlage in der Innenstadt
14. Bronzekessel mit Räucherwerk vor einem Tempel
15. Ein-Mann-Uhrmacherwerkstatt
16. Schuhputzer und Schuster
17. Tokioter ›Clochard‹
18. Koch in einem kleinen Restaurant
19. Eine Parkgärtnerin waltet mit ihrem Besen
20. Ein japanischer Beruf: ›Drücker‹ für die U-Bahn
21-23. Sumo-Ringer bei der Kampfvorbereitung (21), hockend zu Beginn eines Kampfes (22) und bei der Vorstellung (23)
24. Der Kaiserliche Palast hinter Mauern und Bäumen
25. Kleiner Holzschrein
26. Blick in den Garten des New Otani Hotels
27. Hauptgebäude des Meiji-Schreins
28. Betende vor den Spendenkästen des Asakusa-Kannon-Tempels. Die Reishalbkugeln rechts sind speziell für das Neujahrsfest zubereitet
29. Handleser und ›Phrenologe‹ in einem Tempelbezirk
30. Üppig ausgestatteter Schinto-Schrein, rechts der Altar
31. Räucherbecken in Takao
32. Schinto-Priester
33. Ahnenfigur in einem Tempel
34. Beim Tempelfest in Gotanda, hinten die große Trommel
35. Priester bei einer Schinto-Zeremonie, links in den Bäumen Gebetszettel
36. Schinto-Prozession am Yasukuni-Schrein
37. Festsänfte bei einem religiösen Umzug
38. Der Daibutsu in Kamakura
39. Tempel und Schreine in Nikko
40. Ginza bei Nacht
41. Nachtleben in Shinjuku
42. Eingang zu einem Bar-Hochhaus
43. Pachinko-Spieler
44. Topless Dancers in der Nichigeki Music Hall (vgl. Farbabb. 8)
45. Takarazuka-Revue
46. Tokioter Kabuki-Theater
47. Der berühmte Kabuki-Mime Shoroku in seiner Garderobe (vgl. S. 122ff.)
48. Szene aus einem Kabuki-Stück. Frauenrollen werden grundsätzlich von Männern gespielt
49. Der Fuji, heiliger Berg und Symbol Japans

下町の暮　楽しい浅草

2

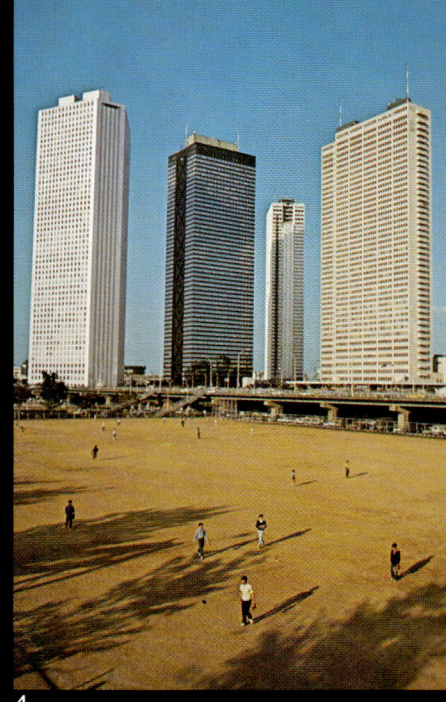

3

4

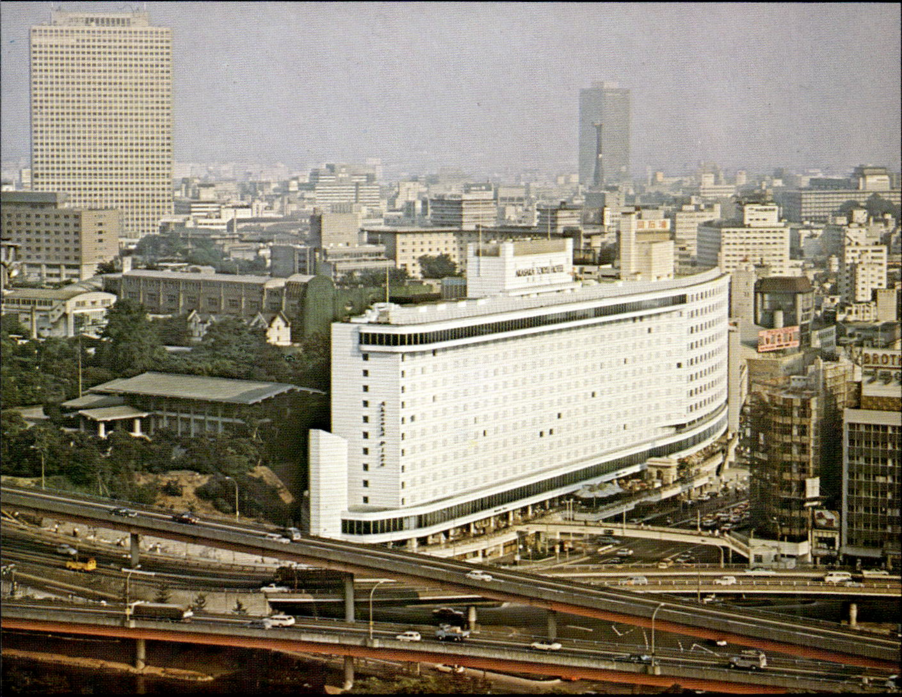

5

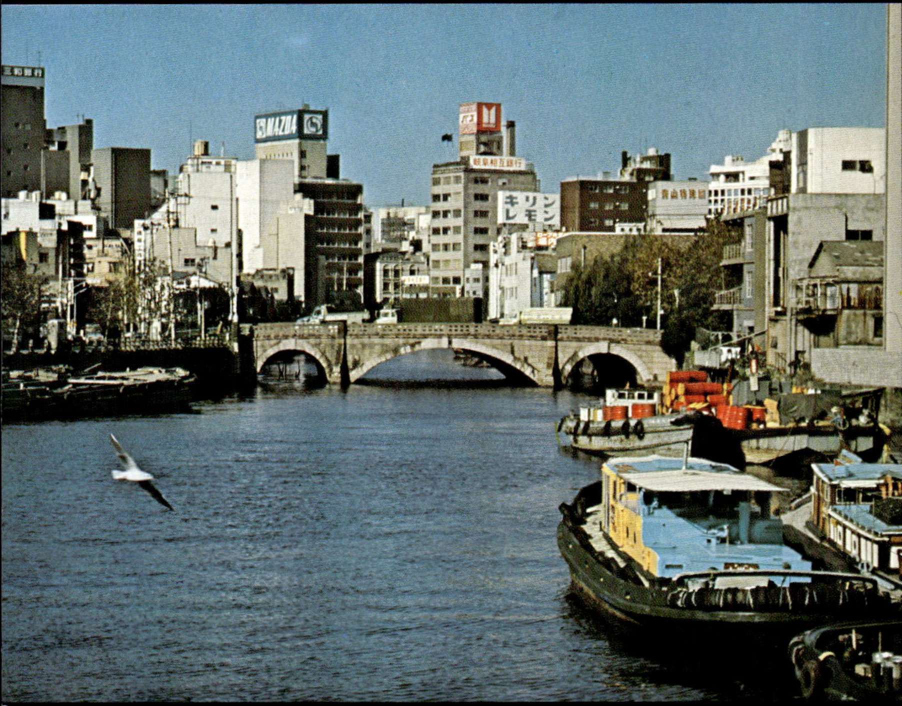

6

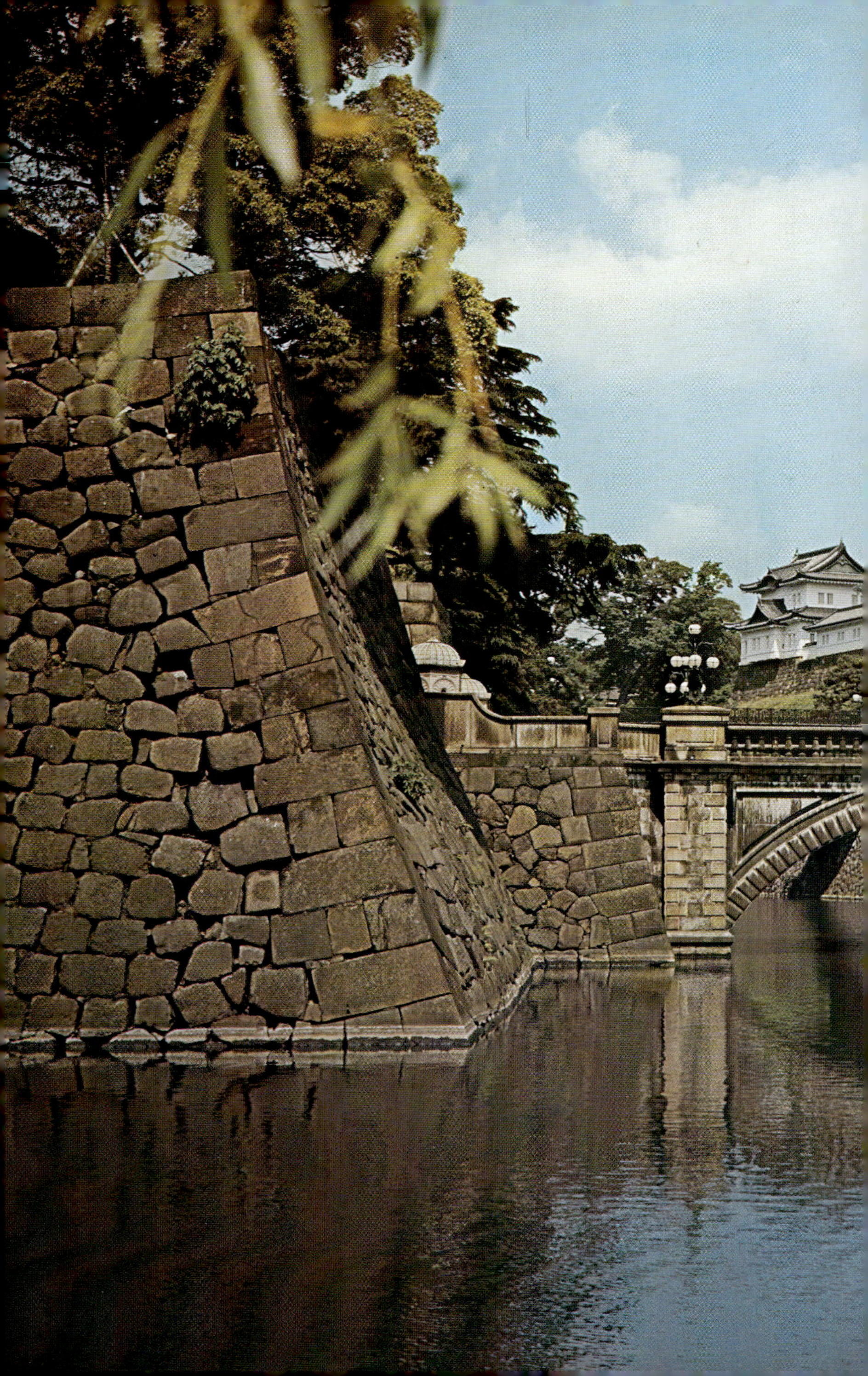

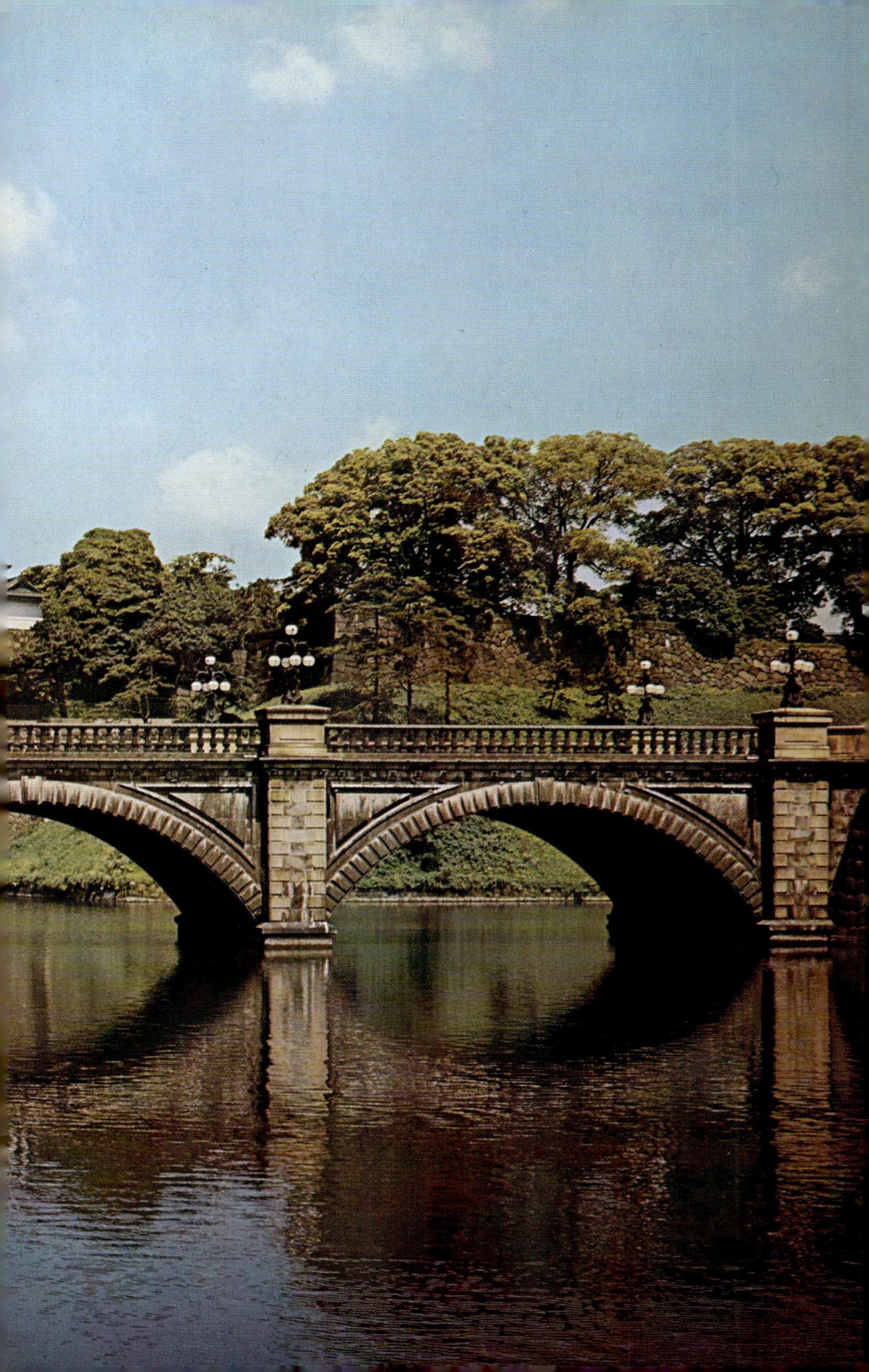

2月5日より
4月25日まで
日劇
毛皮専門店
銀座2丁目 松繁
BONJOUR PARIS
DORISS GIRLS OF MOULIN ROUGE PARIS
THE KLANSMAN
日劇ワールド・レビュー
AIR FRANCE
ボンジュールパリ
パリが来た!
BONJOUR PARIS
遠くの音もクリヤーに録る
東芝ラジオカセット
アクタス・パラボラ
有楽町二丁目
8

札幌ラーメン
日高
ラーメン レストラン
日高
9

西海橋
10

11

12

13

14

15

6

17

8

19

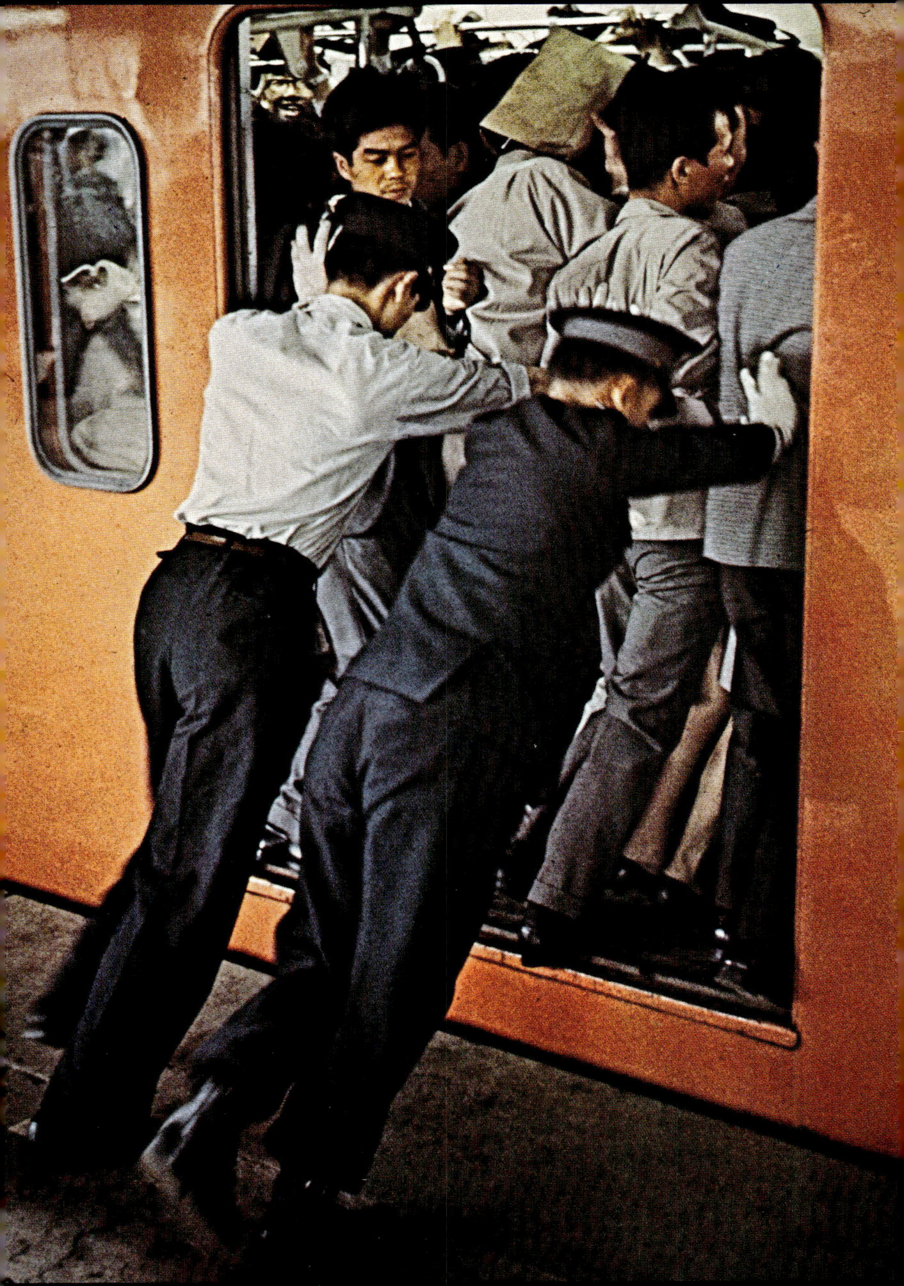

21

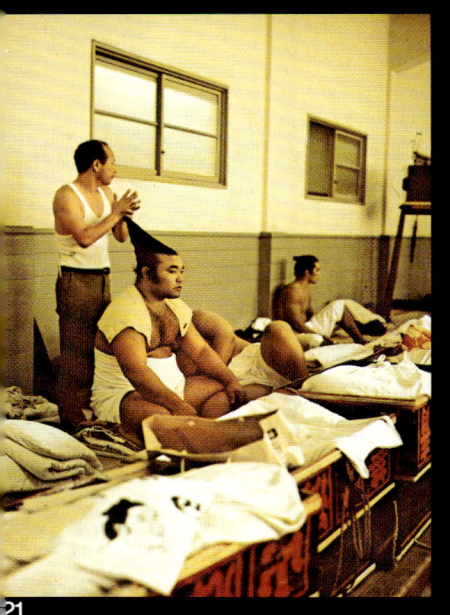

22

23

24

25

26

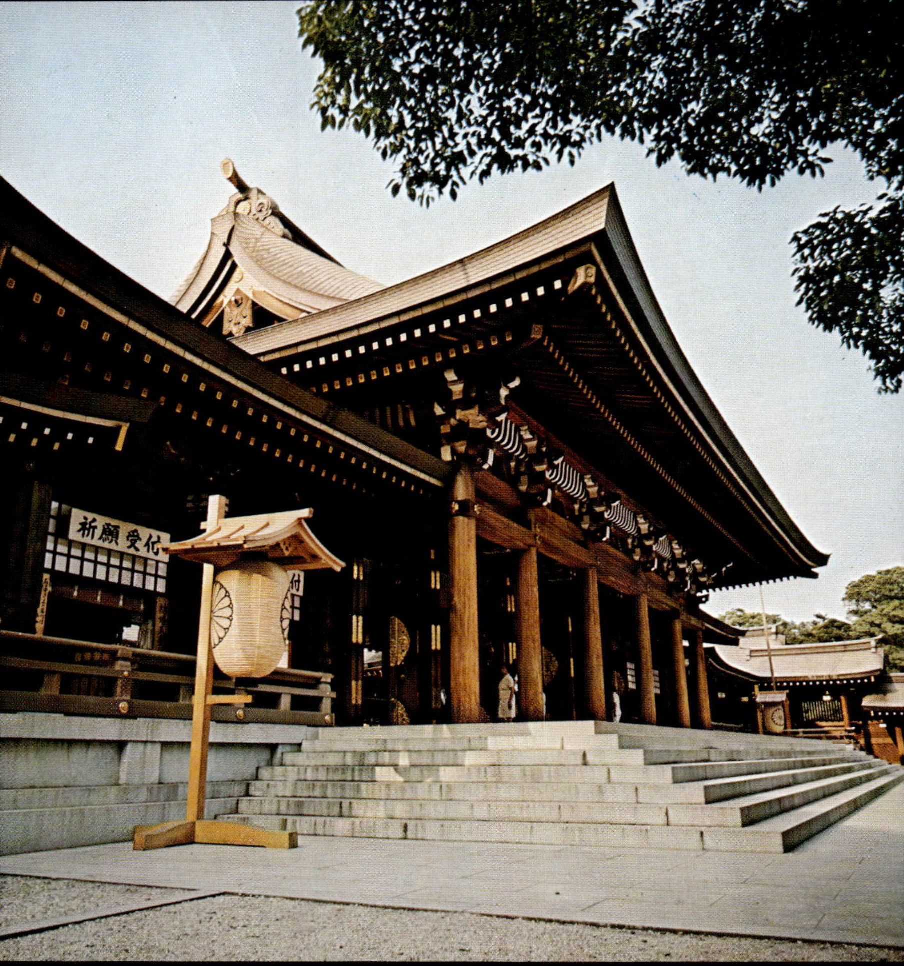
祈願受
付

28

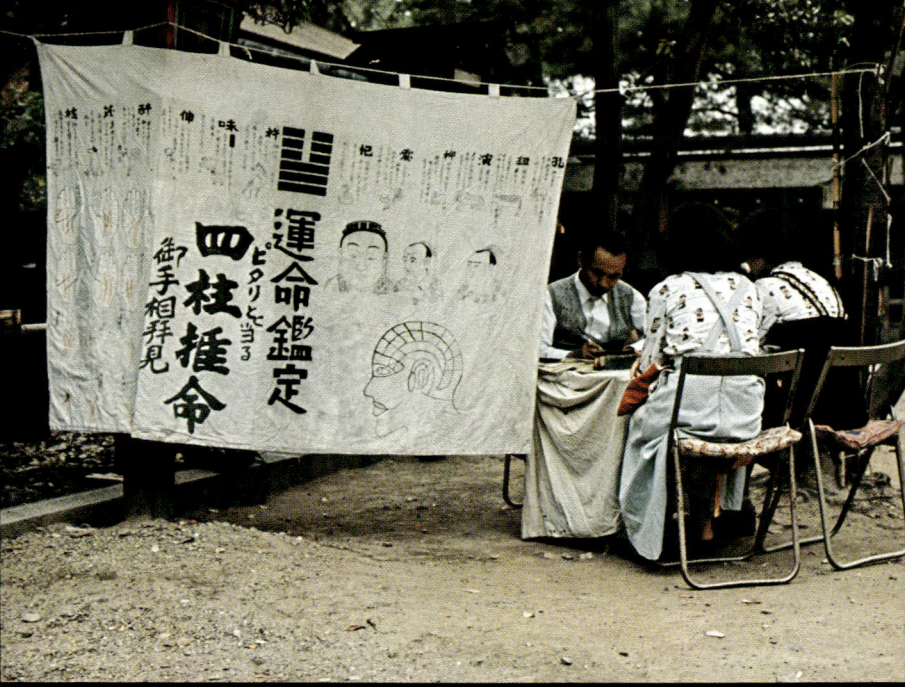

29

30

31 32

33

34

35

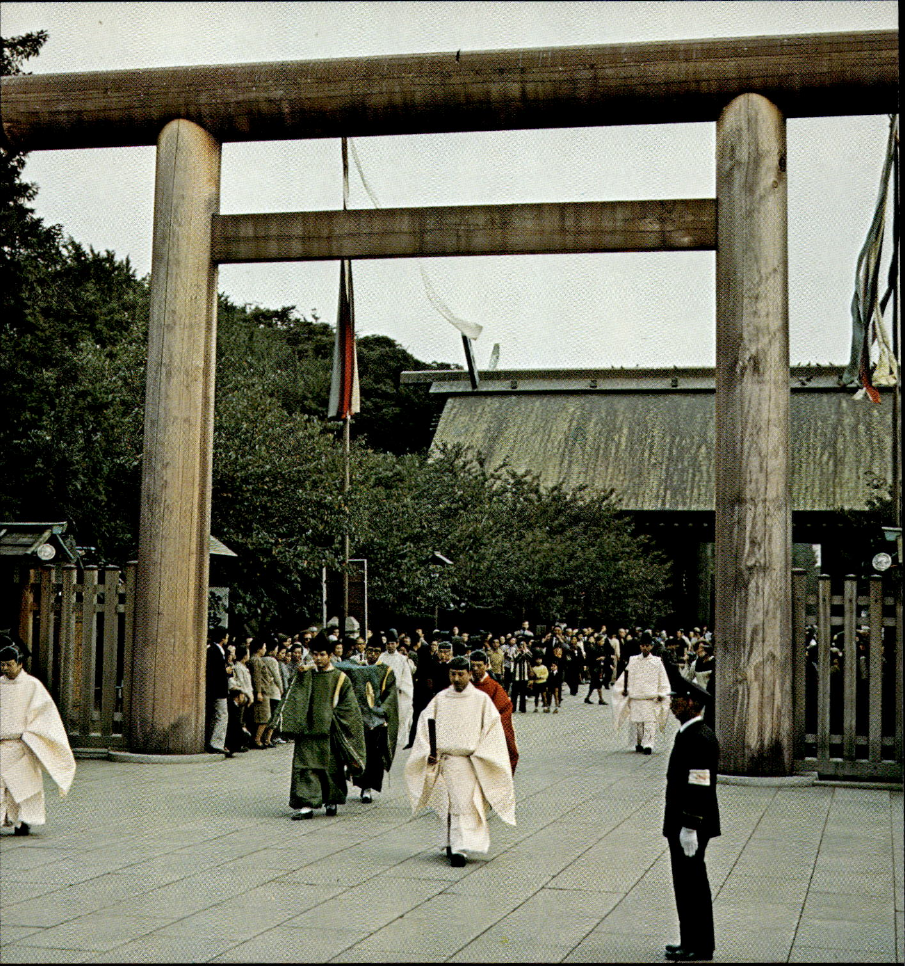

37

38 39

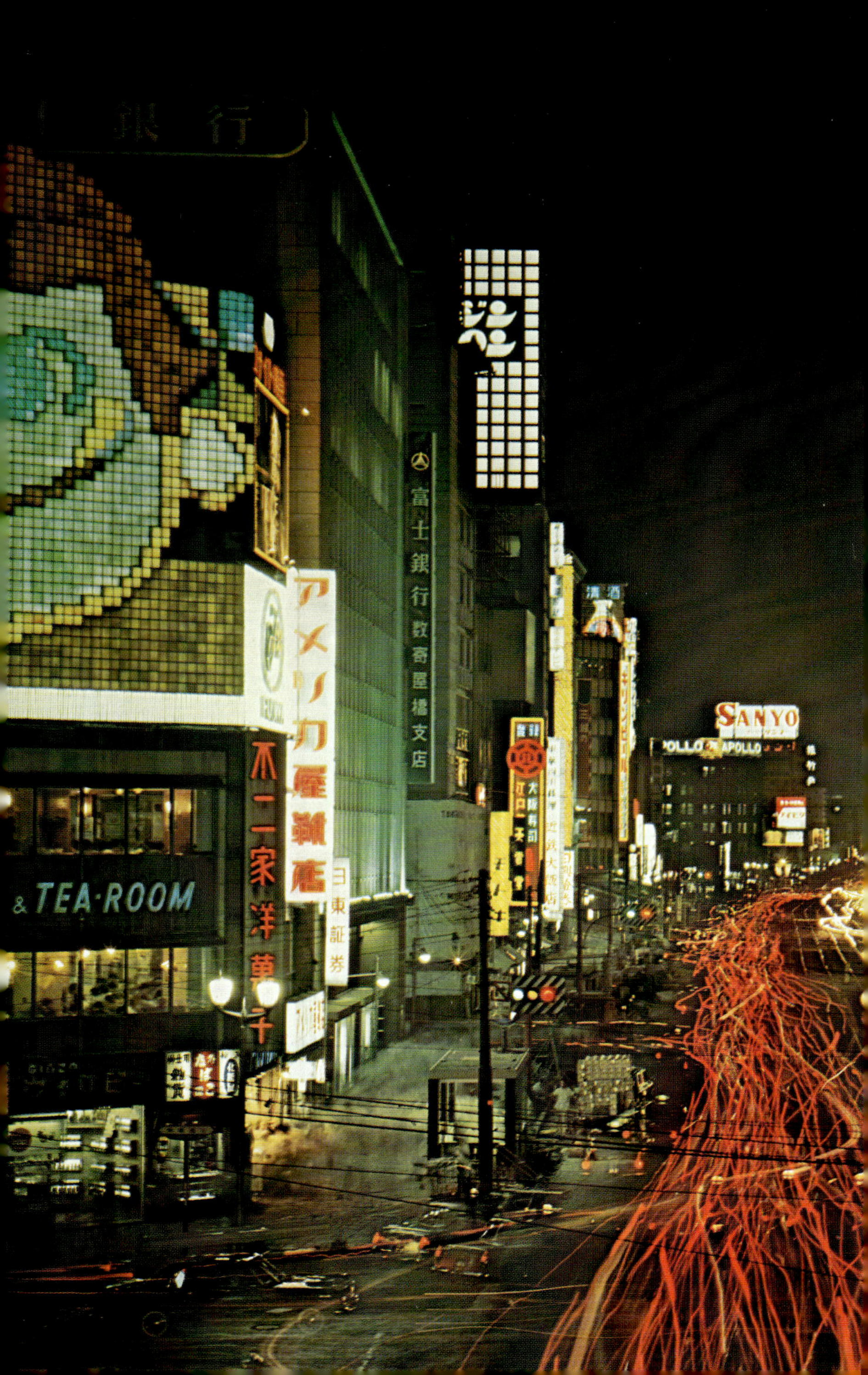
銀行
富士銀行数寄屋橋支店
アメリカ屋靴店
不二家洋菓子
& TEA-ROOM
SANYO
APOLLO
大阪寿司

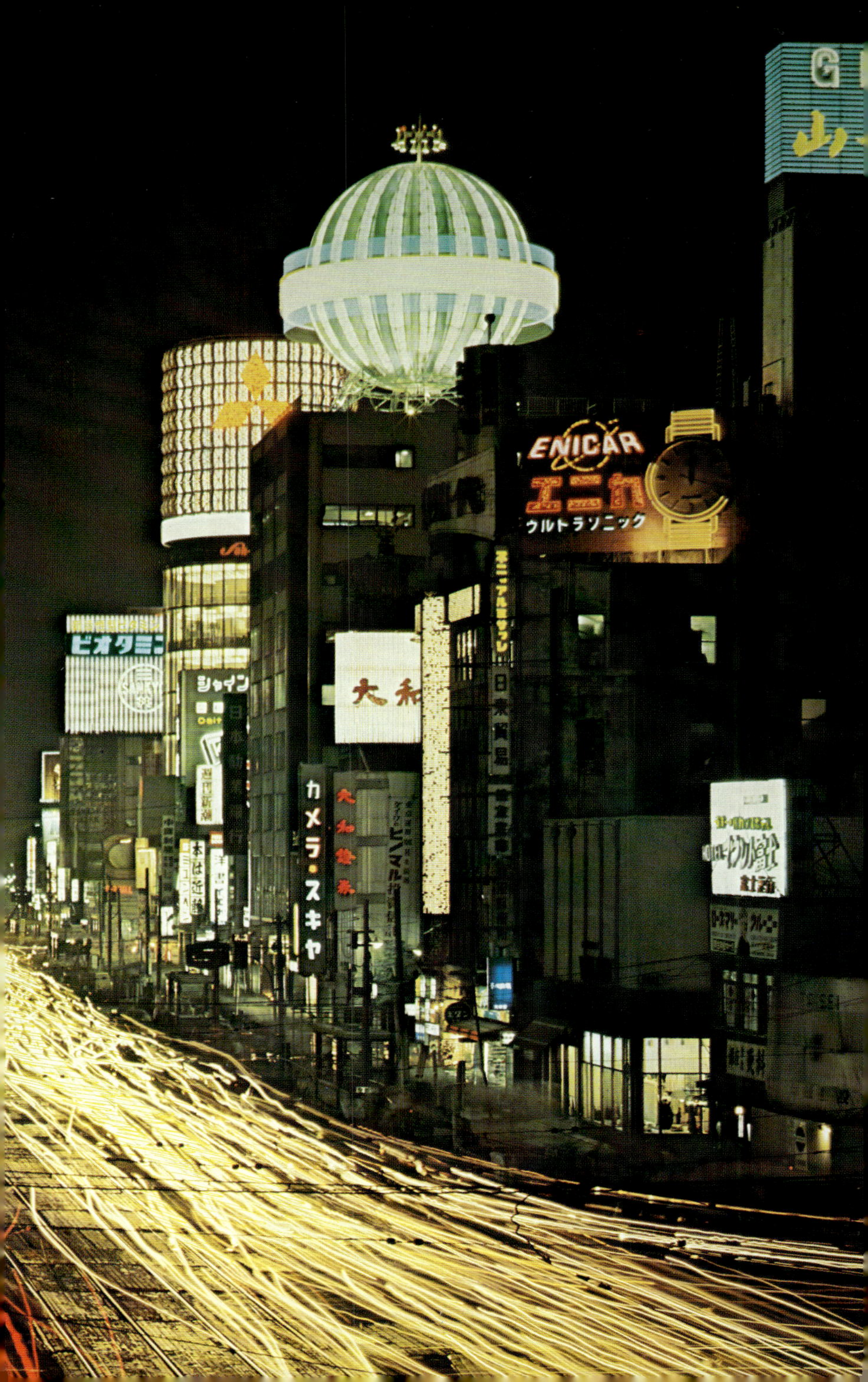
ENICAR
エニカ
ウルトラソニック
ビオタミン
シャイン
大和
カメラ・スキヤ

41

42

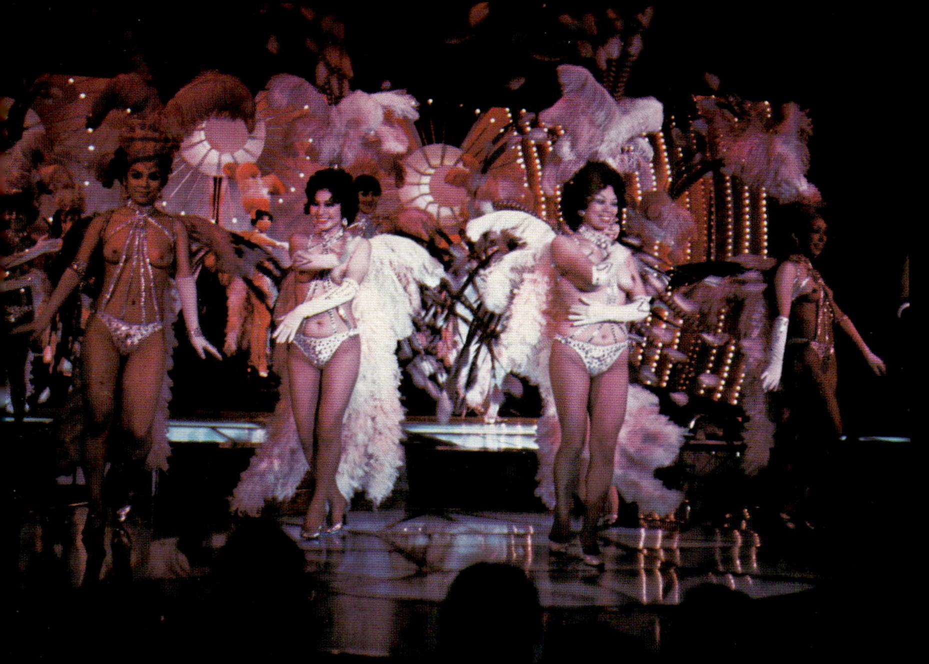
44

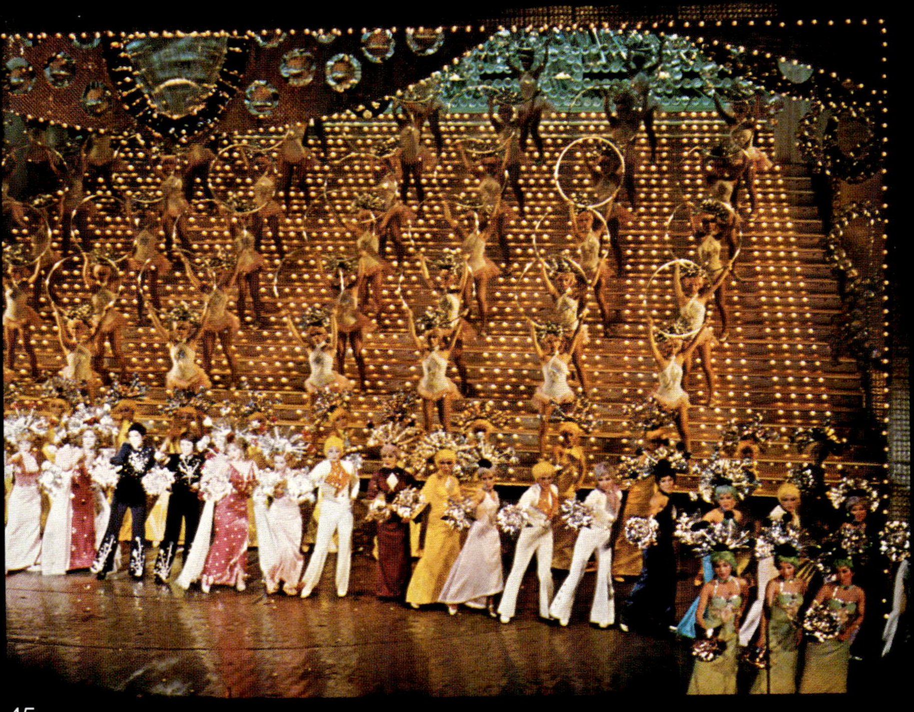
45

46

47

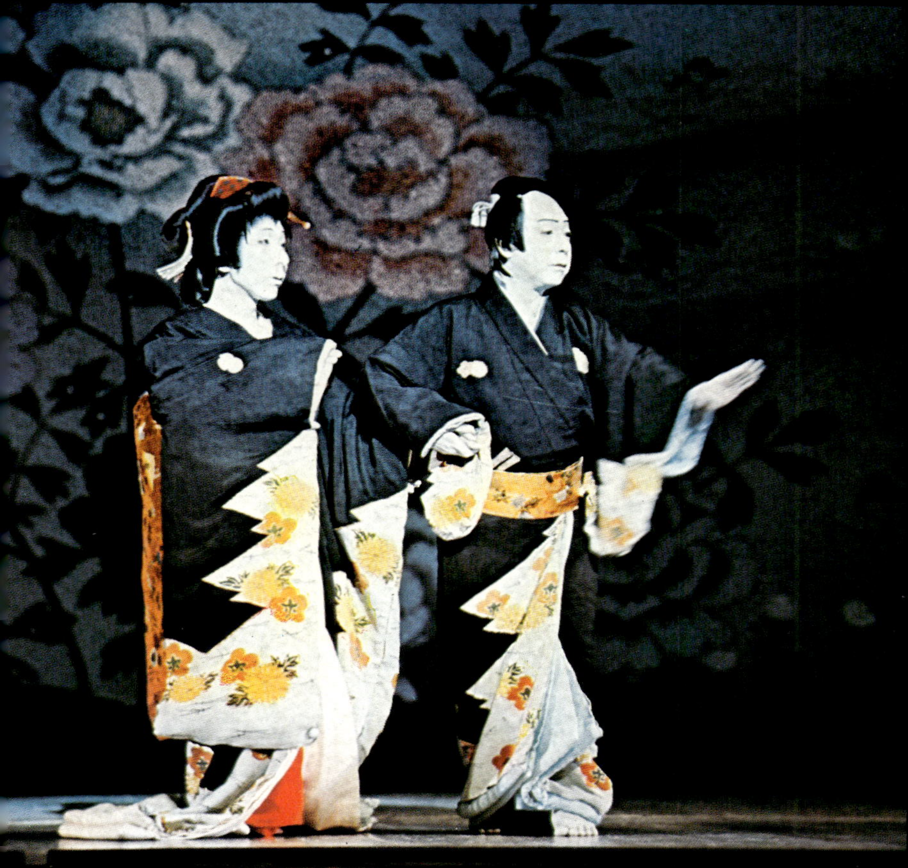

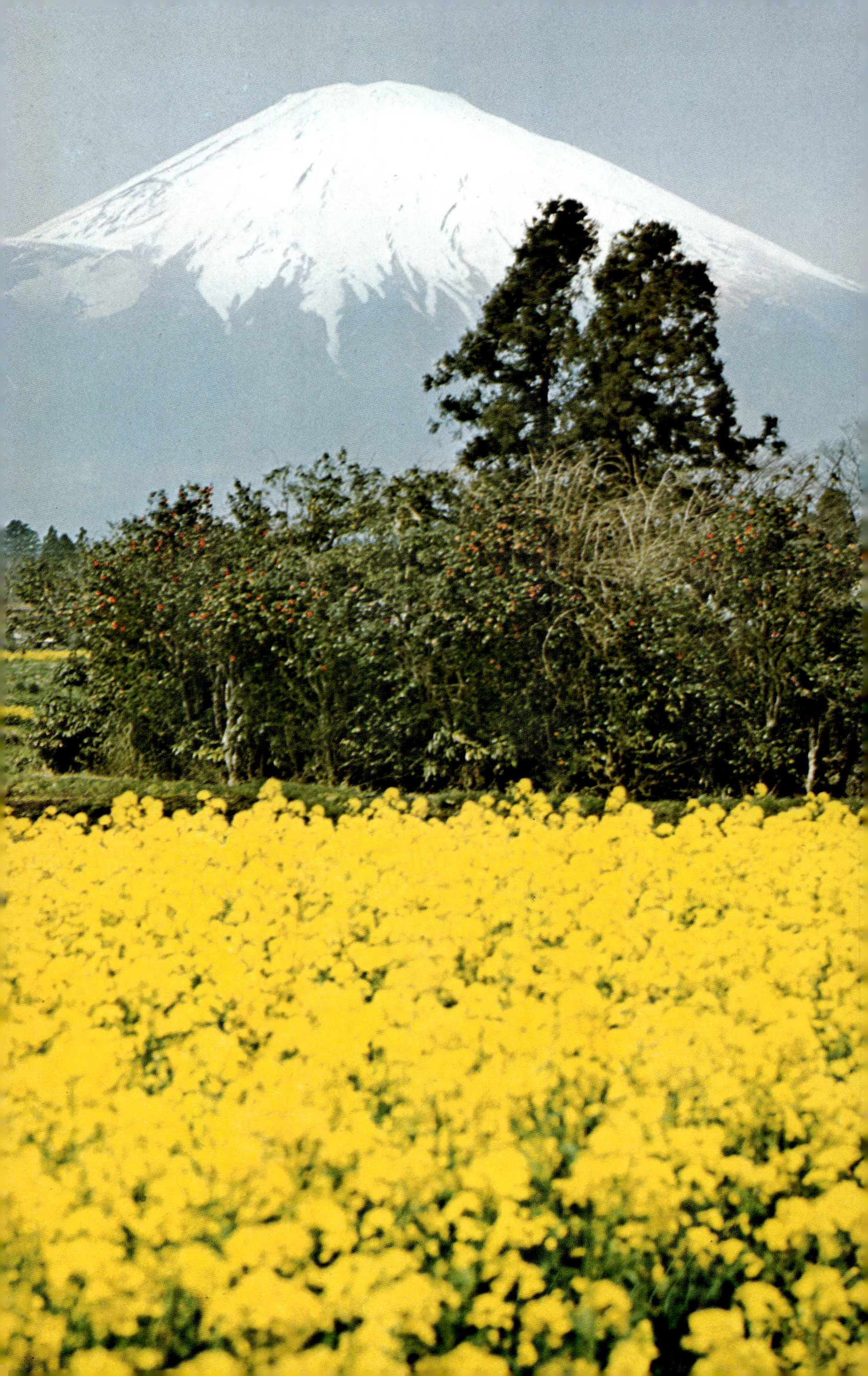

Ein kleines Heiligtum in Feststimmung

Tokio, 15. September. Der Bezirk Gotanda ist für den gesamten Verkehr gesperrt; in den Straßen Menschengewimmel. Ganz versteckt hinter den wuchtigen, modernen Gebäuden prangen in schmalen, steilen Gassen die Schinto-Heiligtümer im Festtagsschmuck. Schwere Fässer mit Sake-Schnaps türmen sich vor den Tempeln; kunstvoll arrangierte Berge aus Reis, die aussehen wie eingedellte Fußbälle, Äpfel und Riesenorangen zieren die Altäre. An einem Tisch sitzt ein Mann in blau-weißem Kimono und trägt die Spendenbeträge in ein Kassenbuch ein. Er ist umgeben von flatternden bunten Papierstreifen.

Am Eingang eines Heiligtums umringt eine Gruppe junger Männer eine holzgeschnitzte Sänfte in Rot und Gold, mit herrlichen Intarsien verziert. Die Männer haben Schweißbänder um ihre Stirn gewunden; sie tragen knappe blaue ›Happi‹-Jacken und kurze weiße Hosen. Ein alter Mann mit einem Mondgesicht und dem schweren Körper eines Buddha lehnt an einer riesigen Trommel und trinkt Bier.

Der Feiertag wird in allen Heiligtümern und Tempeln dieses noch echt japanischen Viertels begangen. Den ersten Höhepunkt des Tages bildet die Prozession, bei der die Sänfte von schwitzenden, keuchenden jungen Männern getragen wird (Farbabb. 37).

Manchmal tragen auch Kinder die leichteren Sänften (Abb. Umschlagrückseite), aber viele Tempel sind stolz auf den Besitz besonders massiger Exemplare, die nur von kräftigen Männern bewegt werden können. Mehr oder weniger betrunken, straucheln und stolpern sie unter der schweren Last. Vor ihnen gehen mehrere alte Männer, die mit feierlich-ernstem Gesicht Fächer in der Hand halten. An der Spitze des Zuges wird in regelmäßigen Abständen die Trommel geschlagen. Ein Priester in mittelalterlichem Gewand hält sich mühsam auf einem alten Klepper; er bildet den Abschluß der Prozession.

Es herrscht ein farbenprächtiges, geräuschvolles Durcheinander. Die Träger der Sänfte tun so, als ob sie unter einem schier unglaublichen Gewicht zusammenbrächen, sie übertreiben mit spielerischer Freude die Mühen, die ihnen die kostbare Last bereitet. Ihr Gewicht ist tatsächlich nicht unerheblich, besonders in dem feucht-schwülen Septemberwetter. Sie sind schweißnaß, und in der Menschenmenge, die geduldig der Prozession zuschaut, werden Hemden ausgezogen und feuchtglänzende Stirnen gewischt.

Verkaufsstand mit Miniaturdrachen in Gotanda

Währenddessen gehen im Tempel die Vorbereitungen für die Zeremonie weiter, bei der Sake, Reis und Früchte geweiht werden sollen. Händler laufen geschäftig hin und her. Winzige Goldfische, in flachen Aluminiumbehältern aufbewahrt, werden in durchsichtigen Plastiksäckchen an Kinder verkauft. Ein alter Mann bietet Kunststoffmasken, wassergefüllte Ballons, Gummischlangen, Spinnen und anderes Plastikgetier, Fächer, Papierlaternen und billige Strohsandalen zum Kauf an. Er schlurft bedächtig durch seinen Stand und ordnet seine Waren immer wieder um. Essensgerüche hängen in der Luft: Gerösteter Mais, gedünsteter Tintenfisch und viele andere Gaumenfreuden werden von Handkarren verkauft.

In Tokio wird es schlagartig dunkel; es gibt fast keine Dämmerung. Bei Einbruch der Nacht flammen bei den Tempeln Tausende von Laternen auf, und aus Lautsprechern ertönt laute Musik. Kinder in knallbunten Kimonos singen und tanzen. Sie halten sich an den Händen und formen einen großen Kreis. Gleichzeitig wird eine behelfsmäßig errichtete Bühne angestrahlt, und jemand vollführt die komplizierten Figuren eines Noh-Tanzes. Der ferne Lärm des brausenden Verkehrs, die Wolkenkratzer, die das Stadtbild beherrschen, sind vergessen. Feiertage sind von jeher so begangen worden – das mittelalterliche Japan scheint hier zu neuem Leben erwacht.

Glückliche Gesichter überall. Einige Männer sind betrunken. Als wir am nächsten Morgen unser Appartement in Gotanda verlassen, sehen wir einen der Sänftenträger mit Schweißband und Happi-Jacke. Er liegt friedlich am Straßenrand und schläft seinen Rausch aus. In der Nacht muß es geregnet haben. Das Straßenpflaster glänzt vor Nässe, die Lichter der Laternchen beim Tempel sind erloschen, die Händler haben alles zusammengepackt; Reis, Sake und Obst sind an Bedürftige verteilt worden. Ringsherum Stille, frühmorgendliche Einsamkeit. Ein ganzes Jahr wird vergehen, bevor das Heiligtum zu neuem Leben erwacht.

Vorbereitungen zum festlichen Umzug: die Männer zum Teil in ›Happi‹-Jacken

Ein Festteilnehmer schläft seinen Rausch aus

Die Sprache mit den 7 Siegeln

Wir unterhielten uns einmal mit einem Jesuiten-Professor aus dem Rheinland, der seit fast 50 Jahren in Tokio lebt. »Was«, so fragten wir ihn, »würden Sie einem Deutschen raten, der gerne Tokio besuchen möchte, ohne Japanisch oder Englisch zu sprechen?« – »Zu Hause zu bleiben und das Geld für Sprachunterricht auszugeben«, war seine Antwort. »Fast niemand versteht Deutsch. Jeder muß zumindest ein wenig Englisch können, um zu überleben.« Der Professor bezog sich natürlich auf diejenigen Touristen, die Tokio auf eigene Faust besuchen, ohne ständig einen Reiseführer an ihrer Seite zu haben. Mit englischen Grundkenntnissen kommt man jedoch durch. Etwas Englisch muß jeder in den japanischen Schulen lernen. Nicht nur wegen Ihres eigenen Akzents, sondern auch wegen der mangelhaften Kenntnisse und der schlechten Aussprache der meisten Japaner empfiehlt es sich, sehr langsam zu sprechen und am besten alles aufzuschreiben. Wenn Sie jemanden auf der Straße nach dem Weg oder um Rat fragen sollten, halten Sie sich am besten an die jungen Leute: Sie haben einen besseren Unterricht bekommen als ihre Eltern und werden sich über die Gelegenheit freuen, ihre Fremdsprachenkenntnisse praktisch zu erproben.

Für die meisten Europäer gehören die fernöstlichen Sprachen zu den großen Geheimnissen dieser Welt, und die bloße Anspielung auf das gesprochene oder geschriebene Japanisch ist dazu angetan, sie in Schrecken zu versetzen. Sich in Tokio einem wahren Bombardement unverständlicher Zeichen und unvertrauter Symbole ausgesetzt zu sehen, kann wie eine Art primitiver asiatischer Tortur wirken. Plötzlich wird man wieder zum Analphabeten: Aus der menschlichen Gemeinschaft ausgeschlossen, findet man sich mutterseelenallein und hilflos in einem Dschungel unentzifferbaren Bilderwerks wieder.

Das gesprochene Japanisch ist schon teuflisch genug. Da es keinerlei Beziehung zu einer der großen Sprachfamilien aufweist (und auch nicht zu den abgelegenen Sprachen, die zumindest Linguisten vertraut wären), haben die japanischen Wörter (mit Ausnahme der vielen Lehnwörter) keinerlei Verbindung mit irgend etwas bereits Bekanntem, und die Art, wie Japaner sich ausdrücken, ist für jeden Europäer pure Exotik. So kann man beispielsweise auf 41 verschiedene Weisen ›Ich‹ sagen – je nachdem, mit wem man spricht und in welcher Beziehung man zu ihm steht. Auch zählen kann man auf verschiedene Weise – je nach Form und Art der betreffenden Gegenstände.

Studenten der Sophia-Universität, umgeben von den Rätseln der japanischen Schrift ▷

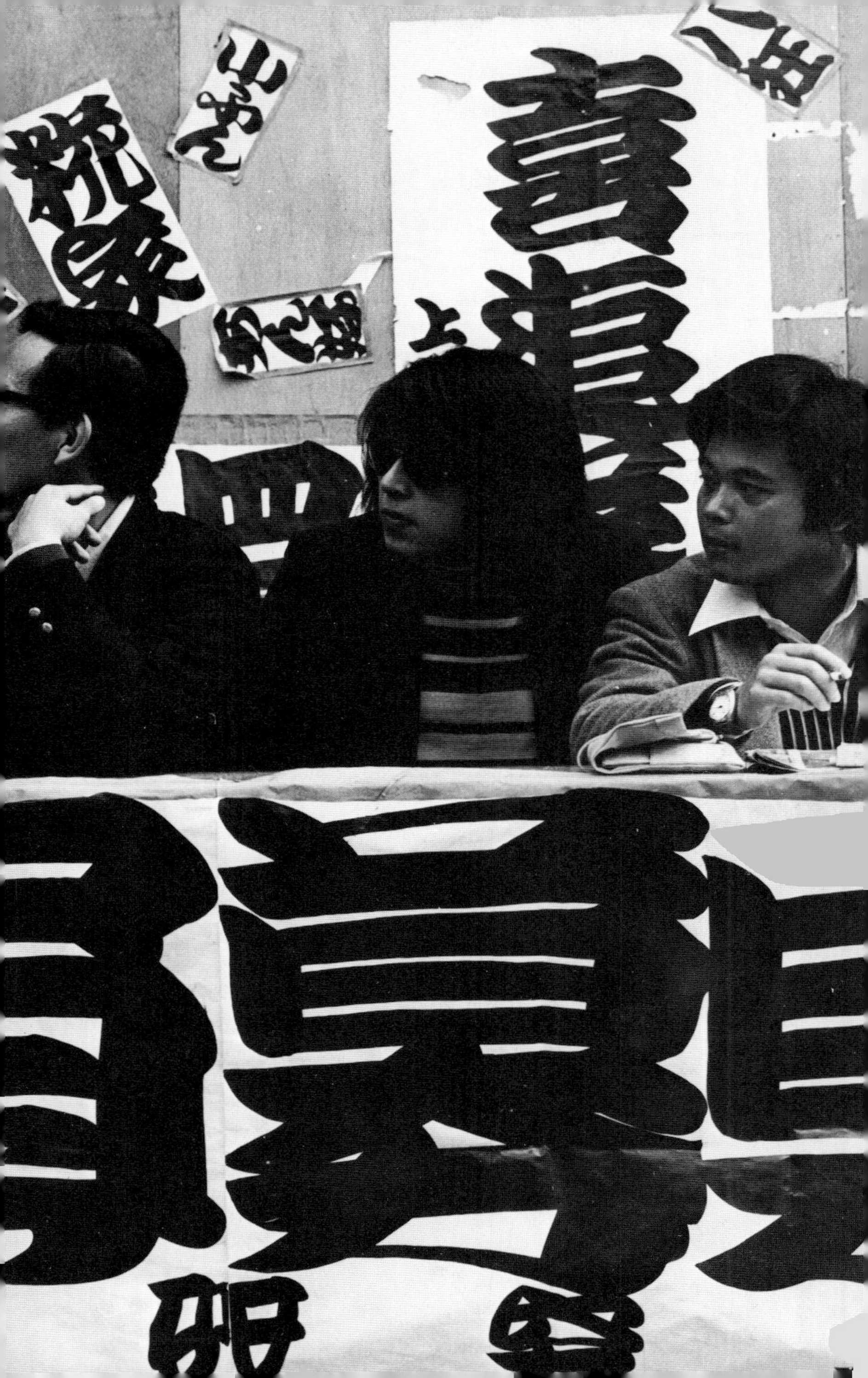

Im Japanischen werden Verben auch nicht einfach konjugiert. ›Ich esse, du ißt, er oder sie ißt‹ kann man im Japanischen einfach nicht sagen, weil die Vorstellung ›Ich, selber essend‹ sich grundlegend von der Vorstellung ›Du, essend‹ unterscheidet, vor allem, wenn mein Gegenüber zu Gast bei mir ist. Die Japaner benutzen deswegen nach dem Zusammenhang jeweils ein anderes Wort.

Wenn diese wenigen Bemerkungen Sie nicht bereits vollkommen entmutigt haben, sollten Sie sich kurz mit den Besonderheiten der japanischen Schriftsprache auseinandersetzen. So wie das Russische war das Japanische längst eine voll entwickelte Sprache, bevor es schriftlich niedergelegt wurde, und ebenso wie das Russische schöpfte es seine Schriftform aus einer fremden Quelle. Russisch wurde schließlich in einer Mischung aus Buchstaben geschrieben, die einzelne Laute darstellten und dem griechischen, lateinischen und hebräischen Alphabet entlehnt waren. Die Japaner dagegen beschlossen, die chinesischen piktographischen Symbole zu benutzen, und zwar nicht etwa, weil das Japanische dem Chinesischen gleicht (sie sind ebensowenig miteinander verwandt wie das Japanische und das Deutsche), sondern weil Japan damals unter dem kulturellen Einfluß Chinas stand. Genaugenommen war das keine sehr kluge Entscheidung, denn dem Chinesischen fehlt die grammatische Feinheit des Japanischen. Nichtsdestoweniger faßten die Japaner viele Jahre lang alle ihre offiziellen Schriftstücke und einen großen Teil ihrer Literatur in klassischem Chinesisch ab. Gleichzeitig entwickelten sie durch eine Vereinfachung der chinesischen Schriftzeichen zwei Silben›alphabete‹. Diese ›Alphabete‹ bestehen aus Zeichen, die jeweils einen einzelnen Laut wiedergeben und mit denen das gesamte gesprochene Japanisch ausgedrückt werden kann; und wirklich wurde ein Teil der Literatur ausschließlich in diesen Schriftzeichen niedergeschrieben. Der Einfluß der chinesischen Schrift erwies sich jedoch als hartnäckig, und Japanisch wurde schließlich in einer Mischung aus chinesischen Schriftzeichen und den ›Alphabeten‹ geschrieben, wobei letztere grammatische Endungen und Fremdwörter bezeichnen.

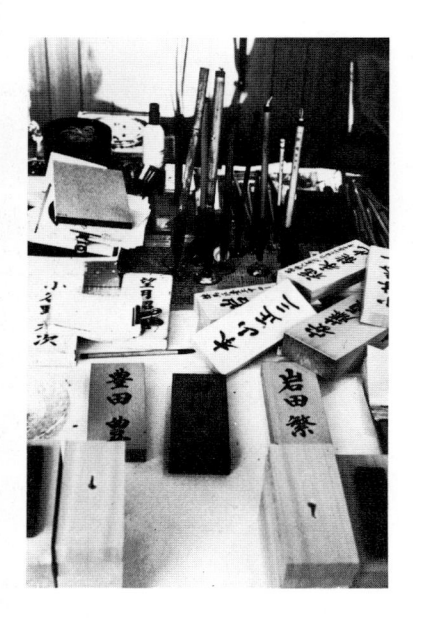

In einer Schreiberwerkstatt

Die chinesischen Schriftzeichen (die Japaner nennen sie *Kanji*) versinnbildlichen sowohl Begriffe wie Laute. Die meisten können dabei je nach Kontext und Kombination mehr als einen Laut wiedergeben. Sehen wir uns einige bekannte Beispiele an. 日 ist die Sonne, ausgesprochen NICHI, und 本 heißt Wurzel, Quelle oder Ursprung, ausgesprochen HON. Zusammen wird daraus 日本 oder NIHON bzw. (weil es sich leichter aussprechen läßt) NIPPON, ›Ursprung der Sonne‹, wie die Japaner ihr Land nennen. 人, ausgesprochen JIN, bedeutet Mensch. 日本人, NIPPON-JIN, ist folglich ein ›japanischer Mensch‹. 東 ist das Symbol für Osten und setzt sich aus einer Sonne 日 zusammen, die hinter einem Baum 木 aufsteigt. Ausgesprochen wird es TO mit einem langen O. 京, ausgesprochen KIO, wiederum mit einem langen O, bedeutet Hauptstadt. 東京, Tokio bedeutet folglich ›die östliche Hauptstadt‹, was es in der Tat ja auch ist.

Die Dinge sind jedoch etwas komplizierter, als diese Beispiele annehmen lassen. 本 kann HON ausgesprochen werden, bedeutet jedoch bisweilen auch MOTO, wie in dem häufigen Familiennamen 山本, YAMAMOTO, wobei 山 (Berg) YAMA ausgesprochen wird. Osten, 東, wird oft als HIGASHI gelesen, wenn es sich etwa um ein Schild in Bahnhöfen handelt, 東口, und bedeutet dann Osteingang.

Zeichen, Namen und einfache Begriffe werden normalerweise ausschließlich in *Kanji* wiedergegeben. Sätze erfordern den Gebrauch der Silbenalphabete oder *Kana*. So wird beispielsweise der Genitiv mit dem *Kana*-Schriftzeichen für den Laut NO, の, wiedergegeben. Japanische Wälder wird folglich so geschrieben: 日本の森. Der Wald wird übrigens als eine Reihe von Bäumen piktographiert, also bildschriftlich dargestellt. Logischerweise bezeichnen weniger Bäume, 林, ein Gehölz oder Wäldchen.

Tokio wird viel von seiner Mysteriosität verlieren, wenn Sie die bekannteren *Kanji*-Zeichen und vor allem die beiden *Kana*-Silben›alphabete‹ identifizieren lernen. Da die Preise in einigen Restaurants häufig nicht mit arabischen Zahlen, sondern in *Kanji* geschrieben sind, sollten wir vielleicht am besten damit anfangen:

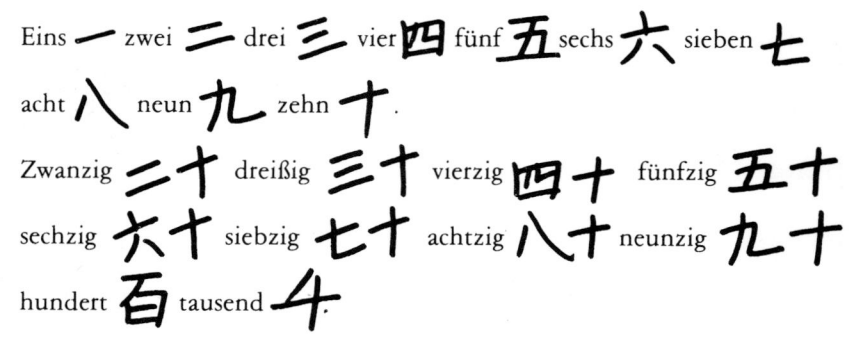

Eins 一 zwei 二 drei 三 vier 四 fünf 五 sechs 六 sieben 七 acht 八 neun 九 zehn 十.
Zwanzig 二十 dreißig 三十 vierzig 四十 fünfzig 五十 sechzig 六十 siebzig 七十 achtzig 八十 neunzig 九十 hundert 百 tausend 千.

Das *Kanji*-Schriftzeichen für Yen, die japanische Währung, sieht so aus: 円.

—23—

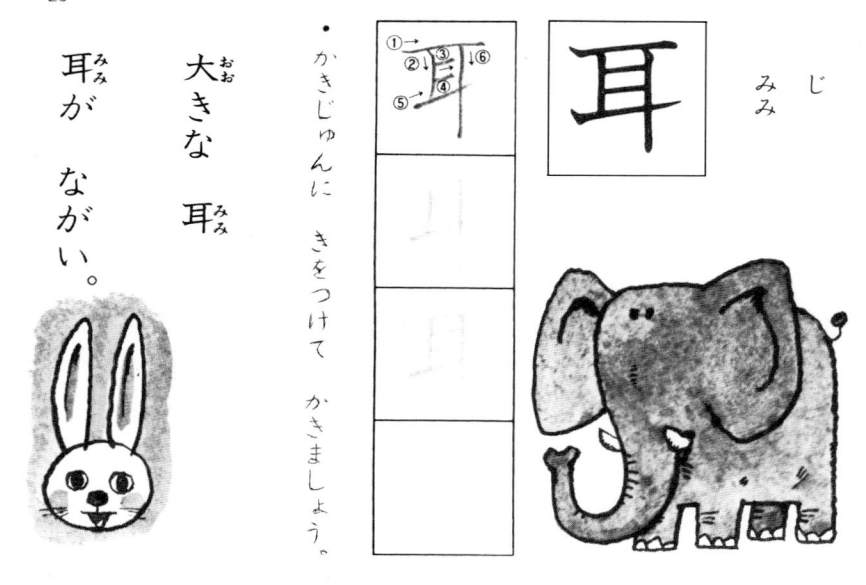

耳
みみ
じ

かきじゅんに きをつけて かきましょう。

大きな 耳
耳が ながい。

Zwei Seiten aus einer japanischen Kinderfibel. Oben: Erklärt werden u. a. die Schreibbewegungen für das Schriftzeichen ›Ohr‹. Unten: Die Motive werden jeweils in Kanji- und Kana-Form wiedergegeben

林 はやし りん 林の中 なかはやし	力 ちから りき 力もち ちからもち	文 ぶん 文をかく。ぶん	年 とし ねん 一年生 いちねんせい
車 くるま しゃ	立 た(つ) たち 夕立 ゆうだち	名 な 名まえ なまえ	百 ひゃく 百円さつ ひゃくえんさつ

113

Es folgen einige gebräuchliche Hinweisschilder: Eingang = 入口, Ausgang = 出口. Das Zeichen GUCHI, 口, das wir gerade in den Schriftzeichen für Eingang und Ausgang kennengelernt haben, bedeutet wörtlich Mund oder Öffnung. Auf Bahnhöfen werden sie folgende Hinweistafeln finden:

西口 Westeingang,
西出口 Westausgang,
南口 Südeingang,
北口 Nordeingang.

Das Wort Toilette kann auf verschiedene Weise geschrieben werden. Achten Sie auf das Schriftzeichen 女 für Frauen und 男 für Männer. Sie werden diese Zeichen auch auf den Vorhängen öffentlicher Badehäuser finden.

Groß = 大 ; Klein = 小.

Schinto-Schrein (wörtlich ›Gottes Büro‹) = 神社.

寺 bedeutet buddhistischer Tempel.

教会 bedeutet Kirche, normalerweise eine christliche Kirche.

Hinter vielen Zeichen, die Sie in Tokio sehen werden, verstecken sich die großen Firmen, deren Namen Ihnen bereits bekannt sind:

三菱 = MITSUBISHI, wörtlich ›drei Diamanten‹, eine Erklärung des Warenzeichens;

三井 = MITSUI, wörtlich ›drei Brunnen‹;

会社 = Büro, Firma;

日産 = NISSAN, die Firma, die die Datsun-Autos herstellt;

トヨタ = TOYOTA – diese Firma hat an Stelle der *Kanji*-Schriftzeichen das *Kana*-Silbenalphabet gewählt; das gleiche gilt für

サンヨー = SANYO.

Gebäude, ein Wort, das Sie häufig in Adressen finden werden, wird normalerweise zu ビル (BI-RU) zusammengezogen. Wenn Sie also beispielsweise das Fujita-Gebäude suchen, kann das Schriftzeichen so aussehen: 藤田ビル.

車 bedeutet wörtlich Rad, bezeichnet jedoch jedes Fahrzeug, so daß 自動車 ein sich aus eigener Kraft bewegendes Fahrzeug bezeichnet, das heißt ein Auto, 電車 ein elektrisches Fahrzeug, das heißt einen elektrisch betriebenen Zug.

Rad taucht auch in einem Zeichen auf, das zeigt, auf welch logische, aber oft erstaunliche Weise die Kombinationen von *Kanji*-Schriftzeichen einen Sinn erhalten. 中 bedeutet Mitte; 古 bedeutet alt; 車 bedeutet

a あ	ka か	sa さ	ta た	na な	ha は	ma ま	ya や	ra ら	wa わ
i い	ki き	shi し	chi ち	ni に	hi ひ	mi み	i い	ri り	i ゐ
u う	ku く	su す	tsu つ	nu ぬ	fu ふ	mu む	yu ゆ	ru る	u う
e え	ke け	se せ	te て	ne ね	he へ	me め	e え	re れ	e ゑ
o お	ko こ	so そ	to と	no の	ho ほ	mo も	yo よ	ro ろ	wo を	n ん

Japanisches Silbenalphabet (Katakana)

Rad. 中古車 bedeutet folglich mittelaltes Rad, was Ihnen zunächst unverständlich erscheinen mag, bis Sie entdecken, daß es das Zeichen für Gebrauchtwagen ist.

Nun noch einige Bemerkungen zu den Adressen in Tokio. Drei Schachteln übereinander stehen für Dinge oder Waren; das Zeichen wird SHINA oder HIN ausgesprochen 品. 川 steht für einen Fluß, ausgesprochen KAWA. 品川 bedeutet folglich SHINAGAWA, ein Stadtteil Tokios. Sie werden dieses *Kanji*-Zeichen häufig auf Nummernschildern von Autos sehen. Der Bezirk SHINAGAWA wird 品川区 geschrieben. CHUO-KU, Hauptbezirk, liest sich 中央区. Eine weitere Untertei-

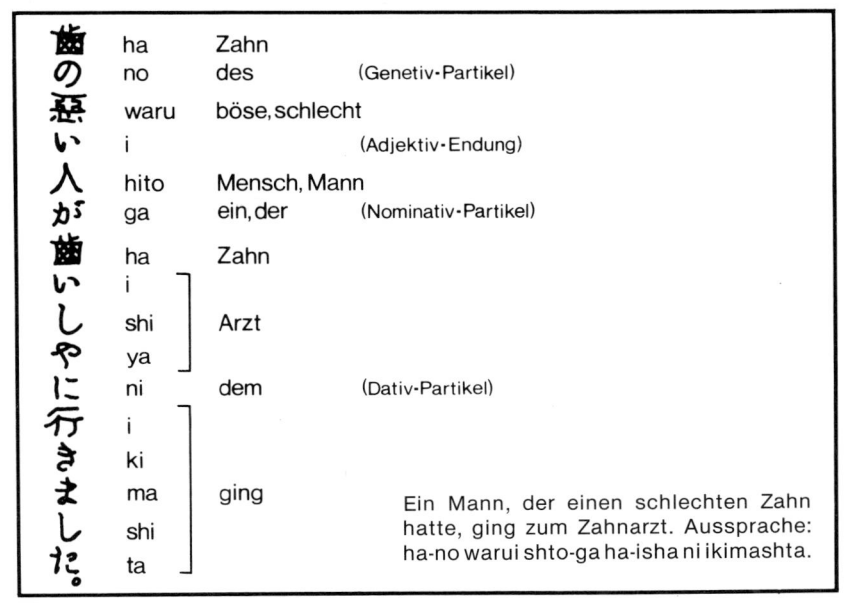

歯	ha	Zahn	
の	no	des	(Genetiv-Partikel)
悪	waru	böse, schlecht	
い	i		(Adjektiv-Endung)
人	hito	Mensch, Mann	
が	ga	ein, der	(Nominativ-Partikel)
歯	ha	Zahn	
い	i	} Arzt	
し	shi		
や	ya		
に	ni	dem	(Dativ-Partikel)
行	i	} ging	
き	ki		
ま	ma		
し	shi		
た	ta		

Ein Mann, der einen schlechten Zahn hatte, ging zum Zahnarzt. Aussprache: ha-no warui shto-ga ha-isha ni ikimashta.

Beispiel für den Aufbau eines japanischen Satzes (nach Rose-Innes)

lung von Tokio, noch kleiner als ein Bezirk, wird 町 geschrieben und MACHI oder CHO ausgesprochen. Jeder Bezirk oder KU ist im allgemeinen in zahlreiche 町 CHO oder Unterbezirke unterteilt, die sich meistens noch weiter in numerierte Häuserblocks oder CHOME aufgliedern. Das Schriftzeichen für CHOME ist 丁目.

In diesem Buch sind die japanischen Laute durchgehend nach der allgemein gebräuchlichen internationalen Methode latinisiert. Die Laute können wie im Deutschen ausgesprochen werden, wobei allerdings folgende Ausnahmen gelten. J wird wie das englische G in Gin ausgesprochen. Das Z ist weich, wie das S in Suppe. S entspricht dem deutschen ß. Ch dem tsch in deutsch. Sh wird wie Sch in Schule ausgesprochen. R ist ein Mittelding zwischen einem L und einem R, ähnlich dem slawischen palatalisierten l. Ei wird wie Äi ausgesprochen. Es gibt ein kurzes und ein langes O. Das lange O ist – dies als Aussprachehinweis – in den für sie nützlichen Wörtern und Wendungen des kleinen Sprachführers (vgl. S. 260) als Ō gekennzeichnet.

Fremdwörter
in der japanischen Sprache

Die japanische Sprache hat immer großzügige Anleihen bei fremden Sprachen gemacht. Das Wort für Brot, PAN, ist z. B. ein Überbleibsel aus der portugiesischen Sprache, aus der Zeit, als die Jesuiten mit missionarischem Eifer die fernöstlichen ›Heiden‹ zum Christentum bekehrten. Bei einem kleinen Teil der Bevölkerung hatten sie dabei Erfolg; viel bedeutender war für die Japaner aber vielleicht die Bekanntschaft mit dem Brot als Alternative zum Reis als Hauptnahrungsmittel. TEMPURA, ein gebackenes Fisch-Gemüse-Gericht, wurde ebenfalls von den Portugiesen übernommen; ›Tempora‹ war der Zeitpunkt, gewöhnlich der Freitag, zu dem die Missionare statt Fleisch eben Fisch aßen.

Zwei Jahrhunderte lang hatten die Japaner nur mit den Niederlanden Außenkontakte – die holländischen Spracheinflüsse zeugen davon. Sie sind aber weniger deutlich, vergleicht man sie mit der Flut der deutschen, englischen und französischen Begriffe, die Japan während der hektischen Jahre der Industrialisierungsphase ab 1868 überfluteten.

Der englische Einfluß macht sich am stärksten bemerkbar; z. B. haben die bis dahin unbekannten Milchprodukte englische Bezeichnungen: MIRIKU für ›milk‹ (Milch), BATA für ›butter‹ (Butter), CHIZU für ›cheese‹ (Käse). Das gleiche gilt für die befremdlichen Essens-Gerätschaften der Europäer, Messer, Gabel und Löffel: NAIFU für ›knife‹, FOKU für ›fork‹ und SPUN für ›spoon‹!

Die westliche Medizin lernten die Japaner von den Deutschen, so daß die medizinische Terminologie entsprechend aus der deutschen Sprache übernommen wurde. Viele Ärzte stellen ihre Rezepte (KARUTE, Karte) in deutsch aus. Der wohl gebräuchlichste deutsche Begriff ist ›Arbeit‹, ARUBAITO; das soll aber nicht heißen, daß die Deutschen den Japanern erst das Arbeiten beibrachten, vielmehr hat ARUBAITO in Japan eine Bedeutungsdifferenzierung erfahren: Es meint ausschließlich Zeit- oder Ferienarbeit, die nebenbei oder hilfsweise ausgeführt wird, das also, was bei uns als ›Job‹ bekannt ist.

Sind die Begriffe im medizinischen Bereich auch überwiegend deutschen Ursprungs, hat insgesamt doch die englische Sprache das Japanische am nachdrücklichsten beeinflußt. Die Japaner weisen zwar immer darauf hin, daß in den Schulen britisches Englisch unterrichtet wird, aber eigentlich ist das amerikanische Englisch die nie versiegende Quelle für technisches Vokabular und Bezeichnungen für Arbeitsabläufe und Konzepte, die in Japan vormals unbekannt waren. Im Sprachbereich der Medien gilt es außerdem als CHIC und UP TO DATE, möglichst viele Anglizismen einzusetzen (was ja bei uns ebenfalls der TREND [!] ist).

Im Japanischen ist Englisch also immer dabei – vom TERIBI (›television‹) bis zu den BUMU (›booms‹) und MUDO (›moods‹ = Modetrends), die Japan seit dem Krieg erlebt hat. Eine ›Late Night Show‹ im TERIBI (zu deutsch: Fernsehnachtprogramm) mit Striptease und erotisch angehauchten Gesprächen heißt PINKU MUDO (›pink mood‹ = rosa Stimmung), da Rosa in Japan für Sinnlichkeit und Sex steht.

Da das Japanische mit Tausenden von englischen Begriffen gespickt ist, erwartet der Ausländer mit naiver Zuversicht, einen relativ leichten Einstieg in die Sprache zu finden. Weit gefehlt: Da viele Konsonanten und Vokale des Englischen im japanischen Sprachsystem unbekannt sind, werden die englischen Ausdrücke den japanischen Lautmöglichkeiten angepaßt. Die daraus resultierenden Sprachgebilde haben oftmals nur noch eine sehr entfernte Ähnlichkeit mit dem belehnten Begriff; sie sind völlig entstellt, was auch auf die Vorliebe der Japaner zurückzuführen ist, Wörter zu verkürzen und ihrem Sprachempfinden anzupassen. So wird das ›department store‹, das Kaufhaus, zum DEPATO, das Appartement zum APATO und der Cut, der bei festlichen Anlässen noch oft getragen wird, vom ›morning coat‹ zum MONINGU.

Der fröhliche Gebrauch – oder eher Mißbrauch – des Englischen treibt seine seltsamsten Blüten im kommerziellen Bereich. So soll in einem Kaufhaus in Tokio der Eingang korrekt mit ›entrance‹, der Ausgang aber unbeschwert mit ›exitrance‹ betitelt sein (es muß ›exit‹ heißen). Auch wenn dies Beispiel nicht der Wahrheit entsprechen sollte, so gibt es jedenfalls ein führendes Seifenfabrikat, das als ›cow beauty soap‹ (›cow‹ ist die englische Kuh!) angepriesen wird. Und ein bedeutendes Kunstmagazin gibt auf der Titelseite seinem Programm in englischer Sprache Ausdruck: »to promote intercourse between artists and lovers« (zur Förderung des Verkehrs zwischen Künstlern und Liebhabern – auch im Deutschen wird die zweideutige Komik dieser verunglückten Satzkonstruktion noch deutlich).

Für eine der seltsamsten Adaptionen sorgte ein berühmter japanischer Autor von Horror-Stories. Sein Pseudonym ist Edogawa Rampo; der Klang und die Wortstruktur des Namens sind unverkennbar japanisch, er läßt sich auch mühelos in japanischen Schriftzeichen wiedergeben. Es handelt sich hier um eine perfekte Angleichung an den Namen seines schriftstellerischen Vorbildes – Edgar Allan Poe.

Die deutschsprachigen Besucher sind insofern zu bedauern, als das Verhältnis der Japaner zur deutschen Sprache ihnen die vergnüglichen Begegnungen versagt, denen Amerikaner und Engländer täglich und überall ausgesetzt sind. Sie müssen ohne die Freude des Wiedererkennens auskommen, das den Englischsprechenden unmittelbar überfällt, wenn sich die exotische Fremdheit eines Begriffes plötzlich als vertraut und verständlich entpuppt. Einschüben deutscher Sprache begegnet man noch am häufigsten unter Studenten, besonders bei Medizinern. Um sich zu qualifizieren, müssen die Medizinstudenten Deutschkenntnisse, wenn auch spezialisierte, vorweisen können – schließlich sollen sie ja einmal Rezepte ausstellen können!

Der Einbruch der deutschen Versatzstücke ins Japanische stammt nicht erst aus der Zeit des Achsen-Bündnisses, sondern aus der zwanziger Jahren, als die Kinder der wohlhabenden japanischen Familien auf deutsch geführte Schulen geschickt wurden; das gehörte damals in den feinen Kreisen zum guten Ton.

Studenten müssen zum ZEMINARU, Seminar, gehen; sie entwickeln eine TEZE, These, zu einem bestimmten TEMA, Thema. Vielleicht organisieren sie auch eine freche DEMO, Demonstration, gegen einen unbeliebten Professor, den sie der DEMAGOGIE bezichtigen. Sie wispern und tuscheln über einen seiner Kollegen, weil er eine Affäre mit einer Krankenschwester hat, obwohl keine RIBE (Liebe) im Spiel ist. Sie schwärmen für eine schöne (SHAN) Kommilitonin oder machen sich lustig über eine, die BAKKU-SHAN ist – nur ›schön von hinten‹ (engl.: ›back‹).

Einige medizinische Termini sind völlig in die Umgangssprache eingegangen. Eine japanische Hausfrau wird sich bei ihrem Arzt beklagen, daß sie ständig unter ihrer NOIROZE (Neurose) leidet und daß ihr jegliche ENERUGII, Energie, fehlt.

Die Schönheit der Japaner: *shan* und *bakku-shan*

Ein österreichischer Offizier führte 1911 das Skilaufen in Japan ein. Es wurde sofort sehr populär, denn Japan verfügt über ideales Skigelände. Zur gleichen Zeit gewann auch das Bergsteigen viele Anhänger. Von daher stammen verschiedene Fachbegriffe aus der deutschen Sprache: AIZEN ist das Eisen, GERENDE das Gelände, ZAIRU das Seil, SHUPURU die Spur, STOKKU der Stock, PIKKERU der Pickel, HYUTTE die Hütte und, nicht zu vergessen, RUKKU-SAKKU der Rucksack.

Die Einrichtung des Kindergartens wurde ebenfalls von Deutschland übernommen, die Wortverbindung selbst ist nicht weiter benutzt worden (wie etwa im Englischen), das Wort Kinder aber ist auch heute noch durch keinen anderen ausländischen Begriff verdrängt. Lange Zeit gab es eine sehr beliebte Kinderbuch-Reihe mit dem Namen KINDA-BUKKU.

Auch innerhalb der linken politischen Gruppierungen werden häufig deutsche Begriffe gebraucht. Viele Studenten sind z. B. Mitglieder der kommunistischen Partei, der PARUTAI (vor der Spaltung in pro-sowjetische und pro-chinesische Flügel). Bei den für Japan typischen Massendemonstrationen wird durch die Führer der SHUPUREHI-KORU, der Sprechchor, festgelegt.

Dem Ganzen liegt ein ernsthaftes Problem zugrunde. Die Art der Verarbeitung von Fremdwörtern im japanischen Sprachsystem ist symptomatisch für die weitverbreitete, nahezu allgemeine Unfähigkeit der Japaner, mit fremden Sprachen und ihren Lauten zurechtzukommen. Alle Japaner haben jahrelang Englischunterricht in der Schule, und viele lernen eine zweite und dritte Sprache. Die Schwierigkeiten, eine völlig fremde Flexion und Syntax zu lernen und einen unterschiedlichen Gedankenaufbau nachzuvollziehen, sind enorm. Sind die grammatikalischen Hürden genommen, können die Lernwilligen mit Recht stolz auf ihre Leistung sein. Aber gewöhnlich folgen auf dem Fuß Ernüchterung und Niedergeschlagenheit. Bei dem Versuch, das Gelernte in die Praxis umzusetzen und eine annähernd korrekte Aussprache zustande zu bringen, scheitern die meisten kläglich.

Wundern Sie sich nicht, wenn Sie auf der Straße von einer Gruppe junger Leute angehalten werden, die Sie höflich darum bitten, mit ihnen Englisch zu sprechen. Sie sind beharrlich auf der Suche nach Gelegenheiten, ihre Aussprache zu erproben. Und wundern Sie sich auch nicht darüber, wenn Sie kaum ein Wort davon verstehen können.

Begegnung mit einem lebenden Kulturdenkmal

Das Theater ist brechend voll. Die meisten Zuschauer kennen das Geschehen schon, das dort auf der Bühne vorgelebt wird. Wie fast alle Stücke des Kabuki-Repertoires ist es schon unzählige Male aufgeführt worden. Eine Armee wird geschlagen, ihr Anführer flieht und kehrt nach Hause zurück. Er gibt vor, ein armer Fischer zu sein, und seine Frau, die ihn nicht wiedererkennt, beklagt ihr Schicksal und weint um die Zukunft ihres vaterlosen Kindes.

Als Fischer getarnt, will der Held den Mann ausfindig machen, der ihn besiegt hat, dann eine neue Armee ausheben und sich an seinem Feind rächen. Währenddessen verfolgt sein Widersacher eben den gleichen Plan: Als Straßenwächter hat er sich in die Straße eingeschlichen, in der der Held wohnt, und wartet, Mord im Sinn, hartnäckig auf seine Heimkehr.

Mehrere Stunden vergehen mit mannigfaltigen Ereignissen, die durch farbenprächtige Kostüme in spektakulärer Szenerie in Bann halten. Dann folgt der Höhepunkt: Held und Bösewicht stehen sich am Tor gegenüber, beide geben ihre wahre Identität zu erkennen. Der letztere bebt vor Zorn; er beginnt mit einem verwickelten Tanz, dessen schwierige Figurenfolge von ihm mit soviel Bravour gemeistert wird, daß einige Leute im Publikum Begeisterungsrufe ausstoßen. Schließlich endet der Zweikampf mit dem Tod des Bösen. Die Kabuki-Vorstellung ist zu Ende.

Den Part des Widerlings hat diesmal einer der berühmtesten Schauspieler Japans gespielt, der den seltenen Titel ›lebendes Kulturdenkmal‹ trägt.

Sein Name, Shoroku, lockt die Massen unwiderstehlich an. Der ihm verliehene Titel ist etwas ganz Besonderes in Japan – seiner schauspielerischen Leistung wird damit der gleiche Rang zuerkannt wie einem bedeutenden Kunstwerk, das im Tempel oder Museum gehütet wird. Shoroku ist jetzt 67 Jahre alt und noch im Vollbesitz seiner legendären Ausstrahlungskraft.

Zwei Stunden vor Spielbeginn statten wir ihm einen Besuch in seiner Garderobe ab. Beim Betreten des Raumes ziehen wir unsere Schuhe aus und machen es uns auf dem Fußboden bequem – mit japanisch gekreuzten Beinen. Wir schauen ihm beim Auflegen des Make-ups zu (Farbabb. 47). Seine Garderobieren breiten die üppigen Gewänder für ihn aus. Er ist ein hochgewachsener, gutgelaunter Mann mit der undefinierbaren Aura eines Vollblutkünstlers, eines großen Stars.

Kabuki ist die traditionelle Theaterform Japans, deren Anfänge als Burleske und volkstümliche Komödie bis in das 17. Jahrhundert zurückreichen. Es ist in seiner Art unvergleichlich – wir haben nichts Ähnliches in Europa. Legenden und historisch verbürgte Ereignisse sind in diesen Spielen miteinander verquickt und werden mit hochdramatischen, ausdrucksstarken Mitteln auf der Bühne wiedergegeben (Farbabb. 48). Die ungebro-

Zweimal Shoroku im Rampenlicht

Kabuki-Szene auf einer Drehbühne

chene Anziehungskraft beruht auf einem rasanten Bühnengeschehen, prachtvoller Ausstattung, kunstvoll stilisierten Tänzen und ausgefeilten Dialogen, die für europäische Ohren allerdings strapaziös sind – monoton und langatmig.

Eine Kabuki-Vorstellung fordert vom Besucher Sitzfleisch; sie dauert oftmals bis zu sechs Stunden. Das Publikum macht ein gesellschaftliches Ereignis daraus; man will sehen und gesehen werden. Die Damen führen ihre neueste Garderobe vor, und während der Pausen wird in den Bars und Restaurants des Theaters gegessen und Tee getrunken.

Wie alle Kabuki-Schauspieler ist Shoroku in der Theaterluft groß geworden, von Kindesbeinen an ist er mit der Kabuki-Form des Darstellens und Tanzens vertraut. Zur Kabuki-Tradition gehört auch, daß man vom Lehrling zum Meister aufrückt, um dann wiederum den Nachwuchs auszubilden. Es gibt in Japan keine Schauspielschulen, wie sie bei uns existieren. Alle, die mit dem Theater zu tun haben – Schauspieler, Tänzer, Techniker, Dekorateure –, werden von anerkannten Meistern ihres Faches ausgebildet.

Shoroku wurde 1913 geboren; er ist der Sohn des ebenfalls berühmten Künstlers Koshiro VII., des siebenten Trägers eines hochgeschätzten Kabuki-Namens. Schon mit fünf Jahren stand Shoroku auf der Bühne, und mit vierzehn verließ er seinen Vater, der ihn unterrichtet hatte, um sich von seinem Onkel Kikugoro speziell im Tanz ausbilden zu lassen.

Das Kabuki-Theater setzt sich besonders für Kinder ein – sie bekommen Schauspiel- und Tanzunterricht, um langsam auf der Bühne heimisch zu werden. Nicht nur gibt es Rollen für Kinder in jedem Theaterstück, sondern der Tradition gemäß wird in jedem Stück mindestens eine dramatische Szene von Kindern wiederholt, die dabei die Rollen der Erwachsenen übernehmen; sie tragen die gleichen Kostüme und das gleiche Make-up. Die Kinderszene gilt als Höhepunkt jeder Inszenierung und ist sehr beliebt.

»Der Lebensrhythmus, die künstlerischen Leistungen eines Kabuki-Schauspielers lassen sich überhaupt nicht mit der europäischen Theaterauffassung vergleichen«, erzählt uns Shoroku, während er dicke weiße Make-up-Schichten auf Arme und Brust verteilt. »Beim Kabuki-Theater gibt es keinen künstlerischen Leiter, keinen Regisseur. Alle Schauspieler beherrschen das Stück so gut, daß sie sich nur mit den Problemen der eigenen Interpretation zu beschäftigen haben. Ich selbst habe in Inszenierungen europäischer Stücke mitgewirkt – es ist etwas völlig anderes; die Proben dauern mindestens einen Monat, um Aussage, Bedeutung und Darstellung in den Griff zu bekommen. Dagegen braucht man nicht mehr als eine Woche, um ein Kabuki-Stück bühnenreif durchzuproben. Schauspielern im westlichen Sinn ist für mich sehr schwierig und anstrengend, deshalb tue ich es nicht oft. Ich habe einige Male den Othello gespielt, wobei ich mich an dem Film mit Olivier orientiert habe; Sartre habe ich auch gemacht, aber Kabuki ist für mich das Richtige und das Wichtigste. Es ist eben mein Metier.«

Gelegentlich wird unsere Unterhaltung von Verehrern Shorokus unterbrochen. Sie machen in der Tür halt, verbeugen sich tief und geben ihrer Bewunderung für sein Können Ausdruck. Er unterbricht dann die Schmink-Prozedur, scherzt einen Moment mit seinen Besuchern, läßt sich aber von ihnen nicht lange aufhalten. Er hat nicht mehr viel Zeit bis zum Auftritt. In seiner Garderobe kann man über Lautsprecher das gedämpfte Stimmengewirr des Publikums hören.

Mit dem Make-up ist er fertig. Shoroku wendet sich uns zu – Gesicht und Arme weiß, nur um die Augen herum rote Streifen. Einer seiner Assistenten zeigt uns sein grün-schwarzes Kostüm.

»Während der ersten Akte des Stückes spiele ich einen verkleideten Wächter. Dazu gehören dieses Kostüm und das weiße Make-up«, erzählt Shoroku. »Dann muß ich mich umziehen – ich gebe mich als Feind zu erkennen. Meine Verwandlung findet auf der Bühne statt; das ist einer der Höhepunkte des Dramas und technisch eine äußerst raffinierte Angelegenheit, wie das Kabuki-Theater ja überhaupt über eine hochentwickelte Technik verfügt – es gibt viele Tricks, Gags und spektakuläre Kunstgriffe. Wußten Sie, daß schon seit über einem Jahrhundert bei uns Drehbühnen eingesetzt werden?«

Ob er sich auf seine Rolle freut, ob er Lampenfieber hat? »Ich bin eigentlich immer froh, wenn es vorbei ist; jede Vorstellung zehrt ungeheuer an den Kräften. Ich spiele mehrere Stunden hintereinander und brauche auch mehrere Stunden, um mich davon zu erholen.«

Daß alle Frauenrollen von Männern gespielt werden, gilt als ein Charakteristikum des Kabuki-Theaters. Es gibt keine Schauspielerinnen. Diese Tradition geht auf die Anfänge des Kabuki-Theaters zurück. Frauen waren damals von der Bühne ausgeschlossen, da die meisten der in Frage kommenden Schaustellerinnen als Prostituierte Geld verdienten. Seitdem gibt es besondere Frauendarsteller. Von Kindheit an werden sie auf Frauenrollen trainiert, und ihre Darstellung ist in jeder Hinsicht überzeugend. Oft haben diese Kabuki-Schauspieler Modetrends kreiert, die dann mit Begeisterung von den Frauen Tokios aufgegriffen wurden. Kabuki-Theater hat nichts von seiner Ursprünglichkeit verloren. Es ist keine Theaterform, die künstlich am Leben erhalten werden muß – durch Staatszuschüsse zwar genährt, aber erstarrt und zur bloßen Touristenattraktion geworden. Es ist nach wie vor sehr populär, und seine Aussagekraft und Darstellungsmöglichkeiten verändern und entwickeln sich ständig. Jedes Jahr werden neue Stücke aufgeführt, und die Schauspieler zeigen neue Rollenvarianten.

Szene aus dem berühmten Kabuki-Stück ›Chushingura‹, das die Geschichte der 47 Ronins (vgl. S. 38 ff.) erzählt

An Schauspielernachwuchs herrscht kein Mangel. Früher wurde das ›Theatervolk‹ von der Allgemeinheit verachtet; heutzutage haben Schauspieler einen hohen sozialen Status, überall begegnet man ihnen mit Achtung und Bewunderung. Allerdings gibt es wenig Bühnenpersonal, Techniker, Ausstatter, Kulissenarbeiter. Shoroku klagt: »Der Mangel an jungen Bühnentechnikern ist besorgniserregend. Es gibt viel zu wenig spezialisierte Handwerker. Bühnenbildner, Zimmerleute zum Beispiel, sind sehr gefragt. Es muß umgehend etwas geschehen, um den Bedarf zu decken.«

Für solche Techniker und Handwerker gibt es mehr als genug zu tun – für die Schauspieler ebenfalls. Sie sind das ganze Jahr hindurch ausgebucht, nicht nur während der Kabuki-Saison in Tokio, Kyoto und Osaka. Shoroku gibt überall in Japan Gastspiele, hat viele Film- und Fernsehverpflichtungen und ist außerdem noch Direktor einer der berühmtesten Tanzschulen Japans.

»Sie sehen, ich habe wenig freie Zeit«, sagt er, während seine Assistenten ihm das Kostüm anlegen. »Wenn ich Gelegenheit zum Ausspannen habe, befasse ich mich mit meiner Modelleisenbahn oder mit meiner Sammlung alter Uhren. Mechanik, Technik faszinieren mich. Beim Umgang mit meinen Uhren kann ich die Welt vergessen. Deshalb mache ich auch so oft es geht Urlaub in der Schweiz. Meistens einmal im Jahr; und dann besuche ich jedesmal eine andere Uhrenfabrik. Ich besitze sogar einige phantastische Kuckucksuhren.«

Bei allen Themen, die das Theater nicht berühren, erleben wir einen Shoroku voller Widersprüche. Es ist absolut unmöglich, ihn sich in Alltagskleidung, bei alltäglichen Verrichtungen vorzustellen. Sein Leben beginnt im Theater, und dort gehört er hin. Das Theater stellt sozusagen das Museum dar, in dem dieses Staatsjuwel zu besichtigen ist.

Während der letzten Minuten vor seinem Auftritt berichtet Shoroku über die Schauspieler, die er kennt. »Es gibt Darsteller, die über eine unverwechselbare Bühnenausstrahlung verfügen; sie haben das gewisse Etwas, vielleicht sind sie sogar Genies. Sie brauchen ihre Rollen nicht einzuüben und zu studieren; sie spielen instinktiv. Das trifft aber auf mich nicht zu. Ich habe keine besondere Ausstrahlung, und mein Erfolg basiert nicht auf einem begnadeten Naturtalent, sondern auf harter Arbeit, Fleiß und Hingabe. Außerhalb des Theaters bin ich wohl eher ein Langweiler. Ich finde es sehr interessant, daß begabte Schauspieler meistens auch sehr scharfsinnig und humorvoll sind – und exzentrisch. Mein Onkel Kikugoro zum Beispiel. Er war wirklich ein großer Künstler, ein Genie. Seine Eskapaden auf der Bühne waren berühmt-berüchtigt. So hat er einmal einen anderen Schauspieler derart gekitzelt, daß die Vorstellung im Tumult endete und sein armes Opfer sich beim Publikum für einen Lachkoller entschuldigen mußte. Bei einer anderen Gelegenheit, als er die Bretter betreten sollte, um eine Gruppe von Bühnentoten zu begutachten, hielt er eine flammende Rede über die Armut in der Welt und über die Notwendigkeit, die Kleidung der Toten den Armen zu spenden. Gleichzeitig begann er die Schauspieler auszuziehen. Es war Winter, die Bühne war eiskalt! Die halbnackten Schauspieler mußten das alles über sich ergehen lassen, ohne sich bewegen zu dürfen. Vor allen Dingen, ohne zu niesen. Ich bin mir nicht sicher, ob diese Art von Scherzen zu seiner Beliebtheit beitrug.«

Als Shoroku etwas später auftritt, Make-up und Kostüm angestrahlt von gleißender Bühnenbeleuchtung, mit haßverzerrten Zügen, ist es kaum zu glauben, daß dieses Bühnenungetüm der Mann sein soll, der vor wenigen Minuten so angeregt über seinen Onkel geplaudert hat. Ebenso unglaubwürdig erscheint uns seine Behauptung, sein schauspielerisches Können sei nur harter Arbeit abgerungen. Seine Leistung ist hervorragend – er stampft, marschiert, rollt und rennt über die Bühne, und wir fragen uns, warum diesen Mann ausgerechnet Uhren so faszinieren. Ein Uhrwerk bedeutet Bestimmbarkeit, nimmt präzise Einteilungen vor. Shorokus Darstellungskunst ist das genaue Gegenteil: voll von Überraschungen und Momenten rührender Innerlichkeit.

Laufsteg mit Kabuki-Mimen. Auch Frauenrollen sind Männersache

YOSHIWARA
und die »Schwebende Welt«

Unter den Herrschern der Tokugawa-Dynastie entwickelte sich Edo zur bevölkerungsreichsten Stadt der Welt. Es wurde zum Sammelbecken für die Nachkommen großer aristokratischer Samurai-Familien, Handwerker, Händler und Arbeiter jeder Art.

Die japanische Feudalgesellschaft war streng hierarchisch aufgebaut – die Klassenbarrieren waren unüberwindlich. Sie erinnern mehr an das indische Kastensystem als an das städtische Leben des mittelalterlichen Europa. Militär und Aristokratie beanspruchten die höchste Rangstufe. Als am tiefsten gesunken galten die ›Hinin‹, die ›Unmenschen‹ – sie hatten die Schmutzarbeiten zu leisten und wurden auf Grund dessen als Ausgestoßene behandelt; sie gehörten der Gesellschaft gar nicht an.

Der breite Mittelstand wurde durch die Kaufleute gebildet; sie versorgten den Adel mit Luxusgütern und konnten dadurch ihr eigenes Kapital vermehren. Aber trotz ihres oft enormen Reichtums war es ihnen nicht möglich, gesellschaftliches Ansehen oder öffentliche Ämter zu erwerben: einmal Kaufmann, immer Kaufmann. Ein Kriegeraristokrat mochte ihnen sein gesamtes Vermögen schuldig sein – sie blieben ihm untergeordnet. Selbst das Zurschaustellen ihres Wohlstandes war ihnen gesetzlich untersagt, die Kleiderordnung verbot ihnen jeglichen Ausdruck von Individualität, und Bauvorschriften legten bestimmte Regeln für den Hausbau unabänderlich fest.

Holzblockdruck von Kunisada: Kurtisane mit Spiegel

So gaben sie ein Großteil ihres Vermögens für Vergnügungen aus. Da ihnen die Teilhabe an den Kulturformen der Aristokratie verwehrt war, schufen sie ihre eigenen. Reichtum als Waffe im Kampf um soziale Aufstiegsmöglichkeiten einzusetzen war nicht möglich – also verwandten sie ihn auf sinnliche Genüsse.

Sie schufen so eine kraftvolle, ungeheuer lebendige Volkskultur, die im Gegensatz zu den streng formalisierten und statischen Leistungen der aristokratischen Kulturgüter vor praller Lebenslust strotzte und in ständiger Veränderung begriffen war. Man verfeinerte die Genußfähigkeit – allen Formen der Sinnlichkeit wurde gehuldigt. In der Tokugawa-Zeit entwickelte sich Edo zu einer der freizügigsten Städte, die die Weltgeschichte je gekannt hat.

Vergnügungsviertel schossen aus dem Boden. Nur einige wurden von der Regierung genehmigt, die meisten blühten in der Illegalität. Der berühmteste der offiziell geduldeten Bezirke war Yoshiwara, ein Teil des Asakusa-Distrikts – eine Stadt in der Stadt. Hermetisch abgetrennt durch eine riesige Wallanlage, konnte man sie nur durch ein bewachtes Eingangstor betreten.

Das Yoshiwara-Ghetto war ausschließlich dem Vergnügen vorbehalten. Es gab Theater, Teehäuser und Restaurants jeglicher Art und natürlich die Etablissements mit den grünen Fensterläden: die Bordelle, ›Paläste der

Holzblockdruck von Toyokoni: Kurtisane mit Zahnstocher und Samisen (japanisches Zupfinstrument)

Sinnlichkeit‹, in denen die Prostituierten lebten. Von Kindheit an wurden sie in den Künsten der Liebe unterwiesen. Sie galten nicht nur als verfügbare Körper – die meisten Frauen waren schön, geistreich und gebildet, dazu ausgezeichnete Sängerinnen und Tänzerinnen. Sie waren die ungekrönten Königinnen Yoshiwaras. Regelmäßig zeigten sie sich in der Hauptstraße, begleitet von einem Schwarm von Dienern und Schülerinnen. Das faszinierte Publikum bestaunte dann ihre ausgefallenen Kimonos und die kompliziert aufgetürmten Haartrachten. Mit unnachahmlicher Anmut und graziler Selbstverständlichkeit führten sie sich und die neueste Mode vor.

Die meisten Männer kamen so oft wie möglich nach Yoshiwara und hielten sich so lange dort auf, wie Zeit und Geld es ihnen erlaubten. Wir lernten einen alten Mann kennen, der sich noch gut an seine Besuche erinnern konnte. (Erst nach dem Zweiten Weltkrieg wurde das Sündenbabel geschlossen.) Er blieb oft eine ganze Woche dort; Männer mit Geld sogar noch länger.

Yoshiwara war eines der Hauptelemente der ›Schwebenden Welt‹, von den Japanern ›ukiyo‹ genannt. Im Gegensatz zu dem geistigen Bereich der dauerhaften, unveränderlichen Werte und Normen bezeichnet ›ukiyo‹ alles Vergängliche, Flüchtige, Schwebend-Transparente: Einer Kirschblüte gleich, sind sinnliche Freuden bezaubernd, aber kurzlebig.

Die Kunst und Literatur, die für die Kaufleute in Edo und ihre Standesgenossen in anderen Großstädten Japans geschaffen wurden, spiegeln Interesse und Begeisterung an leiblichen Wonnen wider. Romane über das Leben der Kaufleute und Handwerker und über die Aktivitäten der weiblichen Bewohner Yoshiwaras waren sehr populär. Die gleiche Thematik fand in Gemälden und Holzschnitten ihren Ausdruck. Das Kabuki-Theater entsprach anderen Bedürfnissen der breiten Mittelschicht, und Maler und Drucker ließen sich für ihre Werke auch von herausragenden Kabuki-Szenen inspirieren.

Außerhalb Japans sind von den großen künstlerischen Leistungen der Ukiyo-Kultur Drucke und Gemälde am bekanntesten. Ihr Wert wurde in der zweiten Hälfte des 19. Jahrhunderts von europäischen Künstlern entdeckt. Die wundervollen Holzdrucke faszinieren besonders durch ihre kräftige, aber sensible Linienführung sowie durch ihre untrügliche Sicherheit in Form- und Farbgebung.

Die Technik, geschnitzte Holzblöcke als Druckstock zu benutzen, übernahm Japan, wie vieles andere auch, aus China. Zu Beginn wurden nach dieser Methode nur Bücher hergestellt, Ausgang des 17. Jahrhunderts aber tauchten die ersten Einzelblätter auf. Ihre massenhafte Verbreitung entsprach durchaus den heutigen Pin-ups und Postern von Fußballspielern, Filmstars und Popsängern.

Diese Drucke waren außerordentlich beliebt, und mit wachsender Nachfrage verbesserte sich auch ihre Herstellungstechnik. Zuerst gab es nur

Holzblockdruck von Kunisada: Hauptfigur eines Kabuki-Stücks

Schwarz-Weiß-Drucke, denen in Handarbeit Farbtupfer aufgesetzt wurden; bald aber schon konnte man mehrfarbig drucken, und auf dem höchsten technischen Entwicklungsstand gab es Drucke mit fünfzehn verschiedenen Farbnuancen ...

Als Massenprodukten wurde ihnen nur geringer künstlerischer Wert zugestanden. Ein Druck war vor allem ein kommerzielles Erzeugnis. Der Verleger wählte die Thematik oder das Motiv nach rein kaufmännischen Gesichtspunkten aus – was läßt sich am besten verkaufen? Er gab seinen Auftrag dann an einen Entwerfer weiter. (Wir würden heute Designer sagen.) Dieser hatte nur einen von vielen Arbeitsgängen auszuführen. Nach ihm kamen Schnitzer, Färber und Drucker. Als letztes Glied der Arbeitskette verkaufte dann der Händler die Blätter in den Straßen oder gab sie an Geschäfte und Kommissionäre weiter.

Auch die anerkanntesten ›Druck-Designer‹ wie Utamaro, Hokusai oder Hiroshige wurden niemals reich durch ihre Arbeit. Alle Künstler mußten schwer arbeiten, um ihren Lebensunterhalt bestreiten zu können. Jede Wo-

Holzblockdruck von Kuniyoshi: ein typisches Schauspielerbildnis, auffällig aber die europäische Allonge-Perücke

che mußten sie mehrere Aufträge termingerecht abliefern, und immer sollte es etwas Neues sein – Originalität war das Wichtigste. Wurde ein neues Kabuki-Stück inszeniert, erwartete man pünktlich zum Premierenabend eine ergänzende Druckserie, die über Hauptdarsteller und Szenenhöhepunkte informierte.

Der überwiegende Teil der Themen entsprang tatsächlich dem Kabuki-Theater. Landschaftsmotive wurden erst mit Beginn des 19. Jahrhunderts attraktiv. Auch historische Ereignisse und überlieferte Legenden verarbeitete man oft.

Das beliebteste Motiv jedoch waren die Frauen von Yoshiwara. Die Prostituierten oder ›oiran‹ (Kurtisanen) wurden in den unterschiedlichsten Situationen dargestellt. Man sieht sie spazierengehen, sich in ihrer Freizeit erholen oder ihre Kunden beglücken. Die Wiedergabe sexuellen Tuns und Treibens gehört zum Unverblümtesten, was je künstlerisch gestaltet wurde.

Die bekanntesten Kurtisanen wurden porträtiert, wahrscheinlich zur Erinnerung für die Kunden oder als Ersatz für die weniger Begüterten, die gerne zu ihrer Kundschaft gehört hätten. Es sind stark idealisierende Porträts – alle Frauen wirken ähnlich attraktiv und anmutig. (Die Arbeiten Utamaros sind besonders schön.) Alle Drucke, die Yoshiwara thematisierten, stellten eine verzauberte Wunschwelt dar, die die krude Wirklichkeit der Bordells künstlerisch überhöhte. Nichts läßt auf die Ausbeutung, Demütigung und Schäbigkeit schließen, die doch das Leben einer ›oiran‹ bestimmt haben müssen.

Vor rund 150 Jahren erreichte die Kunst des Holzdruckes ihren Höhepunkt; danach setzte ein langsamer Verfall ins Sensationelle und Vulgäre ein. Nach der Meiji-Restauration rissen dann die Flutwellen der Verwestlichung die letzten Holzdruckarbeiten mit sich fort; eine neue, moderne Technik, die Lithographie, trat auf den Plan. Die Holzdrucke wurden dafür paradoxerweise vom Westen als alte, wertvolle Kunstform entdeckt – Europa und Amerika fanden Geschmack an ihnen; ab etwa 1860 wurden sie zusammen mit vielen kunstgewerblichen Erzeugnissen aus Japan exportiert.

Im Ausland fiel sofort ins Auge, was die Japaner übersehen hatten: Die Drucke waren viel mehr als hastig gearbeitete Machwerke, die nur vom grellen, publikumswirksamen Effekt lebten. Viele Blätter waren große Kunstwerke, deren Technik eine solche Vollkommenheit erreicht hatte, daß sie Vergleichbares aus dem Abendland weit hinter sich ließ. Der Einfluß der japanischen Drucke wurde immer bedeutender. Van Gogh nahm sie als Vorlage zu drei Ölgemälden, und Degas, Manet, Monet und Toulouse-Lautrec legten sich erstklassige Sammlungen an und ließen sich stilistisch beeinflussen.

Als sich die Japaner endlich des Wertes ihrer Drucke bewußt wurden, war es beinahe zu spät, noch Kollektionen aufzubauen, die mit denen in Europa und Amerika konkurrieren konnten. Ein Großteil der besten Blätter war unwiderruflich in die Museen von London, Paris, Berlin, Köln, Boston und New York gewandert. Dies erklärt auch die enormen Preise, die heutzutage für japanische Drucke gezahlt werden müssen, denn die Japaner sind mit wilder Entschlossenheit und hohen Summen bemüht, zumindest einen Teil ihres kulturellen Erbes zurückzukaufen.

Für den Touristen ist aber kein Grund zur Verzweiflung: In den Museen Tokios finden sich viele hervorragende Blätter, und in einigen Geschäften und Kaufhäusern werden sie auch zum Kauf angeboten. Sie stehen allerdings in Japan höher im Preis als in Europa, so daß Sie sich wahrscheinlich mit einem Faksimile begnügen müssen. In den Museen werden gute Faksimiles der besten Blätter angeboten, und sie sind überraschend preiswert. Es handelt sich dabei nicht um Reproduktionen, sondern um Abdrucke kopierter Holzblöcke, die mit überlieferten Methoden nachgearbeitet wurden. In mancher Hinsicht sind sie sogar besser als die Originale, ihre Farben strahlen wie die der Erstdrucke, bevor sie im Laufe der Zeit zu verblassen begannen.

MR. OGAWA
Kunsthandwerker und Vegetarier

Es fällt auf, daß Japan – weltweit bekannt für seine hochentwickelte Technologie und Massenproduktion erstklassiger Verbrauchsgüter – ebenso berühmt für seine handwerkliche Tradition ist. Nirgendwo sonst in industrialisierten Ländern wird das Handwerk so geschätzt. Unzählige Gegenstände, formschön und harmonisch, werden von Hand geschaffen. Sie sind in

Herstellung einer handbedruckten Stoffbahn: Ausrollen der Bahn

reichhaltiger Auswahl und zu erschwinglichen Preisen überall käuflich zu erwerben.

Samurai-Schwerter werden immer noch nach überlieferten Methoden in Brennöfen kleiner Werkstätten geschmiedet. Mädchen spielen mit handgemachten Puppen, die Jungen lassen handbemalte Drachen in den Himmel steigen. Zubereitete Essensportionen werden oft noch in handgetöpferten Schalen verkauft, und traditionelle Holzschnitte, Tonfiguren und kunstvolle Kalligraphien finden sich in jedem Haushalt.

In Europa werden Kunsthandwerker – so selten sie geworden sind – den Künstlern rangmäßig untergeordnet. In Japan sind sie den Künstlern nicht nur gleichgestellt, sondern sie *sind* Künstler – ihre Kreativität bildet eine besondere Richtung innerhalb der Künste. Die besten Keramiker sind genauso berühmt wie die größten Maler, und die Arbeiten der Puppenmacher, Klingenschmiede und Drachenbemaler werden ebenso begeistert gesammelt wie Skulpturen und Holzschnitte. Die Auszeichnung, die mit dem Titel ›lebendes Kulturdenkmal‹ verbunden ist (vgl. S. 122 ff.), wird vom Staat nicht nur an Schriftsteller, Schauspieler und Musiker verliehen, sondern auch an Handwerker, deren Arbeiten man stolz in Museen präsentiert.

Ausrollen der Bahn

Vorbereitung der Farbe

Zählt Mr. Ogawa auch noch nicht zum Kreis der Würdenträger, hat er doch berechtigte Hoffnung, eines Tages die hohe Anerkennung zu erhalten. Einige Museen haben seine Arbeiten schon angekauft. Er ist Textilgestalter, bemalt Kimono-Stoffe. Seine Arbeitsweise ist traditionsverbunden und so spezifisch für die Gegend um Tokio, daß ihre Bezeichnung ›Edokomon‹ den alten Namen Tokio mit einschließt. (Übersetzt hieße es ›Kleine Muster aus Edo‹.)

Mr. Ogawa lebt und arbeitet in einem trostlosen Stadtbezirk an der Bucht von Tokio. In diesem verwahrlosten Industriegebiet streunen Hunde durch die öden Straßen, und die häßlichen Fabrikhallen sind mit einem Netz von Telephon- und Elektrizitätskabeln verdrahtet. Die Bauarbeiten an einer neuen Schnellstraße haben Berge von Schutt und Baumüll in den Straßen hinterlassen; die Luft ist bleiern und staubig. Kein Ort, an dem man die Werkstatt eines anerkannten Kunsthandwerkers vermuten würde. Der Großhändler von Mr. Ogawa will uns in seinem Wagen mitnehmen. Er ist einziger, direkter Abnehmer für die fertiggestellte Ware, und er verschafft Mr. Ogawa auch spezielle Kommissionsaufträge. Er übernimmt den gesamten Verkauf; die Stücke gehen an verschiedene Warenhäuser in Tokio, an Prominenz des öffentlichen Lebens, Kabuki-Schauspieler und Mannequins, kurz: an alle, die exklusive Modelle suchen.

Einfärbewerkzeug

Auftrag der Farbe durch die Schablone

Im Lagerraum des Großhändlers türmen sich die Stoffballen: gemusterte Seide, blaue Baumwolle und dunkles Wolltuch. Überall liegen große Schachteln mit fertiggestellten Kimonos, einige von ihnen mit prächtigen, leuchtenden Landschaftsmotiven. Der Grossist selbst betrachtet sich als Förderer Mr. Ogawas – durch ihn wird ein altes Handwerk nicht nur in Ehren gehalten, sondern unterstützt und verbreitet. Für das Wohlergehen Mr. Ogawas fühlt er sich persönlich verantwortlich.

Aufgrund der Anstrengungen seines Handelspartners geht es Mr. Ogawa finanziell sehr gut. Sein Haus liegt zwar inmitten des Industriegeländes, ist aber großzügig gebaut und schließt direkt an seine Werkstatträume an. Seine Arbeitsstätte ist ungefähr 30 Meter lang, ausgestattet mit langen Reihen aufgebockter Tische, die sich über die gesamte Länge des Raumes erstrecken.

Die Edo-komon-Technik ist eine Art des Druckes, bei der Schablonen oder Matrizen verwendet werden. Die kleinen Schablonen haben das Format etwa eines DIN-A 5-Bogens und sind aus Papier gefertigt. Ungewöhnlich ist nicht nur ihr kleines Format, sondern auch die Vielfalt der Muster: feinste, außerordentlich detaillierte Ornamente. Einige von ihnen basieren auf Streifen und Karos, die meisten bestehen aus einer Anordnung figürlicher Motive: Fische, Blumen, Vögel, sogar Teekannen und Papierdrachen.

Farbauftrag   Ablösen der Schablone

Diese Matrizen sind alle handgearbeitet, mit meisterhafter Präzision zugeschnitten. Die dafür benötigten Schneidewerkzeuge haben extrem scharfe Klingen. Eine besondere Stahllegierung ist dazu notwendig, deren Herstellung nur noch ein einziger Mann beherrscht. Dieser Mann ist inzwischen sehr alt, und Mr. Ogawa fürchtet, daß er bald sterben wird. »Die Hälfte seines Lebens hat er damit zugebracht, die Herstellung der Werkzeuge und Klingen zu vervollkommnen. Wenn er stirbt, stirbt seine Kunst mit ihm. Es wird absolut unmöglich sein, ein neues Matrizenmesser zu bekommen. So habe ich mir schon einen ganzen Vorrat angelegt, und glücklicherweise kann man die Klingen mehrmals benutzen. Wie Sie sehen, ist das Papier sehr widerstandsfähig. Einige der Schablonen sind sehr kostbar

– über hundert Jahre alt. Eigentlich sind es Museumsstücke, aber von Zeit zu Zeit arbeite ich noch mit ihnen.«

Wir betrachten einige der Matrizen; sie werden zwischen Buchseiten aufbewahrt. Dann folgen wir dem Meister in die Werkstatt, um beim Bedrucken des Stoffes dabeizusein. Als erstes nimmt Mr. Ogawa eine Handvoll Wasser in den Mund und besprüht prustend einen der Tische mit einem feinen Wasserfilm, um die Tischoberfläche anzufeuchten. Während sein Schüler (er ist sein Schwiegersohn) die Farbmischung vorbereitet, rollt er ein Stück weißer Seide aus und zieht es mit großer Sorgfalt glättend über die Tischplatte.

»Nicht alle Seidenstoffe sind geeignet, und jede Bahn muß absolut fehlerfrei sein. Ich muß immer mehr Material zurückschicken, als ich verarbeite. Schon ein winziger Fehler innerhalb des Webmusters ruiniert die gesamte Bahn. Die hier ist in Ordnung. Heute morgen, bevor Sie kamen, habe ich sie geprüft.«

Als nächstes weicht er die Matrize im Wasser ein, um sie geschmeidig zu machen. Ihr Muster ist schlicht – hauchdünne, vertikale Streifen. Sollte sie wirklich handgefertigt sein? Ebenso unglaublich scheint uns, daß Mr. Ogawa beim Drucken die Schablone millimetergenau umsetzen und aneinanderreihen und so ein ununterbrochenes Streifenband herstellen kann. Sein handwerkliches Können ist meisterhaft – er arbeitet mit flinker Präzision und hoher Aufmerksamkeit.

Die Drucktechnik als solche ist einfach. Die Schablone wird auf den Stoff gelegt, die dickflüssige, cremige Farbe mit einem dafür bestimmten Werkzeug aufgetragen. Beim Drucken muß man darauf achten, daß die Konsistenz der Farbe gleichbleibend ist, beim Abnehmen der Matrize nichts verwischt wird und das wiederholte Auflegen hundertprozentig genau dem Musterverlauf entspricht.

Mr. Ogawas Handbewegungen zeigen die Eleganz und Sparsamkeit des vollendeten Meisters. In knapp dreißig Minuten ist die Bahn fertig bedruckt. Sie ist makellos.

Noch ganz beeindruckt von dem, was wir eben gesehen haben, gehen wir nach oben, um das Sashimi-Gericht zu kosten, das Mr. Ogawa aus dem nahegelegenen Restaurant hat kommen lassen. Können solche Muster nicht viel wirtschaftlicher mit Maschinen gedruckt werden? Gibt es nicht andere Betätigungsfelder für seine handwerkliche Meisterschaft? Mr. Ogawa gesteht, daß viele Muster für Kimonos maschinell aufgedruckt werden und daß ein ungeübtes Auge keinen Unterschied zwischen Hand- und Maschinendruck erkennt. Trotzdem gibt es solche Unterschiede. Handdrucke sind viel ausdrucksvoller und lebendiger, obwohl nur bei genauer Betrachtung zu bemerken. Doch ist dies ja gerade ein Wesenszug der japanischen Kunst überhaupt. Subtile Zurückhaltung und kaum wahrnehmbare Feinheiten sind es, die die Kostbarkeit eines Gegenstandes ausmachen.

Die fein geschnittene Schablone

Der Preisunterschied zwischen hand- und maschinenbedruckten Stoffen interessiert uns. Sind die Kunden bereit, bei kaum sichtbaren Qualitätsunterschieden einen Preisaufschlag für Handarbeit zu zahlen? Die Antwort überrascht uns. Mr. Ogawas Arbeit ist nicht sehr viel teurer als vergleichbare Erzeugnisse der Massenproduktion; von einem Vermögen, das er dabei verdienen kann, überhaupt nicht zu reden. Natürlich wäre er gern reich, aber viel wichtiger ist ihm das Weiterführen einer alten, traditionellen Kunstform. Sollte die Edo-komon-Technik unter dem Druck des Fortschritts zermalmt werden, bedeute das nicht nur das Aussterben eines Handwerkszweiges. »Ein Teil Japans, ein Stück japanischen Lebens wären damit verschwunden.«

Wir kommen noch einmal auf den alten Werkzeugmacher zu sprechen, der die Klingen herstellt, und auf die Farbmischungen, die (ausgerechnet!) aus Deutschland importiert werden müssen. Wir sprechen auch über die Zierlichkeit der Ornamente. Empfindet Mr. Ogawa ihre Zartheit auf die Dauer nicht als ein wenig eintönig? Bevorzugt er selbst vielleicht nicht doch extravagante, leuchtend bunte Entwürfe mit großzügiger Flächeneinteilung und kühnen Mustern? »Ja, manchmal«, räumt er ein, »aber es entspricht eigentlich nicht meinem Temperament. Ich esse kein Fleisch, wissen Sie. Vegetarier sind nicht kühn.« Währenddessen heben seine Eßstäbchen einen weiteren Bissen rohen Fisch vom Teller. Er bemerkt unser Erstaunen und lächelt. »Fisch zählt nicht. In Japan kann man auch als Vegetarier Fisch essen.«

Zu Hause bei den Shimodas

Westlich von Tokio, zwei Zugstunden vom Stadtzentrum entfernt, liegt am Ende der Chuo-Linie das kleine Städtchen Takao. Es ist umgeben von Bergen und ebenso wegen seines Safari-Parks berühmt wie als Stätte eines der bekanntesten Bergheiligtümer Japans (Farbabb. 31, 32).

Zwischen Vorstadt und City

Obwohl Takao durchaus einen eigenen Charakter besitzt, entspricht es doch funktionsmäßig jedem beliebigen Vorort Tokios: Es ist eine Schlaf-Stadt (der englische Begriff ›bed town‹ ist auch im Japanischen gebräuchlich). Fast alle Männer und auch einige Frauen arbeiten in der City. Die meisten von ihnen wohnen in Takao, weil sie sich die teuren Innenstadtwohnungen nicht leisten können. Takao ist deshalb ein typisches Beispiel für Hunderte von Kleinstädte, die rund um den Moloch Tokio liegen und ihn täglich mit immensen Menschenströmen füttern.
 Mr. Tetsuya Shimoda gehört ebenfalls zu den Pendlern; er lebt in Takao und arbeitet in Tokio. Er ist bei einer Tiefbau-Gesellschaft angestellt. Die Chuo-Linie befördert ihn in zwei Stunden zur Arbeit und wieder zurück.
 Es ist 7 Uhr morgens. Den knappen Kilometer bis zum Bahnhof legt er in seinem geliebten Toyota zurück. Die Straße ist einspurig; bei jedem Auto, das ihm entgegenkommt, muß er zurücksetzen. Es dauert eine Weile, bis er einen Parkplatz in Bahnhofsnähe gefunden hat. Zu Fuß wäre er schneller dagewesen.
 Mr. Shimoda findet immer einen Platz im Zug, weil Takao der Endbahnhof der Linie ist. Schon nach wenigen Stationen aber ist der Zug überfüllt – die Chuo-Linie ist überaus stark frequentiert, wenn nicht sogar die am meisten befahrene Bahnstrecke der Welt. Die Bedauernswerten, die auf diese Linie angewiesen sind, haben sich bestimmte Überlebenstaktiken zugelegt: Auf dem Bahnsteig in Viererreihen nebeneinander antreten, an exakt der Stelle, wo sich die Abteiltüren öffnen werden; im Stehen Zeitung lesen, eingeklemmt wie eine Sardine in die Büchse; das Bewußtsein total abschalten, um die Zugstrecke in traumwandlerischem Zustand hinter sich zu bringen. Sie haben sich auch damit abgefunden, daß sie von Bahnangestellten wie Frachtgut behandelt werden. Diese Angestellten werden wäh-

rend der Hauptverkehrszeit tätig und haben die Aufgabe, die widerständigen Leiber in die Abteile zu quetschen, damit die Türen geschlossen werden können. Die ›Drücker‹ erledigen ihre Pflicht in weißen Handschuhen (Farbabb. 20).

Mr. Shimoda ist als Tiefbau-Ingenieur oft auf Reisen – deshalb hat er es besser als die meisten seiner Leidensgenossen. Wenn in den Bergen eine neue Straße angelegt oder in einer entfernten Provinz ein Schulneubau erstellt wird, wohnen er und seine Männer in nahegelegenen Hotels und bekommen großzügige Spesen. Aus der Ferne verliert dann das Verkehrschaos Tokio seinen Schrecken.

Haushalt und Ehe

Nachdem Mr. Shimoda das Haus verlassen hat, geht seine Frau Keiko an die tägliche Hausarbeit. Ihre dreijährige Tochter Marei (ein ungewöhnlicher Name – er bedeutet ›wahre Glocke‹) ist schon seit geraumer Zeit auf den Beinen. Da sie noch nicht zur Schule gehen muß, tippelt sie ihrer Mutter hinterher, kommt ihr in die Quere, erzählt brabbelnd lange Geschichten und hat ständig Hunger. Der Fernseher läuft schon seit dem Frühstück. Er steht in einer Ecke des Wohnzimmers und liefert eine ständige Geräuschkulisse, bleibt aber heute unbeachtet. Marei sitzt sonst oft vor dem Fernsehgerät. Sie kennt die Reklame-Spots schon auswendig und wird ganz aufgeregt, wenn die Popgruppe ›Pink Ladies‹ erscheint. Rosa ist inzwischen ihre Lieblingsfarbe.

Keiko Shimoda ist für japanische Verhältnisse hochgewachsen, dabei sehr schlank, und trägt elegante, westliche Kleidung. Sie stammt von Hokkaido, der nördlichsten Insel Japans. Dort lernte sie ihren Mann kennen, während er noch studierte. Eine Ehe wie die ihre wird in Japan immer populärer. Nachdem sie sich eine Weile kannten, entschlossen sich beide zur Heirat. Keiko willigte unter der Voraussetzung ein, daß ihre verwitwete Mutter ihrem Wunsch zustimmte. Anstatt aber die alte Dame selbst aufzusuchen, setzte Tetsuya Shimoda seine Schwester als Vermittlerin ein. Nachdem eine vorläufige Übereinkunft erzielt wurde, übernahmen sein Vorgesetzter (in der Firma, für die er heute noch arbeitet) und dessen Frau die offizielle Vermittlerrolle. Sie berieten ihn bei der Wahl der Verlobungsgeschenke und hielten die Begrüßungs- und Dankadressen während der Hochzeit.

Da jetzt in Japan immer mehr Frauen arbeiten, gemischte Schulen besuchen und studieren, trifft man sich in der Öffentlichkeit, verliebt sich und will heiraten. Aber nach wie vor werden die Formen und Anstandsregeln des traditionellen Bekanntmachens, der Verlobung und Hochzeit eingehal-

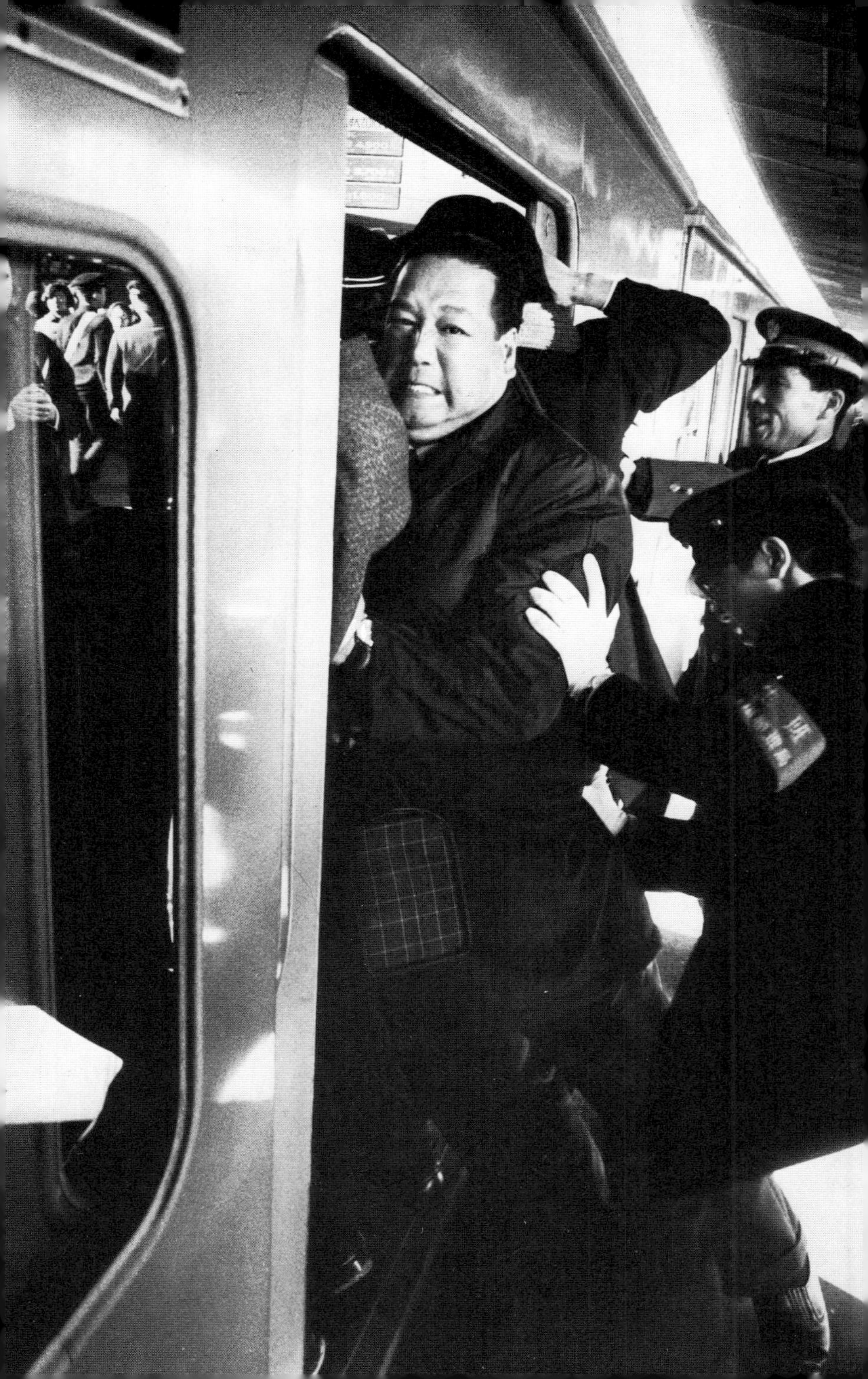

Junges Paar im Park: »Man trifft sich in der Öffentlichkeit, verliebt sich und will heiraten«

Hochzeitspaar vor dem Standesamt. Die Braut trägt den traditionellen Hochzeitskimono

ten. Eine Menge junger Leute verbindet beides miteinander. Keiko Shimoda erzählt von einer Schulfreundin, die erst kürzlich geheiratet hat – mit 26 –, nicht ohne ihre gesamte Verwandtschaft vorher zur Verzweiflung gebracht zu haben: Alle in Frage kommenden jungen Männer, die ihr präsentiert wurden, hatte sie abgelehnt. Nebenher führte sie ein reges gesellschaftliches Leben nach ihrem eigenen Geschmack. Schließlich arrangierte sie sich mit einem erfolgreichen, aber unscheinbaren Mann, den sie durch ihre Familie kennengelernt hatte, denn mit 26 ist man in Japan schon ein ›altes Mädchen‹, und die Vermittler konnten schließlich nur noch mit Witwern oder geschiedenen Männern mit Kindern aufwarten. Es war für sie mehr oder weniger die letzte Gelegenheit, einen annehmbaren Ehemann zu finden.

Uns Europäer mutet es eigenartig an, daß solchermaßen arrangierte und kalkulierte Ehen, bei denen von Liebe nicht die Rede ist, größtenteils doch sehr erfolgreich und glücklich verlaufen. Es sind zweckgebundene und rein pragmatische Verbindungen, bei denen materielle und soziale Sicherheit den Ausschlag geben. Außereheliche Liebesaffären sind deshalb keine mittleren Katastrophen, sondern fast gang und gäbe. »Ich hätte nichts dagegen, wenn mein Mann eine Geliebte hätte«, sagt Keiko. »Er behauptet zwar, nicht im Traum daran zu denken, aber ich würde meine Sicherheit

Die tafelnden Shimodas. Wie immer bedient Frau Shimoda ihren Mann. Der Gasofen rechts ist die einzige Wärmequelle im Haus

nicht bedroht fühlen, und eifersüchtig bin ich nicht. Allerdings würde ich selber keinen Liebhaber wollen.«

Das Haus

Das Haus, in dem die Shimodas leben, gehört ihnen – eine Seltenheit, denn die überwiegende Mehrheit der jungen Japaner kann sich das nicht leisten. Freilich hat es die Proportionen einer Puppenstube: Das Wohnzimmer ist sehr klein, das Bad nicht mehr als eine Kabine und die Küche so winzig, daß man sich kaum vorstellen kann, wie Waschmaschine, Mikrowellenherd, Mixer und diverse andere Küchengeräte dort haben Platz finden können. Das Wohnzimmer ist durch eine moderne europäische Einrichtung mit Eßtisch und vier Stühlen so vollgestellt, daß man sich kaum umdrehen kann und Unordnung wegen Platzmangels gar nicht möglich ist. In der Anrichte sind Mareis Spielzeug, aber auch Bücher und Zeitschriften sowie der Staubsauger verstaut.

Die Toilette ist vom Bad durch eine Schiebetür abgeteilt. Sie hat keine Wasserspülung – ist also ein ›Plumpsklo‹ –, aber modern und sauber. Das ist typisch für solche Häuser. Selbst in Tokio sind nicht alle Wohnungen an das Abwässersystem angeschlossen, und je weiter man sich vom Zentrum der Stadt entfernt, desto öfter wird das fehlende Entsorgungsnetz durch antiseptische Tanks ersetzt. In Städten wie Takao ist das Auftauchen des ›Honigwagens‹, der die Behälter entleert, eine alltägliche Erscheinung. Und auf dem Land können die Reisfelder so in regelmäßigen Abständen natürlich gedüngt werden.

Die obere Etage des Shimoda-Hauses besteht aus zwei Räumen. Beide sind japanisch ausgestattet, also mit Tatami-Matten ausgelegt. Tagsüber sind diese Räume leer – nur mit einem Bild oder einem Blumengesteck dekoriert. Zum Schlafengehen wird das Bettzeug aus der eingebauten Schrankwand genommen und auf die Matten gebreitet. Solche japanischen Betten sind hart, aber nicht unbequem. Mit den steinharten Kopfkissen haben Europäer allerdings schwer zu kämpfen. Ärzte bestätigen im übrigen, daß japanische ›Betten‹ sehr viel gesünder und freundlicher für die Wirbelsäule sind als unsere herkömmlichen Matratzen. Aber auch die Japaner stellen sich mehr und mehr auf ein weicheres Lager um – das kostet dann noch mehr Platz in den ohnehin winzigen Räumen.

Das Haus ist ganz aus Holz, die Wände sind demzufolge sehr dünn. Im Winter schützt es kaum vor der Kälte. Ein tragbarer Gasheizofen bildet die einzige Wärmequelle im Haus. Während der heißen, feuchten Sommermonate ist diese leichte Bauweise freilich ideal, und eine Wand im Wohnzimmer wird zur Gartenseite hin aufgeschoben. Aus Hokkaido gebürtig, hat Mrs. Shimoda Winter erlebt, die sechs Monate Eis und Schnee brachten. Sie weiß auch, daß man Häuser mit gut isolierten Wänden, Doppelfenstern und einem leistungsfähigen Heizungssystem bauen kann. In Takao friert sie im Winter ständig. Und mit leichter Verachtung in der Stimme spricht sie über die ›Festländler‹, die den Winter einfach nicht zur Kenntnis nehmen wollen. Er sei zwar weniger streng als im Norden Japans, aber doch sehr viel mehr als eine Zwischensaison, eine kleine Unbequemlichkeit. »Sie haben wahrscheinlich auch von der Theorie gehört, daß das japanische Volk vor Tausenden von Jahren die Tropen verließ, um sich hier anzusiedeln. Nun, die Bauweise und das Desinteresse für alle Arten von Heizung bestätigen diese Theorie nur. Für die südpazifischen Inseln wären diese Häuser geeignet, aber in unserem Klima sind sie hoffnungslos.«

Familienleben

Mr. Shimodas Eltern wohnen gleich nebenan. Sie erwarben ihr Grundstück vor Jahren vom buddhistischen Tempel, als die Preise in dieser damals ländlichen Gegend noch erschwinglich waren. Als Tetsuya Shimoda heiratete, kaufte er sein Grundstück mit dem Geld seines Vaters, der ihm

Bonzais, eingetopfte Miniaturbäume, werden oft in bizarre Formen gebracht

gleichzeitig sein eigenes Grundstück überschrieb. Er wollte auf diese Weise die Erbschaftssteuern umgehen. Das gemeinsame Grundstück reicht für einen kleinen Garten – äußerster Luxus. Viele Häuser in Japan haben keine Gärten. Um so mehr hegen und pflegen ihre Bewohner die Blumengestecke und eingetopften Miniaturbäume, die Bonzais.

Mr. Shimoda senior ist pensionierter Bahnbeamter. Den ganzen Tag über beschäftigt er sich im Garten und inspiziert Goldfische und Karpfen, die er in kleinen Behältern züchtet. Er trägt einen grauen Kimono. Ab und zu schaut er bei seiner Schwiegertochter herein, raucht ein Pfeifchen, spielt mit seinem Enkelkind und tauscht mit Keiko die neuesten Neuigkeiten aus.

Sieht man den älteren Shimoda im Haus seines Sohnes, fällt der Generationsunterschied ganz deutlich ins Auge. Der alte Mann sitzt nur mit Unbehagen auf dem modernen Sitzmöbel aus Europa – zu Hause macht er es sich nach alter Sitte auf dem Fußboden bequem. Seit er nicht mehr zu arbeiten braucht, trägt er ausschließlich Kimonos – sein Sohn kleidet sich nur europäisch. Er ist noch niemals außerhalb Japans gewesen. Alles, was er von der Welt weiß, hat er durch das Fernsehen erfahren, durch Zeitungen und von seiner Tochter Hiroe. Sie studierte ein Jahr in England, um ihre Sprachkenntnisse zu verbessern.

Gegenwärtig lebt sie in Ichikawa, etwa 130 Kilometer entfernt. Sie ist Lehrerin an einer privaten Mädchenschule. Selten nur hat sie Zeit, nach Ta-

Japanische Gymnasiasten in Schuluniform

kao zu kommen: Ihre durchschnittliche Arbeitszeit beläuft sich auf 14 Stunden pro Tag, und das bei einer Sechstagewoche. Zum Teil hängt das mit ihrem engagierten Bemühen zusammen, eine Gewerkschaft zu gründen, damit gemeinsam bessere Arbeitsbedingungen erkämpft werden können. Überall in Japan sind die Lehrer stark belastet. Von ihren Schülern verlangen sie allerdings den gleichen Arbeitseinsatz. Es ist nicht ungewöhnlich, daß eine Zwölfjährige bis in die Nacht hinein über ihren Hausaufgaben sitzt. Nervenzusammenbrüche bei Schülern und Studenten kommen besorgniserregend häufig vor.

Hiroe Shimoda sparte drei Jahre lang jeden Pfennig, um die Reise nach England und die Universitätsgebühren bezahlen zu können. Erst nachdem alles geregelt und das Flugticket gekauft war, hatte sie den Mut, ihren Eltern von den Reiseplänen zu berichten, die mit Angst und Sorge reagierten. Es gefiel Hiroe außerordentlich gut in England, sie reiste viel im Land und bewunderte und beneidete die Europäer und ihren Lebensstil.

Während Mr. Shimoda senior im Kimono im modernen Wohnzimmer sitzt und über alte Zeiten redet, hat seine Schwiegertochter in der Küche zu tun; nie käme der Pensionär auf die Idee, im Haushalt mitzuhelfen. Seine Frau hat er noch niemals zum Einkauf begleitet. Sein Sohn hingegen fährt regelmäßig mit seiner Familie an den Wochenenden in die nächste größere Stadt, um Lebensmittel einzukaufen und sich in den Kaufhäusern umzusehen. Und es scheint ihm Spaß zu machen.

Die Kluft zwischen den Generationen ist aber keineswegs unüberbrückbar. Traditionelle Verhaltensweisen sind langlebig. Nach getaner Arbeit geht Mr. Shimoda oft mit seinen Untergebenen in eine der vielen Bars in Tokio. Im Leben eines Firmenangehörigen spielt der persönliche Kontakt zu den Untergebenen eine große Rolle und wird so wichtig genommen, daß der Betrieb gesonderte Spesen zur Bewirtung bewilligt. Mr. Shimoda bestellt und bezahlt die Getränke, läßt sich ihre Probleme erzählen, weiß über die Liebesaffären Bescheid und übernimmt allgemein die Rolle des großen Bruders. Seine Vorgesetzten verhalten sich ihm gegenüber genauso. Aufgrund dieser abendlichen Männerrunden kommt Mr. Shimoda oft erst nach Mitternacht heim. Wie selbstverständlich erwartet er, daß seine Frau das Essen bereitgestellt hat. Während er ißt, bereitet seine Frau das Bad für ihn vor und bringt ihre Tochter ins Bett.

Ein Europäer würde das späte Aufbleiben eines dreijährigen Kindes sicherlich nicht gutheißen und die Erziehungsmethode als zu liberal kritisieren. Aber die Japaner haben ihre Kinder von jeher verwöhnt. Wenn Marei müde ist, kann sie schlafen; hat sie zu den festen Mahlzeiten keinen Hunger, kann sie später essen. Die Mutter ist ja immer da – warum sollte also Disziplin notwendig sein? Die wird sie später ohnehin noch früh genug lernen. Mit sechs Jahren wird ein Kind eingeschult, und die Lernanforderungen, Hausarbeiten und Prüfungsvorbereitungen, die in ganz Japan üblich sind, zwingen jedem Kind Ordnung, Gehorsam und Disziplin auf.

Büroangestellte in einer kleinen Bar

Mr. Shimoda mit Frau

Die kleine Marei liebt Zuckerwatte

Das Hausfrauenleben von Keiko Shimoda mag für viele Europäer als Beweis für die Ausnutzung der japanischen Frau gelten, und es ist sicher nicht mit westlichen Emanzipationsbestrebungen vereinbar, wenn Keiko ihre untergeordnete Rolle so klaglos hinnimmt. Einige japanische Frauen haben die gleichen Gedanken (Keiko gehört nicht zu ihnen), und die Frauenbewegung nimmt, zumindest in den großen Städten, einen raschen Aufschwung. Im Zug erzählte uns einmal ein Mann – uns für Amerikaner haltend –, wie dankbar er Amerika sei, daß es Japan nach dem Krieg wieder auf die Beine geholfen und Weltgeltung verschafft habe. Eine junge Frau unterbrach voll Zorn seine Lobtirade, wurde beinahe handgreiflich und erklärte unmißverständlich, daß die japanischen Frauen die Arbeitstiere gewesen seien, die den Wiederaufbau zu bewältigen hatten, und daß Männer seiner Sorte ihren Teil erst noch zu erbringen hätten.

Aber wie so oft in Japan sind die Dinge komplizierter, als sie auf den ersten Blick erscheinen mögen. Haushalt und Familie bilden das Zentrum japanischen Lebens, und die Frau ist wirklich die Herrin des Hauses und mit großen Rechten ausgestattet. Am Ende jeden Monats händigt Mr. Shimoda seiner Frau die noch ungeöffnete Gehaltstüte aus. Sie regelt alle finanziellen Angelegenheiten, entscheidet, was im Haushalt anzuschaffen ist, teilt ihrem Mann eine Taschengeldsumme zu und wird auch über die Erziehung ihrer Tochter bestimmen, d. h. sie wird die geeignete Schule aussuchen, Elternabende besuchen etc. In vielem wird der Ehemann wie ein großes Kind behandelt. Er erwartet, daß gewisse Dinge für ihn geregelt werden, und nur sehr ungern fällt er Entscheidungen, die die gesamte Familie betreffen. Das ist Sache der Frau.

Die Firma

Mr. Shimoda verdient gut, obwohl sein nominelles Gehalt für europäische Verhältnisse sehr gering erscheint. Gratifikationen bilden den Ausgleich. In der letzten Dezemberwoche und im Sommer, zweimal im Jahr also, erhält jeder Firmenangehörige eine Pauschale, die oft die Höhe von sechs Monatsgehältern erreichen kann. Diese Praxis ist in ganz Japan üblich. Außerdem übernehmen die Betriebe Krankenversicherungskosten und dergleichen. In einigen Fällen sogar das Schulgeld für die Kinder ihrer Beschäftigten. Das Versorgungsangebot mancher Firmen geht sogar noch weiter. Ist man zum Beispiel Junggeselle, stellt der Betrieb eine Wohnung zur Verfügung, und es gehört dann zu den inoffiziellen Pflichten des Vorgesetzten, den jungen Angestellten mit einem geeigneten Mädchen bekannt zu machen und den Vermittler zu spielen, zumindest, falls er keine Verwandtschaft hat, die diese Aufgabe für ihn übernehmen könnte. Das hatte ja auch Mr. Shimodas Chef für ihn getan. Die Firma bewilligt Ehestandsdarlehen und besorgt den glücklichen Neuvermählten eine bezuschußte Firmenwohnung.

Mr. Shimoda macht auf die Gefahren solch eines patriarchalischen Systems aufmerksam: »Einmal in einem Betrieb beschäftigt, ist es nahezu unmöglich, dort wieder auszusteigen. Entscheidet man sich aber doch dafür, die Firma zu verlassen, verliert man alle Sozialleistungen, alle Sicherheiten. Deshalb sind wir eine sehr unbewegliche Gesellschaft. Die meisten Leute wissen schon während ihrer Schul- oder Universitätszeit, in welchem Betrieb sie arbeiten wollen, absolvieren die notwendigen Prüfungen und Examen und bleiben dann bis zur Pensionierung ihrer Firma treu. Bis zum Tod fühlen sie sich als Angehörige der Firma. Wir Japaner lieben nun einmal das Gefühl der Identität, das sich durch die enge Verbindung zu einem bestimmten Betrieb einstellt. Wir betrachten die Firma als eine Art erweiterte Familie, und diese Gefühle gelten auch umgekehrt.«

Mr. Shimoda bezog sich hier auf die Allgemeinheit, denn gerade für ihn und seine Kollegen gibt es viel mehr Entscheidungsspielraum. Als Tiefbau-Ingenieur mit großer Erfahrung ist er auf dem Arbeitsmarkt sehr gefragt. »Wenn man Straßen und Brücken in Japan bauen kann, kann man das auch überall sonst auf der Welt.« Noch hat er seine Firma nicht gewechselt, ist auch nicht im Ausland tätig gewesen, »aber ich habe viele Möglichkeiten, und es ist für einen japanischen Ingenieur inzwischen nicht mehr ungewöhnlich, neue Angebote wahrzunehmen und dabei alle Vergünstigungen von der interessierten Firma zu verlangen – und sie dann auch ohne Schwierigkeiten zu bekommen.«

Nicht alle Angehörigen japanischer Betriebe aber ziehen einen Firmenwechsel so emotionslos wie Mr. Shimoda für sich in Betracht. Einer seiner Bekannten, Mr. Tani, kann hier als Beispiel gelten. Er arbeitet für einen mittelgroßen pharmazeutischen Betrieb. Seine gefühlsmäßige Bindung an die Firma ist typisch japanisch – und er fühlt sich dabei wohl und glücklich. Er ist verheiratet, hat zwei Kinder und besitzt ein Haus in einem östlichen Randbezirk Tokios. Da er von seiner Firma für unbestimmte Zeit zur Sendai-Zweigstelle im Norden versetzt worden ist, kann er nur an jedem zweiten Wochenende nach Hause fahren. Trotzdem bleibt es für ihn völlig unverständlich, wenn Ausländer das japanische Geschäftssystem nicht für das beste der Welt halten. »Meine Firma ist eben nicht groß genug, um uns ein Haus zur Verfügung zu stellen, das näher an meiner Arbeitsstätte liegt. Als Ausgleich dafür werden mir aber alle meine Reisekosten und die Telefongespräche mit meiner Frau bezahlt. Mein Gehalt ist gut, und ich werde meinem Vater den Kredit für das Haus in kurzer Zeit voll zurückgezahlt haben. Die Gratifikationen meiner Firma sind zwar nicht so hoch wie bei großen Unternehmen, aber wenn meine Firma expandiert, wird auch mir das finanziell zugute kommen.« Mr. Tani sieht sich am Anfang einer großen Karriere. Er ist stellvertretender Zweigstellenleiter, und demnächst wird er zum Manager einer anderen Zweigstelle befördert werden. Danach will er zur Muttergesellschaft nach Tokio gehen. »Meine Firma wird ständig größer. Die pharmazeutische Industrie hier wird immer noch von den Deutschen beherrscht«, sagt er, »Bayer und Hoechst verfügen über die besten Patente, und sie besitzen den Löwenanteil des wirklich enormen Absatzmarktes. (Die Japaner sind wohl das gesundheitsbeflissenste und hypochondrischste Volk der Welt.) Auch wir haben aber schon einige Eisen im

Zu Hause bei den Tanis. Die Wohnung ist im Gegensatz zu der der Shimodas ganz im traditionellen Stil eingerichtet

Feuer, und in nicht allzu ferner Zeit werden wir die ausländischen Pharmazie-Unternehmen genauso überrunden, wie das bei der Herstellung von Kameras und Uhren der Fall gewesen ist.«

»Natürlich ist es mein größter Ehrgeiz, erster Geschäftsführer meiner Firma zu werden«, lacht er, »und wenn das vielleicht nur ein Luftschloß bleibt, will ich jedenfalls so viel Geld verdienen, daß ich direkt in Tokio leben kann.« Bei den herrschenden Preisen (Tokios Grundstücke sind die teuersten der Welt) wird auch das wahrscheinlich nur ein Traum bleiben. Momentan macht es ihm nichts aus, so weit draußen in Sendai zu arbeiten und nur zweimal im Monat nach Haus fahren zu können. Er hat sich jetzt seinen ersten, kleinen Wagen gekauft, um von den Zugverbindungen unabhängig zu sein.

Nach Mr. Tanis Auffassung kann das Leben nur noch besser werden – er sieht voller Optimismus in eine Zukunft, in der Japan die wirtschaftliche Führungsrolle in der Welt übernommen haben wird: durch hart arbeitende Leute wie ihn.

›Zwei Männer, einander in höherer Stellung vermutend, begegnen sich‹, würde Paul Klee dieses Bild betiteln

Etikette

Ein Deutscher, der in Tokio lebt, nannte uns einmal die acht wichtigsten japanischen Gebote:
1. Du sollst dein Gesicht nicht verlieren und auch nicht schuld daran sein, daß dein Nachbar sein Gesicht verliert.
2. Du sollst nicht immerzu sagen, was du fühlst.
3. Du sollst weder Zorn noch Freudenausbrüche zeigen.
4. Du sollst stets um eine glatte Oberfläche bemüht sein.
5. Du sollst niemals den Eindruck erwecken, als seiest du einer Sache sicher.
6. Als Reisender sollst du um jeden Preis der Versuchung zur Kritik widerstehen.
7. Du sollst nie jemand in Anwesenheit Gleichrangiger tadeln.

8   Du sollst stets demütig wirken, selbst wenn du es nicht bist.

In praxi soll man sich also in den Augen Dritter ständig selbst herabsetzen und die eigenen Verdienste schmälern. Die Japaner begrüßen sich nicht mit einem Händeschütteln (körperliche Berührung wird vermieden), sondern verbeugen sich, jeder möglichst noch tiefer als sein Gegenüber, um auf diese Weise zu bekunden, daß sie den anderen für überlegen halten. Aus dem gleichen Grund entschuldigen sie sich noch öfter als die Engländer und reden von sich selbst, ihren Frauen und all ihrem Besitz als ›unwert‹. Da sie ungern die Aufmerksamkeit auf sich lenken, ist es schwierig, ein wirklich offenes Gespräch zu führen, selbst mit einem engen Freund.

GEISHAS

Als erstes wird der japanische Reiseleiter den ausländischen Touristen über einige weitverbreitete Irrtümer aufklären: Der Fuji ist nicht von allen Teilen Japans aus zu sehen; die Kirschblüten entfalten ihre Pracht nur 14 Tage im Jahr, und die Geishas sind keine Prostituierten.

Genau. Geisha bedeutet ›Person der Künste‹ – also Künstlerin. Sie verkauft ihre Fertigkeiten im Singen und Tanzen, nicht aber ihren Körper. Jahrelang wurde sie in der Kunst des Musizierens unterwiesen, mußte Lieder und Melodien lernen, hatte Talent und Energie aufzubringen, um den leichten Ton einer geistreichen und anmutigen Konversation zu treffen, die nicht mehr als spielerischer Zeitvertreib sein will.

Es gibt etwa 60000 amtlich registrierte Geishas in Japan. Der Jahresverdienst der besten unter ihnen entspricht dem eines Generaldirektors. In einem Land, in dem vorbestimmte Ehen noch üblich sind, gehen die Männer ohne ihre Frauen aus. Sie wollen sich, aus geschäftlichen oder persönlichen Gründen, von Geishas unterhalten lassen. Die begehrtesten Geishas Tokios arbeiten in den Bezirken Shimbashi, Akasaka und Yanagibashi. Es gibt spezielle Agenturen, die die Mädchen vermitteln. Ihnen stehen auch die selten gewordenen Rikschas zur Verfügung. Nach Ablauf der vereinbarten Zeitspanne rufen die Vermittlungsagenturen den Kunden an. Die Rechnung wird später zugestellt.

Aufgabe der Geishas ist es, das Eis zu brechen: In Japan, wo eine entspannte Unterhaltung selbst unter Freunden nur schwer möglich ist, sorgen Geishas für eine angenehme Atmosphäre, die zu persönlichem Näherkommen und zu Geschäftsverhandlungen einlädt. Die Geisha singt und tanzt nicht nur, sie hat auch Scherze bereit und bedient sich sogar milder Anzüglichkeiten, um ihre Aufgabe zu erfüllen.

Geishas unterscheiden sich auch äußerlich von gewöhnlichen Sterblichen. Ihre Kimonos sind exquisit, ihre Frisuren oder Perücken kunstvoll arrangiert, ihr Gesicht ist weiß geschminkt. Sie haben einen eigenartig tippelnden Gang – Ausdruck höchster Anmut.

Früher kümmerte sich jede Geisha nur um einen Gast, heutzutage nimmt sie sich mehrerer Kunden an. Sie reicht Sake und ist den Herren sogar beim Essen behilflich. Es ist den Geishas zu verdanken, wenn ein förmliches Treffen zwischen Geschäftsleuten damit endet, daß die Männer fröhlich und ein bißchen angetrunken ihre Hemdsärmel hochgerollt haben und bereit sind, ihr Vermögen für eine Liebesnacht mit einem Mädchen zu opfern. Die Geishas freilich werden von den Rikschas zum festgesetzten Zeitpunkt abgeholt, und die Kunden müssen ihre Wünsche andernorts zu befriedigen suchen – gewöhnlich in der nächstbesten Bar oder im Kabarett.

Wie alle japanischen Künstler mußten die Geishas früher eine lange Ausbildungszeit hinter sich bringen. Viele begannen im Alter von sieben Jahren als Dienerin einer qualifizierten Geisha. Andere nahmen Privatunterricht und wurden vierzehn- oder fünfzehnjährig von offiziell anerkannten Geisha-Häusern übernommen. Durch die Schulpflicht beginnt die Ausbildung heutzutage später. Oftmals sind es Töchter von Geishas, die nach Schulabschluß im Geisha-Haus Aufnahme finden, bis sie ›minarai‹ oder ›oshaku‹ – Weinserviererinnen – werden. Gewöhnlich sind sie dann sechzehn oder siebzehn Jahre alt. Sie reichen das Essen, singen und tanzen, dürfen aber an der Konversation noch nicht teilnehmen.

Nach Abschluß ihrer Ausbildung stellen sie sich in jedem Geisha-Haus ihres Bezirkes persönlich vor, um sich als Geisha bekannt zu machen. Gleichzeitig legen sie sich einen Berufsnamen zu; sehr beliebt sind Wortverbindungen, in denen die Begriffe Kirsche, Pfirsich oder Schnee enthalten sind. Weitere fünf Jahre bleiben sie nun noch in dem Haus, in dem sie ihre Lehre absolvierten, um ihre Schulden zurückzuzahlen. Danach arbeiten sie oft freiberuflich und auf eigene Rechnung.

Vor etwa fünfzehn Jahren nahmen wir an einer sehr illustren Geisha-Party teil. Sie wurde zu Ehren der französischen Schauspielerin Françoise Arnoul gegeben. Die Geishas schenkten teuren Whisky, Bier und Sake aus. Sie redeten mit lauten Party-Stimmen und lachten grundsätzlich über alles, was

Geishas bei einem Festessen (historisches Photo)

gesagt wurde. Unter ihnen befand sich eine etwa sechzigjährige Frau. Ihr graues Haar war ordentlich zu einem Knoten aufgesteckt, und völlig ungeschminkt wie sie war, schien sie keine Geisha zu sein. Ihren betont zurückhaltenden Kimono trug sie mit ungezwungener Eleganz.

Doch sie war eine Geisha; eine sehr berühmte sogar. So berühmt, daß sie es nicht nötig hatte, sich in der traditionellen Aufmachung zu präsentieren. Sie war gebildet, plauderte geistreich und charmant. Ihr Gesang war erstklassig, und ihr spezieller Party-Gag kam völlig unerwartet: Sie griff nach einer halbvollen Flasche Johnny Walker, führte sie an die Lippen und leerte sie unter allgemeinem Beifall in einem Zug. Die Party dauerte noch zwei Stunden – sie ging so nüchtern, wie sie gekommen war.

Eines der jungen Mädchen auf der Party war rundlich, zarthäutig und trug einen weißen Kimono. Sie sah aus wie eine junge Dame aus guter Familie, die zu einem Theaterbesuch geht. Die Party gefiel ihr – sie war guter Laune, doch schien sie sich in ihrem Kimono nicht ganz wohl zu fühlen; einmal hatte sie sogar einen Krampf im Fuß und fiel hin. Es war klar, daß sie keine Geisha war. Wie sich herausstellte, handelte es sich um die Tochter der alten Dame. Sie hatte nach ihrem College-Abschluß einmal vorfühlen wollen, ob sie an dem Beruf ihrer Mutter Gefallen finden könnte. Ein Freund von uns und guter Tokio-Kenner beugte sich herüber und fragte mit gedämpfter Stimme, ob wir nicht eine Ähnlichkeit zwischen dem Mädchen und den Töchtern des Kaisers bemerkt hätten? Wir hatten. Die Ähnlichkeit war unverkennbar. Ebenso eindeutig war die unausgesprochene Schlußfolgerung, die in der Frage mitschwang.

Später erfuhren wir, daß die Grande Dame neun Kinder von neun verschiedenen Männern zur Welt gebracht hatte, die alle reich genug waren, um ihrem illegitimen Nachwuchs eine erstklassige Erziehung zu ermöglichen.

Zurück zum Ausgangspunkt. Eine Geisha ist eine Künstlerin, keine Prostituierte. Was nicht bedeutet, daß sie grundsätzlich nie mit ihren Kunden schläft oder sich ihrer sexuellen Anziehungskraft nicht auch rühmt. Aber nie würde sie sich, nur um eines hohen Honorars wegen, verkaufen – sie schenkt ihre Gunst nur einer ausgewählten Klientel und nur, wenn es ihr selbst Spaß macht.

Nach der Ausbildung unterzieht sie sich dem ›mizu-age‹, dem Akt des Deflorierens. Die Umschreibung dafür lautet: ›das Wasser aus dem Brunnen pumpen‹. Für die Nacht der Entjungferung muß der Kunde tief in die Tasche greifen: Er finanziert damit die ersten Raten fürs Haus. Viele Geishas wissen das zu schätzen – sie inszenieren mehrere ›mizu-age‹.

Um noch einmal auf die berühmte alte Geisha zurückzukommen: Sehr diskret und geschickt, hatte sie sich nur von einigen wenigen, sehr einflußreichen Männern aushalten lassen. Sie ist gewiß keine Prostituierte im übli-

Geisha in einer Kabuki-Vorstellung

chen Sinne gewesen, als Königin der Geishas wurde sie vielmehr über vierzig Jahre hinweg überall geachtet und bewundert. Es lohnte sich für ihren Kundenkreis, sie zusammen mit einigen jüngeren Mädchen einzuladen, selbst wenn es nur für eine Stunde war. Es kostete zwar ein Vermögen, aber ihre Anwesenheit machte jede Party zu etwas Besonderem.

Die Geishas von heute stehen in einer langen Tradition von Männern und Frauen, die in Restaurants, Palästen und Bordellen für die Unterhaltung der Gäste sorgten. Japans Gesellschaft war nicht immer so männerorientiert wie heute, aber auch früher war der Frau ein Platz in Haus und Familie zugewiesen. Damals zeigten sich Prostituierte, mögen sie auch noch so berühmt gewesen sein, allerdings niemals in der Öffentlichkeit. Es waren Tänzer, Musiker und Puppenspielergruppen, die bei gesellschaftlichen Anlässen die Unterhaltung bestritten, und den Frauen unter ihnen fiel die Aufgabe zu, die männlichen Kunden so in Zaum zu halten, daß sie nicht derb oder ausfällig wurden.

Es ist interessant, daß im 18. und 19. Jahrhundert die Bordell-Prostituierten keine ausgebildeten Unterhaltungskünstlerinnen waren. Zu den Festivitäten im Freudenhaus wurden Geishas eingeladen, um zu tanzen und zu musizieren.

Es war den Geishas strikt untersagt, die Nacht im Bordell zu verbringen; sie durften auch nicht im Vergnügungsviertel wohnen. Es herrschte genaue Arbeitsteilung: Die Geishas hatten eine Aufgabe, die Prostituierten eine andere. Aber dem Verbot nach zu schließen, müssen Geishas wohl auch den Prostituierten ins Handwerk gepfuscht haben, um ihre Bezahlung aufzubessern.

Die Lüge der Prostituierten:
›Ich liebe dich‹.
Die Lüge der Geisha:
›Ich schlafe nicht mit Kunden‹.

Dieses geflügelte Wort aus dem 18. Jahrhundert entspricht auch heute noch der Wahrheit.

Die Jahre vor und nach der Meiji-Restauration 1867/68 waren das Goldene Zeitalter der Geishas. Viele Männer, die sich aktiv für die Wiederherstellung der kaiserlichen Macht eingesetzt hatten, waren besitzlose Samurai. Sie versammelten sich in den großen Städten und hielten ihre geheimen Treffen in Teehäusern ab – unter dem Vorwand, ein Fest zu feiern. Geishas wurden bestellt. Sie verliebten sich in die hitzigen Revolutionäre; einige heirateten. Romanzen nach Maß nahmen ihren Lauf. Durch ihre Männer beeinflußten diese Geishas auch politische Entscheidungen.

Mit Antritt der neuen Regierung gab es neue Gesetze für alle Lebensbereiche. Eine Abgrenzung der Aufgaben von Geishas und Kurtisanen wurde per Dekret festgelegt. Eine Kurtisane, die auch singen und tanzen konnte,

Geisha. Detail aus einem Holzblockdruck von Kunisada

blieb unbehelligt – der Geisha, die ihren Körper anbot, drohten strenge Strafmaßnahmen.

Das gilt noch heute – Geishas bilden einen wichtigen Bestandteil des traditionellen japanischen Lebensstils. Sie können so berühmt und so reich wie ein Filmstar werden. Sollten Sie zu einer Geisha-Party geladen werden, können Sie sich glücklich schätzen. Seien Sie sich der Ehre bewußt und bezeugen Sie ihren Unterhaltungskünstlerinnen Respekt. Sie haben bestimmt mehr Geld als Sie.

sex

SEX JACK
6月16日大公開
上野名画座
セックス百科事典
成人映画 3本立
セックス色極道
アベックベッド
デパート
たばこ
セントラル
名画座
レコード
上野名画座

Wenn Sie sich in den Buchläden Tokios umschauen, stoßen Sie überall auf Bücher und Magazine, die mit SM betitelt sind. SM ist die Abkürzung für Sadomasochismus – die Geschichten erzählen von Hörigkeit, Kasteiung und Bestrafung. Photoserien zeigen halbnackte Frauen, gefesselt, geknebelt, gefoltert, die mit verzerrten Gliedmaßen unter den Peitschenhieben ihrer grausamen Peiniger mühsam um Atem ringen. Blicken Sie Ihrem Nachbarn in der U-Bahn über die Schulter, um in sein Comic-Heft zu schielen, kann es passieren, daß Ihnen hochdramatische Versionen der schönsten Beschäftigung ins Auge schreien oder schalkhafte Versionen mit japanischen Ehemännern, die sich zu Haus mit und an ihren Frauen vergnügen. Bei einem Spaziergang durch Asakusa, Ueno oder Shinjuku fallen besonders die Filmankündigungen und Poster der Sex-Kinos auf, die in Japan ›pink movies‹ genannt werden. Die sexuelle Derbheit und Brutalität mag schon schockierend sein, oft tarnt sie sich mit pseudowissenschaftlichen Titeln: ›Die Geschichte der Frauenfolter im 19. Jahrhundert‹ ist ein besonders typisches Beispiel.

Das Erstaunen über die öffentliche Zurschaustellung aller möglichen Arten von Sexualität legt sich etwas, wenn man das Phänomen im Rahmen der japanischen Kulturgeschichte betrachtet. Die städtische, handelsorientierte Gesellschaft, die sich während des 17. Jahrhunderts in Tokio, dem früheren Edo, herausbildete, brachte eine der freizügigsten Kulturen der Welt hervor. Erotica und Holzschnitte bezeugen die rege Beschäftigung der Bewohner Edos mit fleischlichen Annehmlichkeiten und ihre ausgeprägte Neigung, sich die Zeit mit variationsreichen sexuellen Spielereien zu vertreiben. Unbehindert durch die einengenden Vorschriften eines christlichen Moralkodex wurden Liebe, Erotik, Sex glorifiziert und zelebriert. Der offizielle Bordell-Distrikt Yoshiwara (vgl. S. 130 ff.) und die unzähligen nicht-amtlichen Vergnügungsviertel waren Freistätten einer Lust ohne Scham und Reue. Dort wurden die Prostituierten, die alle, angefangen vom besseren Straßenmädchen bis zur berühmten Kurtisane, Jahre brauchten, um ihre Kunstfertigkeit zu verfeinern, von den japanischen Männern mit Wissen und Billigung ihrer Ehefrauen in Anspruch genommen.

In den fünfziger Jahren wurde der Yoshiwara-Bezirk von der puritanisch gesitteten amerikanischen Besatzungsmacht geschlossen, und Prostitution wurde als illegal verfolgt. Seitdem gibt es in Tokio und in Japan eine Doppelmoral, genauso unvernünftig und absurd wie in einigen Teilen Europas. Sie treibt erstaunliche Sumpfblüten.

Betrachten Sie die Bücher, Hefte und Comics einmal genauer, die Sie überall, in jedem Buchladen, an jedem U-Bahn-Kiosk, finden. Nichts mehr bleibt hier der Phantasie überlassen. Nur noch der Genital-Bereich wird diskret verdeckt; entweder durch sorgfältiges Arrangement der Gliedmaßen oder durch schwarze oder weiße Balken, die die Zensur schamhaft-

Sex-Filmplakat. Versprochen werden u. a. ›Rauhe Liebestriebe‹ ▷

白布は御向什市になっています（料金同し）

裂け目を狙え

相抱く性魂

ただれた愛欲

scheinhaft einsetzt. Vergleichen Sie die japanische Playboy-Version mit der importierten amerikanischen: Bei den nackten Damen Amerikas, antiseptisch und kühl wie üblich, scheinen die schwarzen Dreiecke bestimmte Körperregionen ersetzt zu haben. Ihre japanischen Schwestern hingegen sind verspielter und weniger nackt, zeigen nie Aufregendes und sind deshalb, unlogisch, aber konsequent, wesentlich suggestiver. Bei den Comics, die in großer Anzahl von den japanischen Männern gelesen werden, herrscht dagegen simple Direktheit vor – der Akt ist eindeutig. Schweiß und andere Säfte fließen in Strömen. Die Phantasie, das Spiel der Imagination, ist außer Kraft gesetzt, sie kommt nur da wieder zu ihrem Recht, wo krude Symbolik anderes meint und intime Begegnungen gewisser Gemüsesorten mit Schalenweichtieren, zum Beispiel die enge Personalunion zwischen Aubergine und Muschel, Reizsignale geben sollen.

Sehen Sie sich einen der Filme an, deren Titel so ungeahnte Lockungen versprechen, so werden Sie feststellen, daß einer der Hauptdarsteller ein schwarzer Balken ist, der auch während der erregtesten Hopserei niemals seinen Magnetpol verläßt. Freunde von uns, die die ungekürzte japanische Fassung von ›Deep Throat‹ in Tokio sahen, fanden sie viel witziger als die europäische, jungfräulich-gekürzte Version, denn beim japanischen Vergnügen war der kleine schwarze Balken immer dabei. Den japanischen Film ›Im Reich der Sinne‹, der in Europa als filmisches Meisterwerk gepriesen wird, kann man in seinem Ursprungsland nur gekürzt, verstümmelt und zensiert sehen. Er ist dadurch auf völlige Bedeutungslosigkeit reduziert.

Ernst zu nehmende Texte, die sich mit Shunga, den klassischen erotischen Drucken von so berühmten Künstlern wie Harunobu, Utamaro und Hokusai befassen, sind alle zensiert; die schwarzen Balken tauchen unvermeidlich überall dort auf, wo es interessant werden könnte. Die Ironie der ganzen Angelegenheit wird deutlich, wenn sich japanische Geschäftsleute mit unzensierten Shunga-Reproduktionen brüsten, die sie in Amerika und Europa gekauft haben und mit List und Tücke nach Japan einschmuggeln konnten.

Die Doppelbödigkeit in der Einstellung zur Sexualität, das Nebeneinander von prüder Zensur und Libertinage kann den Tokio-Reisenden schon verwirren. Ehefrauen geben mit heiterer Miene zu, daß ihre Männer sich andernorts vergnügen. Homosexualität ist kein Tabu, und einige Fernsehprogramme offerieren Pikanterien, die in Europa undenkbar wären. Um 23.15 Uhr wird in Tokio an jedem Werktag über Kanal 4 die ›Wide Show‹ ausgestrahlt, die zur ›Pink Mood‹ (Rosa Stimmung) animiert. Das Programm ähnelt größtenteils den banalen deutschen Talk Shows, allerdings wird es aufgepeppt durch regelmäßige Striptease-Darbietungen, die in ihrer Eindeutigkeit keinen Wunsch mehr offen lassen. Die Nichigeki Music Hall präsentiert jede Nacht die wohl berühmteste Show ihrer Art in Japan

新年ゲスト・スペシャル
哀しい女

●遺産相続で争う親族の前に突如あらわれた喪服の美人 彼女の出現の謎は!?

原作・谷 あく斗
劇画・入倉ひろし

Japanische Comics behandeln gern sexuelle Themen, und zwar in einer Mischung aus Prüderie und Brutalität. Oben ein Titelblatt, rechts eine Bildszene

und die balkenfreudige Zensur stellt sich in diesem Fall blind und taub.

Ein blühender Geschäftszweig ist – obwohl offiziell verboten – die Prostitution. Die hohen Spesensätze japanischer Geschäftsleute verschwinden oft innerhalb weniger Stunden in den Tausenden von Bars mit Hostessen-Service oder in türkischen Bädern mit weiblicher Bedienung. Eine speziell japanische Einrichtung floriert ebenfalls sehr gut: das Stunden- oder Kurzzeithotel. Solche Hotels finden sich meistens in guter Stadtlage und sind wohlbekannt. In allen Stadtteilen Tokios,

(Farbabb. 44). Sie ist das fernöstliche Äquivalent zu den Folies-Bergère – nichts ist anstößig oder vulgär –, eine Show, zu der man seine Ehefrau gern mitnimmt.

Schmalbrüstig, kleinwüchsig und oben-ohne tanzen die japanischen Girls energiegeladen und ausdauernd in Flitter- und Federkostümchen. Tänzerinnen in traditionellen Kostümen vollführen einen ›Kimono-Strip‹. Es gibt aber auch Revuenummern, die Obszönität und Sadismus mehr als nur andeuten: ritualisierten Gruppensex mit schwingenden Fahrradketten, Metall- und Lederaccessoires. Die japanische Lustbereitschaft scheint sich durch Brutalität und Schmerz zu steigern,

Nachtlokale, wie es sie zu Tausenden in Tokio gibt

besonders häufig aber in Meguro, stößt man auf Brüder-Grimm- oder Disneyland-Schlösser mit anheimelnden Lämpchen und üppigen Blumenkästen: Alte-Welt-Idyllen als Liebeshotels. Die Zimmer werden stundenweise oder für eine ganze Nacht vermietet. ›Pink movies‹ stacheln die schläfrigen Sinne an. Man kann sich über Video selbst agieren sehen; bei simuliertem Seegang rollen und schwingen die Betten, und Spiegelwände und Decken vervielfachen Interieur, Stimmung und Stimulanz.

Die Liebeshotels sollten aber nicht mit Bordellen verwechselt werden. Sie sind für die Allgemeinheit da. Tokio ist überbevölkert. Für junge Paare, die bei ihren Eltern wohnen, stellen diese gutbürgerlichen Absteigen die einzige Möglichkeit dar, für ein paar Stunden allein zu sein. Das gleiche gilt auch für die Eltern, die in drangvoller Enge mit Kindern und Verwandten leben und sich kaum auf ihrem Lager umdrehen können, ohne den gesamten Haushalt zu wecken.

Rigorose Zensur auf der einen Seite, verblüffende Freizügigkeit auf der anderen: ein Paradoxon von vielen, das das Leben in Japan charakterisiert. Oder kennen Sie Frauen in Europa, die bereitwillig über die Geliebten ihrer Männer Auskunft geben? Haben Sie je von einem westlichen Premierminister gehört, dessen Gespielinnen öffentlich bekannt sind und deren Namen und Photographien täglich in der Presse erscheinen – ohne einen Skandal zu erregen?

RYOKANS
traditionelle japanische Herbergen

Nun einige Worte zu den Ryokans. Sie können in diesen Japanhotels einen Eindruck vom traditionellen Lebensstil des Landes erhalten, sollten aber wissen, was Sie erwartet, bevor Sie sich auf das Abenteuer einer Übernachtung einlassen.

Bei Ihrer Ankunft ziehen Sie die Schuhe aus und lassen sie am Eingang zurück. Hausschuhe stehen für Sie bereit. Ihr Zimmer ist im japanischen Stil eingerichtet und dekoriert. Der Boden ist mit Tatami-Matten bedeckt, und hinter einer Schiebetür eröffnet sich in vielen Fällen der Blick auf einen Miniaturgarten vor dem Zimmer. Es wird zwar einen niedrigen Tisch, aber keine Stühle geben: Man sitzt auf flachen Kissen auf dem Boden. Der Raum mag streng, ja sogar kahl erscheinen, und der einzige Schmuck ist möglicherweise ein kleines Bild oder ein Blumengesteck in einer Nische. In diesem Raum wohnen, essen und schlafen Sie. Abends wird das Zimmermädchen Ihnen das Essen servieren und dann das Bett bereiten, das tagsüber in einem geräumigen Fach in der Wand aufbewahrt wird. Es besteht aus einer flachen Matratze, einem dünnen, harten Kissen und einer Steppdecke. Das alles wird auf dem Boden ausgebreitet. So auf dem Boden zu schlafen ist bequemer, als es klingt, denn die Tatami-Matten sind eine elastische Unterlage.

Sie können natürlich zu jeder Tageszeit im Ryokan ankommen, aber es ist üblich, dort abends einzutreffen und dann vor dem Abendessen noch ein Bad zu nehmen. Einige Zimmer haben ein eigenes Bad, aber in den meisten Fällen werden Sie Ihr Zimmer verlassen müssen, um ein kleines Bad oder ein größeres Gemeinschaftsbad aufzusuchen. Ihr Zimmermädchen wird Ihnen hilfreich den Weg zeigen. Vgl. S. 173.

Das Mädchen wird Ihnen normalerweise japanisches Essen in Ihrem Zimmer servieren (Frühstück und Abendessen sind übrigens im Preis einbegriffen), obwohl Sie auch einfache westliche Speisen bestellen können. Dies empfiehlt sich jedoch nicht, da die Köche in den Ryokans ganz entschieden keine Meister ausländischer Kochkunst sind.

Nach dem Abendessen wird man Ihnen das Bett bereiten, und Sie können eine Massage bestellen, da die meisten Ryokans regelmäßig die Dienste

Ryokan in Hakone, einem der beliebtesten japanischen Ferienzentren (historisches Photo). Die Bauweise der Ryokans hat sich bis heute erhalten

einer Massageagentur in Anspruch nehmen. Diese sanfte japanische Tortur kann bis zu einer Stunde dauern, und Sie werden danach garantiert so gut schlafen wie nie zuvor.

Am nächsten Morgen wird das Zimmermädchen Sie mit dem Frühstück wecken. Auch in diesem Fall empfiehlt es sich nicht, auf einem westlichen Frühstück zu bestehen, wiewohl das japanische Frühstück mit seinem gebratenen Fisch, den sauren Pflaumen und den Schalen mit exotisch duftender Suppe nicht nach jedermanns Geschmack ist. Alles in allem ist es jedoch kalt gewordenen Spiegeleiern mit einem harten Stück Schinken in der Mitte vorzuziehen.

Normalerweise räumt man das Zimmer in einem Ryokan zwischen 10.00 und 11.00 Uhr. Obwohl Frühstück und Abendessen in der Regel im Zimmerpreis einbegriffen sind, können Sie ein Zimmer ohne Verpflegung und dafür einen Preisnachlaß von 10 bis 20% verlangen.

Vgl. Gelber Teil, S. 238 ff.

Bäder und was Sie darüber wissen sollten

Schlagen Sie sich die in Hollywood-Filmen verbreitete Version eines japanischen Badezeremoniells aus dem Kopf. Das aus Felsen gehauene Bad, so groß wie das Mittelfeld eines Fußballplatzes, bis zum Rande mit dampfend heißem Quellwasser gefüllt und von kunstvoll arrangierten stilvollen Farnen umgeben, in dem sich, was das Wichtigste ist, eine Schar nackter Schönheiten mit mandelförmigen Augen und silberhellem Gelächter tummelt, gibt es auf der Leinwand, aber nicht in Wirklichkeit (zumindest, soweit uns bekannt ist).

Die Wirklichkeit ist etwas prosaischer, aber für die Sinne nicht weniger befriedigend. Und sie unterscheidet sich grundlegend von allem, was man in Europa kennt. Das japanische Badezimmer hat einen gekachelten Boden mit einem Abfluß, und die Badewanne selbst, die aus Plastik, Eisen, Kacheln oder, wenn Sie Glück haben, aus Kiefernholz besteht, ist fast immer viereckig und genauso breit wie tief. Meistens wird sie von unten beheizt, so daß das Wasser in der Wanne selbst zum Kochen gebracht werden kann. Auch wo dies nicht der Fall ist, läuft das Wasser praktisch kochend heiß aus dem Hahn.

Wenn Sie ein Bad nehmen, sollten Sie nicht Ihre Kleider ablegen und sich unmittelbar in die Wanne stürzen. Das wäre gegen die Landessitte und in den Augen der Tokioter unhygienisch. Der Sinn des japanischen Bades besteht gerade *nicht* in der Reinigung. Sie strecken sich erst dann wohlig und erwartungsvoll in dem dampfenden Wasser aus, *nachdem* Sie Ihren Körper gewaschen und geschrubbt und den Schmutz aus jeder Pore entfernt haben. Anders gesagt, die Badewanne ist nicht zum Waschen da. Zum Waschen setzen Sie sich vielmehr auf einen niedrigen Stuhl neben der Wanne und übergießen sich mit Wasser, das Sie mit einer Schale oder einem Eimer aus dem bereits vollen Bad schöpfen.

Lassen Sie nach dem Bad das Wasser nicht aus der Wanne, sondern säubern Sie nur kurz die Kacheln außerhalb, denn es könnte durchaus sein, daß jemand nach Ihnen in dem gleichen Wasser zu baden beabsichtigt.

Es ist üblich, das Bad abends nicht allzu lange vor dem Zubettgehen zu nehmen und nach altem Brauch danach in einen Baumwollkimono zu schlüpfen – den ›yukata‹ im Sommer und den dickeren ›dotera‹ im Winter. Baden zu zweit ist durchaus gebräuchlich, wobei man einander beim Schrubben und Waschen behilflich ist, bevor es in die Wanne geht. Auch Gemeinschaftsbäder in Hotels sind keine Seltenheit, obwohl die meisten nach Geschlechtern getrennt sind. Die meisten großen Hotels haben in jedem Zimmer ein Badezimmer im westlichen Stil, stellen auf Anfrage aber auch japanische Badeeinrichtungen zur Verfügung.

Geheimnisse der Speisekarte

Feinschmecker behaupten, die japanische Küche gehöre zu den besten der Welt, womit sie vielleicht im Grunde sagen wollen, daß sie zu den am wenigsten bekannten gehört. Sicherlich werden die weniger Kundigen, deren Gaumen nur zwischen Schweinefleisch und Kartoffeln unterscheiden kann, das japanische Essen für wenig ansprechend und eintönig halten. Der Europäer, der an große Mengen von Fleisch und Kohlehydraten gewöhnt ist, wird in Verzweiflung geraten und möglicherweise an Entzugserscheinungen leiden. Den allzu Empfindlichen wiederum wird die Vorstellung schrecken, rohen Fisch, ungekochte Chrysanthemenblätter und Blumen zu verzehren. Wenn Sie in Tokio jedoch eher widerwillig einen hauchdünn geschnittenen Streifen Tintenfisch oder Calamares kosten, sollten Sie sich daran erinnern, daß schließlich Austern bei uns nicht nur roh gegessen werden, sondern zu diesem Zeitpunkt oft noch leben.

Ganz unabhängig von Ihren kulinarischen Neigungen werden Sie japanisch essen *müssen,* wenn Sie nicht willens sind, ein kleines Vermögen für oft schlecht zubereitetes Essen im westlichen Stil auszugeben. Aber trösten Sie sich. Schon manche Zunge fand an dieser Küche Geschmack, und vielleicht wünschen Sie sich nach Tokio, es gäbe auch in Ihrer Heimatstadt ein japanisches Restaurant. Außerdem werden Sie auf diese Weise etwas kennenlernen, das zu den typischen Besonderheiten Japans gehört.

Der japanischen Küche am engsten verwandt ist die chinesische, obwohl es sich eher um einen Vetter zweiten Grades als um einen direkten Abkömmling handelt. Verpflanzen Sie die chinesischen Zubereitungsmethoden auf eine Gruppe bergiger Inseln, denen es an fruchtbarem und ertragreichem Land und damit an einer Vielzahl von Zutaten mangelt, und Sie haben nach einigen Jahrhunderten der Abänderung und Anpassung die japanische Küche.

Was die chinesische mit der japanischen Küche immer noch verbindet, ist die schnelle Zubereitung, die überragende Bedeutung von Reis und Sojabohnenprodukten, das Fehlen jeglicher Milcherzeugnisse und die Gewohnheit, alles in kleine, mundgerechte Stücke zu zerschneiden, weil mit Stäbchen gegessen wird.

Die japanischen Zutaten unterscheiden sich allerdings oft von den chinesischen. Fisch tritt an die Stelle des in chinesischen Gerichten so beliebten Schweinefleischs, und Tang, der wirklich köstlich schmeckt, kommt als wichtige Ergänzung zu einigen Gemüsesorten hinzu.

Es gibt im wesentlichen zwei Arten von japanischen Gerichten: erstens die vollständige Mahlzeit, die auf einem Tablett serviert wird; zweitens verschiedene Zutaten, die Sie selbst am Tisch über einer kleinen Gas- oder Spiritusflamme zubereiten. Gekochter weißer Reis und Tee gehören zu fast

Verkäufer von Tintenfischen und Lachs

jeder Mahlzeit und können normalerweise ohne Aufschlag in unbegrenzten Mengen verzehrt werden.

Das japanische Essen spricht das Auge ebenso wie den Gaumen an. Die verschiedenen Speisen sind farblich sorgfältig aufeinander abgestimmt, und das Essen wird in kleinen, verschieden geformten Gefäßen und mit einem ausgeprägten Sinn für ästhetisch ansprechende Zusammenstellung serviert. Beim Essen werden Sie feine Unterschiede in der äußeren Beschaffenheit der aufeinanderfolgenden Speisen feststellen, die genauso bedeutsam sind wie die oft kaum wahrnehmbaren Unterschiede im Geschmack. Alles wird in kleinen, mundgerechten Stücken serviert, die zudem oft in komplizierte und elegante Formen geschnitten sind.

Einfacher gekochter Reis ist das japanische Grundnahrungsmittel; am besten ißt man nach jedem Bissen einer beliebigen Speise ein wenig Reis. Vermischen Sie den Reis nicht mit dem anderen Essen, sondern lassen Sie ihn in einer Schale, die Sie in ihrer linken Hand halten und zum Mund führen können, damit Ihnen das Essen mit den Stäbchen leichter fällt.

Trotz allem, was Sie über die japanischen Rinder gelesen haben, die mit Bier gefüttert und massiert werden (und das japanische Rindfleisch ist tatsächlich das beste der Welt), spielt Rindfleisch im besonderen und Fleisch im allgemeinen keine große Rolle in der traditionellen japanischen Küche, in der auch Butter, Käse und andere Milchprodukte unbekannt waren, bevor sie von den ausländischen ›Barbaren‹ eingeführt wurden. Statt dessen werden Fisch und Gemüse auf jede nur erdenkliche Weise zubereitet; zu den wichtigsten Gemüsesorten gehört die Sojabohne mit ihren Nebenprodukten. Als Beispiel wäre ›tofu‹ zu nennen, ein Sojabohnenquark in weichen cremeartigen Stücken, die so aussehen wie Karamelpudding, aber keineswegs so schmecken.

Es braucht Sie nicht zu beunruhigen, daß Sie die Speisekarte nicht lesen können. In Glaskästen oder in den Fenstern der meisten Restaurants sind wächserne Modelle der Speisen ausgestellt, die echte kleine Kunstwerke sind; zeigen Sie der Kellnerin einfach, welche Speise Sie wünschen, oder nennen Sie die entsprechende Nummer. Wir haben im folgenden der Beschreibung eines jeden Gerichts das japanische Schriftzeichen hinzugefügt, so daß Sie sich im Notfall damit weiterhelfen können.

Es folgen einige der bekanntesten japanischen Gerichte:

Tempura 天ぷら ist ein Gericht, das in dünnen Rührteig getunkt und in Öl gebraten wird. Der Name stammt angeblich von dem portugiesischen ›tempora‹, das einst (als die Portugiesen im Japan des 16. Jahrhunderts eine wichtige Rolle spielten) auf die tempora oder Zeit verwies, in der kein Fleisch gegessen werden sollte, mit anderen Worten: auf den Freitag. Kleine Stücke Fisch und Gemüse (wozu oft Lotoswurzeln, Auberginen und Paprika gehören) werden getrennt geschmort und wandern glühend heiß auf Ihren Teller. Die dazugehörige Soße bereiten Sie selbst zu. Geriebener Rettich und Ingwer werden in ein kleines Gefäß gefüllt, und Sie vermischen diese Gewürze mit etwas Sojasoße aus einer Flasche.

Sushi すし besteht aus einem kleinen Stück rohen Fisch auf oder in einem kalten, mit Essig gewürzten Reisbällchen, das bisweilen in einen dunkelgrünen getrockneten Tangstreifen von papierartiger Beschaffenheit gehüllt ist. Das Ganze schmeckt sehr viel besser, als es klingt. Essen Sie Sushi mit den Fingern und tauchen Sie zuvor jedes Reisbällchen in etwas Sojasoße.

Zweimal Sashimi, ein japanisches Gericht mit rohem Fisch

Sashimi 刺身 ist in dünne Scheiben geschnittener roher Fisch, der mit Stäbchen gegessen wird. Tunken Sie jedes Stück in die Soße, die Sie sich, wie bei Tempura, selbst zubereiten. Zu Sashimi gehören meistens Tintenfisch, Thunfisch und einige andere Fischarten, die wegen ihrer unterschiedlichen Beschaffenheit und Farbe sowie wegen ihrer Geschmacksnuancen ausgewählt werden. Dieses Gericht kann gar nicht warm genug empfohlen werden.

Soba そば und **Udon** うどん sind zwei japanische Nudelgerichte; der eine Teig ist aus Buchweizen zubereitet, der andere aus Weizen. Die beiden Gerichte werden normalerweise in einer großen Schale in einer Brühe serviert, die manchmal Gemüse, Fleisch oder Fisch enthält. Sie eignen sich bestens für ein schnelles Mittagessen oder eine kleine Zwischenmahlzeit und sind relativ preiswert.

Wachsmodell eines fürstlichen Sashimi-Gerichts im Fenster eines Luxusrestaurants

Sukiyaki 好焼き ist das bekannteste japanische Rindfleischgericht. Es wird am Tisch über einer Gas- oder Spiritusflamme zubereitet und besteht aus hauchdünnen Scheiben von zartem Rindfleisch und einer Vielzahl verschiedener Gemüse. Wenn der Sud in der großen Schale über der Flamme kocht, wählen Sie sich ein Stück aus und tauchen es für ein oder zwei Minuten ein. Wenn es gar ist (und wir raten Ihnen, es nicht zu lange in dem Sud zu lassen), tauchen Sie es, bevor Sie es auf Ihren Teller geben, kurz in ein Schälchen mit einem rohen, geschlagenen Ei. Dies verbessert nicht nur den Geschmack, sondern verhindert auch, daß Sie sich die Zunge verbrennen.

Shabu-Shabu しゃぶしゃぶ ist dem Sukiyaki-Gericht sehr ähnlich, wird jedoch in einem weniger stark gewürzten Sud zubereitet. Nachdem Sie alles Fleisch aufgegessen haben, können Sie den Sud aus der größten Schale als Suppe trinken.

Tonkatsu 豚カツ ist ein in schwimmendem Fett gebratenes paniertes Schweineschnitzel, das mit rohem, kleingehacktem Kohl serviert wird.

Yakitori 焼き鳥 besteht aus kleinen Stücken Hühnerfleisch, Leber und Gemüse, die auf einen Bambusspieß aufgereiht und über einem offenen Feuer mit Salz oder einer Barbecuesoße gegrillt werden. Die Yakitori-Spießchen (die stückweise berechnet werden) werden meistens in kleinen Bars als Zwischenmahlzeit gegessen.

In Tokio gibt es fast an jeder Straßenecke und in jeder Nebenstraße kleinere oder größere Restaurants. Es lohnt sich, mutig einfach in irgendeines dieser Restaurants hineinzugehen, das interessant aussieht. Yakitori, Snacks und Tempura werden normalerweise sitzend an einer Bar gegessen. Ansonsten gibt es in der Regel zwei verschiedene Möglichkeiten, japanisch zu tafeln. Entweder sitzen Sie auf Stühlen um einen Tisch herum, oder Sie setzen sich nach der traditionellen japanischen Manier – halb kniend, halb hockend – auf den Boden. Der Speiseteil des Restaurants liegt normalerweise etwas höher, und Sie sollten, bevor Sie ihn betreten, Ihre Schuhe ausziehen und in dem niedrigeren Teil lassen. Keine Sorge, Schuhdiebstähle sind in Japan unbekannt.

Vgl. Gelber Teil, S. 256 ff.

Kleine Bar mit hausgemachtem Sake und Bonzais

Statistisches

Bei niedrigerem Durchschnittseinkommen legt der Japaner 1,3 mal soviel auf die hohe Kante wie ein Bürger der Bundesrepublik.

Jede japanische Familie liest täglich 1,23 Zeitungen. Die Vergleichszahl für die Bundesrepublik: 0,9.

In einer Meinungsumfrage wurden die Tokioter Hausfrauen befragt, ob sie an Sex Interesse hätten. 6,8% antworteten ›ja, durchaus‹, 34,5% sagten ›ein bißchen‹, und die übrigen wußten es nicht. Dies ist insofern erstaunlich, als die vielen Hundert Frauenzeitschriften, die wöchentlich in Millionenauflage verkauft werden, mindestens 40% ihrer Seiten einer eingehenden Untersuchung eben dieses Themenbereiches widmen.

Jeder Einwohner Tokios verbraucht durchschnittlich 2187 Kalorien pro Tag, in der Bundesrepublik sind es 2847.

Die Lebenserwartung der japanischen Männer beträgt 71,2, die der Frauen 76,3 Jahre. Die Vergleichszahlen für die Bundesrepublik lauten: 67,9 Jahre für die Männer, 74,4 Jahre für die Frauen.

Im Jahre 1946 organisierte die Zeitschrift der amerikanischen Armee ›The Stars and Stripes‹ in Tokio einen Wettbewerb zwischen den traditionellen Rechenbrettern (die in Läden und Büros immer noch regelmäßig benutzt werden) und den modernsten elektronischen Rechenmaschinen. Die Rechenbretter trugen den Sieg davon, und nichts deutet darauf hin, daß das Ergebnis heute anders ausfallen würde.

In Japan wird für die Bewirtung von Geschäftsfreunden mehr Geld ausgegeben als für den gesamten Verteidigungshaushalt.

In London hat jeder durchschnittlich 9,2 qm Wohnraum zur Verfügung, in New York 11,9 qm, in Tokio hingegen nur 0,4 qm. 47% der Häuser Tokios müßten eigentlich für unbewohnbar erklärt werden. Nur 25% sind an die Hauptkanalisation angeschlossen. Eine Monatsmiete von 1600 DM für ein gutes, wenn auch nicht übertrieben geräumiges Appartement ist keineswegs außergewöhnlich.

Fast genau doppelt so viele Bundesrepublikaner wie Japaner sind stolze Autobesitzer.

Es gibt 80 000 Bars in Tokio – eine für 150 Einwohner.

Im Fundbüro des Ueno-Bahnhofs werden an jedem Regentag 60 bis 90 Schirme abgegeben.

10% aller Japaner leben in Tokio. Sie fahren 10% aller Autos des Landes und benutzen 10% aller japanischen Telephone und 10% aller Fernsehgeräte des Landes. 66% aller japanischen Firmen haben ihren Hauptsitz in Tokio.

Die großen Kaufhäuser – Tokios Warenparadiese

Weihnachtliche Lichterreklame in den Geschäftsstraßen, links mit Uhrzeit und Temperaturangabe in Fahrenheit

Nirgendwo, weder in New York noch in Düsseldorf, weder in London noch in Paris, prangen die Kaufhäuser so herrlich mit Waren wie in Tokio. Kein Laden, weder Harrods noch Saks auf der Fifth Avenue, verfügt über eine so reiche Auswahl an allen Dingen, die das Leben lebenswert machen, ist so üppig ausgestattet und so eifrig bemüht, die Wünsche seiner Kunden zu erfüllen wie Mitsukoshi, Daimaru oder Takashimaya.

Diese Kaufhäuser sind mehr als nur Läden: Welten innerhalb von Welten sind es, in sich geschlossene Gesellschaften, die Ihnen von der Wiege bis zur Bahre zu Diensten stehen, Träume wahr werden lassen und wenigstens ein Exemplar von allem und jedem führen, was es auf dieser Welt zu kaufen gibt. Unter ihrem Dach finden sich Kunstgalerien, Theater, Konferenzsäle, Zoos, Gärten und Jahrmärkte. Einige betreiben sogar ihre eigene Eisenbahn, die Sie von den Vororten direkt in das Innere des Kaufhauses bringt.

Die Warenhausgiganten sehen ihre Aufgabe darin, dem Kunden das Gefühl zu vermitteln, nur er sei wichtig. Von dem Moment an, wo ein Mädchen in Uniform Sie mit einer leichten Verbeugung am Eingang begrüßt und Sie den Aufzug betreten, der von einer ihrer Kolleginnen bedient wird (die sich wie eine aufgezogene Puppe bewegt und auch so spricht), werden Sie behandelt wie ein orientalischer Potentat, der seine Schätze inspiziert.

Der Reichtum und die Vielfalt in diesen Läden, ihre Überlegenheit gegenüber ihren europäischen oder amerikanischen Konkurrenten, ergibt sich aus dem Nebeneinander verschiedener Kulturen unter einem Dach. Gewiß, Sie werden einen ganz bestimmten japanischen Lebensstil finden, aber für jeden japanischen Tisch und für jede japanische Tatami-Matte existiert eine Abteilung, in der das westliche Gegenstück angeboten wird. Die Abteilung, in der Kimonos, japanische Socken, Unterwäsche und Perücken verkauft werden, und der Bereich, in dem Anzüge, Hosen, Kleider und Blusen erhältlich sind, sind gleich wichtig. Es gibt ebenso viele Zeichenpinsel und Reibesteine wie Füllfederhalter, Bleistifte und Schreibmaschinen.

Ganze Stockwerke werden von Restaurants, nachgemachten deutschen Biergärten, französischen Bistros und italienischen Pizzerias eingenommen. Auf riesigen Flächen sind Spielwaren und in den Gartenabteilungen winzige Blütenbäume, exotische Blumen und Zwiebeln so groß wie wächserne Fußbälle zu bestaunen. Ein Archäologe der Zukunft bräuchte nur am Ort eines Tokioter Kaufhauses zu graben, um ein Gesamtbild der Kultur in der Welt des 20. Jahrhunderts zu erhalten.

Für den Touristen bieten die Kaufhäuser nicht nur eine Gelegenheit, auf bequeme Weise einzukaufen und sich einen Überblick über das Angebot der japanischen Konsumgesellschaft zu verschaffen. Sie sind auch so etwas wie ein sicherer Hafen, wo der Ausländer eine vertraute Erscheinung ist, wo man ihn umsorgt und seine Wünsche ohne Verständigungsschwierigkeiten erfüllt; hier kann er etwas essen, sich erholen, eine Kunstausstellung ansehen und auf höchst angenehme Weise viel über Japan lernen.

Vgl. Gelber Teil, S. 242.

Mitsukoshi, eines der berühmten Ginza-Warenhäuser

Stempel mit Werbung für den Notruf der Polizei

Japanische Terroristen der Rote-Armee-Kommandos organisieren Überfälle zusammen mit Palästinensern und Deutschen; japanische Studenten marschieren in geschlossenen Fronten, mit Schutzhelmen, Schilden, Ziegelsteinen und Brechstangen bewaffnet, gegen die Polizei Tokios; immer wieder tauchen Vorstellungen solcher Art in der europäischen Presse auf und vermitteln den Eindruck einer gewalttätigen Gesellschaft, in der Straßenschlachten zur Gewohnheit werden und die zornige junge Generation der Revolution auf die Beine helfen würde, gäbe es nicht einen brutalen Polizeiapparat, der mit seinen Repressionsmaßnahmen die Bevölkerung in Schach hielte.

Trotz der teilweise aus Japan exportierten Terroristenszene, trotz des Blutvergießens und der Rauchbomben, die während der Demonstrationen hochgehen, ist die japanische Gesellschaft bemerkenswert stabil. In allen westlichen Großstädten beobachtet man mit wachsender Besorgnis das Ansteigen der Kriminalität, ohne sie wirksam eindämmen zu können. In Tokio geht die Zahl der Verbrechen zurück, und die Aufklärungsquote hat zugenommen. Dabei stehen Diebstähle und Vergewaltigungen an erster Stelle der Kriminalstatistik; die jährliche Zahl der Mordfälle (im letzten Jahr knapp 80) ist für eine der größten und am dichtesten besiedelten Städte der Welt verhältnismäßig niedrig. Die Polizei weist immer wieder stolz darauf hin, daß man in Tokio zu jeder Tages- und Nachtzeit allein ausgehen kann. Es gibt zwar einige Bezirke, in die wir selbst uns nach Einbruch

Demonstranten mit Helm und Stöcken

der Dunkelheit nicht wagen würden, aber das bezieht sich tatsächlich nur auf einige wenige, und sie liegen weit außerhalb des Stadtzentrums.

Wir statteten dem Polizeihauptquartier in Tokio einen Besuch ab, um mehr über Kriminalität und Verbrechensbekämpfung zu erfahren. Der erste Eindruck ist wenig ermutigend. Das Gebäude wirkt so abweisend wie eine Festungsanlage. Bewaffnete Patrouillen sichern den Haupteingang; Schutzschilde, Helme und Knüppel stapeln sich entlang der Hauswände. Es sieht aus, als ob die Revolution stündlich erwartet würde. Das Innere des Gebäudes ist weniger einschüchternd. In der Eingangshalle ist die jährliche kalligraphische Ausstellung der Polizei zu sehen, und neben dem Fahrstuhl steht ein geschmackvolles Blumenarrangement.

Beim Public-Relations-Manager, Mr. Hiroshi Yoda, der uns empfängt, liegt eine Uniformmütze der deutschen Polizei auf dem Schrank: »Ein deutscher Kollege hat sie mir geschenkt, als ich auf einer Konferenz in Wiesbaden war.«

Auf unsere Frage nach den Ursachen der niedrigen Verbrechensquote in Tokio antwortet er bescheiden: »Das hat weniger mit ausgeklügelten Methoden der Verbrechensbekämpfung zu tun, sondern hängt mit der Art der Japaner zusammen. Es wird schwierig für Sie sein, das zu verstehen, aber ein Japaner wird oft allein durch sein ausgeprägtes Schamgefühl daran gehindert, ein Verbrechen zu begehen. Unkorrekt oder gesetzeswidrig zu handeln – selbst wenn es nicht ruchbar wird – bedeutet Schande für den

Tokioter Polizist auf Streife – wie üblich mit dem Fahrrad

Täter, seine Familie und jeden, der mit ihm zu tun hat. Die meisten Japaner sind sich ihrer sozialen Verantwortung immer bewußt und deshalb auch gesetzestreu. Wir messen dem Individuum nicht so viel Bedeutung bei, wie das in westlichen Ländern der Fall ist; uns ist die Gruppenidentität wichtiger.«

Dennoch: Ausländern fällt in Tokio besonders das gewaltige Polizeiaufgebot ins Auge. An fast jeder größeren Straßenkreuzung steht ein ›koban‹, ein kleines Häuschen, in dem sich die Polizisten aufhalten. Von dort starten sie, meist zu zweit, die Rundgänge durch ihre Bezirke. In fescher Uniform – schwarz mit weißen Handschuhen und Socken –, mit Pistole im Halfter und Knüppel an der Seite, beobachten sie das Menschengetümmel, immer auf dem Sprung, mit durchdringender Trillerpfeife dem stockenden Verkehr auf die Beine zu helfen und einem achtlosen Fahrer oder einer verdächtigen Gestalt schneidig auf weißem Fahrrad zu folgen.

Mr. Yoda erzählt, daß die Einrichtung der Koban-Häuschen zum Erfolg der Tokio-Polizei beigetragen hat. Jedes Koban ist mit Betten und einer

Kochgelegenheit ausgestattet. Es ist der Mittelpunkt aller Polizeiaktivitäten im jeweiligen Kontaktbereich. Durch ein modernes Nachrichtensystem sind alle Häuschen mit der Hauptverwaltung verbunden. Die Polizisten sind oft Jahre im selben Bezirk eingesetzt, so daß sie jeden kennen, der dort lebt oder arbeitet. Sie machen regelmäßige Besuche, helfen bei Problemen und geben Ratschläge zur Vorbeugung von Verbrechen.« Auch in der Bundesrepublik ist ein solches System von Kontaktbereichs-Beamten ja im Gespräch.

Tokio ist aufgeteilt in 94 Polizei-Distrikte, jeder Distrikt verfügt über mindestens zwölf Kobans, in jedem Häuschen arbeiten zehn oder mehr Beamte rund um die Uhr. Jedes ›Revier‹ betreut oder überwacht ungefähr 300 Familien: eine überschaubare Angelegenheit – darin liegt ein mögli-

Koban, Wachthäuschen der Tokioter Polizei. Hier kennt man jede Adresse im Bezirk

cher Grund für die niedrige Verbrechensquote. Rechnet man die Anzahl aller in Tokio diensttuenden Polizisten zusammen, ergibt sich ein Pro-Kopf-Verhältnis von 1 zu 290. Kritiker sehen in diesem Zahlenverhältnis das Anzeichen dafür, daß Japan sich auf dem Weg zum absoluten Polizeistaat befindet. ›Big brother is watching you.‹

Mr. Yoda freilich meint: »Es könnte so sein – ist aber nicht so. Jeder Polizei-Bewerber wird sorgfältig ausgewählt und auf seine Pflichten vorbereitet. Hier hat der Beruf eines Polizisten hohes Ansehen. Die Zahl der Bewerber ist so groß, daß wir nur einen kleinen Teil in den Dienst übernehmen können.« (Es existieren übrigens auch weibliche Spezialeinheiten.)

Bezahlung und Arbeitsbedingungen sind exzellent. »Bei uns gibt es höhere Gehälter und Pensionen und längere Ferien als sonstwo. Deshalb nehmen wir nur die Allerbesten aus der Schar der Anwärter. Viele haben sogar studiert, und alle haben ausgezeichnete Schulzeugnisse, sind gute Sportler und gesundheitlich auf der Höhe.«

Ein möglicher Grund für die hohen Bewerberzahlen mag auch darin liegen, daß viele Anwärter der Polizeilaufbahn zur Armee gegangen wären, wie das in anderen Ländern der Fall ist. Eine Berufsarmee jedoch gibt es in Japan nicht, und die sogenannte Nationale Verteidigungstruppe (National Defence Force) ist nur klein und in der Bevölkerung wenig angesehen.

»Vielleicht interessieren Sie sich auch für unsere Ausbildungsmethoden?« fragt Mr. Yoda. Er zeigt uns einen Ordner mit Photos von Kendo, Judo und Karate trainierenden Polizisten. Kampftechniken sind sehr wichtig. Kendo zum Beispiel dient der Selbstverteidigung, und man lernt viel dabei, was für den Umgang mit dem Knüppel wichtig sein könnte.« Der »Umgang mit dem Knüppel«? Durch das makellose Bild vom friedlichen Einvernehmen zwischen Polizei und Bevölkerung, das Mr. Yoda uns ausmalt, ziehen sich immer wieder Risse.

»Aber Ihre Leser wird wahrscheinlich viel mehr interessieren, wie die Polizei ihnen bei ihrem Tokio-Besuch behilflich sein kann. Was immer der Tourist auch wissen will – er sollte nicht zögern, sich an den nächsten Polizeibeamten zu wenden. Einige Polizisten sprechen Englisch, wenn nicht, rufen sie die Zentrale an, denn dort haben wir Dolmetscher, die rund um die Uhr arbeiten. Sie können telefonisch weiterhelfen. In Englisch und Französisch; leider nicht auf Deutsch. Ich weise darauf hin, daß jeder Besucher seinen Personalausweis bei sich führen sollte. Erstens entspricht das den Vorschriften, und zweitens hilft es dem Polizisten. Ist kein Koban in der Nähe, kann man sich auch telefonisch beraten lassen, und zwar unter der Nummer 110. Das ist zwar die Notruf-Nummer, aber wir sind ja nicht nur für die dringenden Fälle da. Es wäre aber doch besser, wenn sich der Besucher persönlich an einen Beamten wendet.«

Damit ist unser Gespräch mit Mr. Yoda beendet. Wir werden an einen seiner Untergebenen weitergereicht, der uns die jüngste Errungenschaft der

Friedlicher Polizist bei friedlicher Taubenfütterung

Tokioter Polizei vorführt: eine Verkehrszentrale, die über die neuesten technischen Einrichtungen verfügt, um den Kampf gegen die schier unlösbaren Verkehrsprobleme der Stadt zu führen und nicht enden wollende Autoschlangen durch schmale Gassen zu lotsen. Wir sind fasziniert von der riesigen elektronischen Anlage, die auf einem beleuchteten Schirm mit den Ausmaßen einer Kinoleinwand die Verkehrssituation in allen Stadtteilen Tokios vor Augen führt. Noch interessanter finden wir allerdings die Polizeibeamten, die dort arbeiten: Ihre Schuhe stehen säuberlich in Reih und Glied vor der Tür, als warteten sie auf den Nikolaus, und alle tragen die vorschriftsmäßigen Polizei-Hausschuhe. Sogar in einem der größten und technisch fortschrittlichsten Kommunikationszentren der Welt bleibt man vollkommen japanisch.

Labyrinth Tokio

In New York antwortete uns ein Taxichauffeur auf die Frage, warum er in dieser doch so übersichtlich angelegten Stadt nicht sofort wisse, wohin er uns zu fahren habe: »In London muß man eine komplizierte Prüfung über alle Straßen und Anfahrtswege ablegen, bevor man seine Betriebsgenehmigung erhält. Bei uns besteht der Test nur aus einer einzigen Frage: ›Liegt New York auf der nördlichen oder der südlichen Hälfte der Weltkugel?‹«

Niemandem, der zum ersten Mal in Tokio ein Taxi benutzt, ist zu verdenken, wenn er auch hier die Chauffeure für ähnlich schlecht vorbereitet hält. Angesichts der verwirrenden Kompliziertheit des Tokioter Adressensystems würde es nicht wundernehmen, wenn die Taxifahrer außer Ginza, Kaiserpalast, Meiji-Schrein und den größten Hotels kein Ziel mit Sicherheit erreichten, wenn die Briefträger ihr Geschäft vor Ärger und Frustration aufgäben und auf den Straßen nachts Scharen von Leuten umherirrten und nicht nach Hause fänden.

Tatsächlich halten die Taxichauffeure öfters an, damit sich der Passagier bei seinem Bestimmungsort telefonisch nach dem besten Weg erkundigen kann. Wieder andere Taxichauffeure und Fußgänger wenden sich an die Polizeiposten, die es in jedem kleinen Bezirk an gut sichtbarer Stelle an größeren und kleineren Straßenkreuzungen gibt (vgl. S. 186 f.). Die Beamten kennen jede Adresse im Bezirk und normalerweise auch den Namen und den Beruf eines jeden Einwohners.

Wie konnte es zu diesem städtischen Tohuwabohu kommen, wo Japan doch ansonsten zu Recht für seine Logik und sein Organisationstalent gerühmt wird? Um das zu verstehen, muß man wissen, wie sich Tokio allmählich zu der riesigen, von Menschen wimmelnden und sich in alle Richtungen ausdehnenden Stadt entwickelte, die es heute ist. Häuser wurden

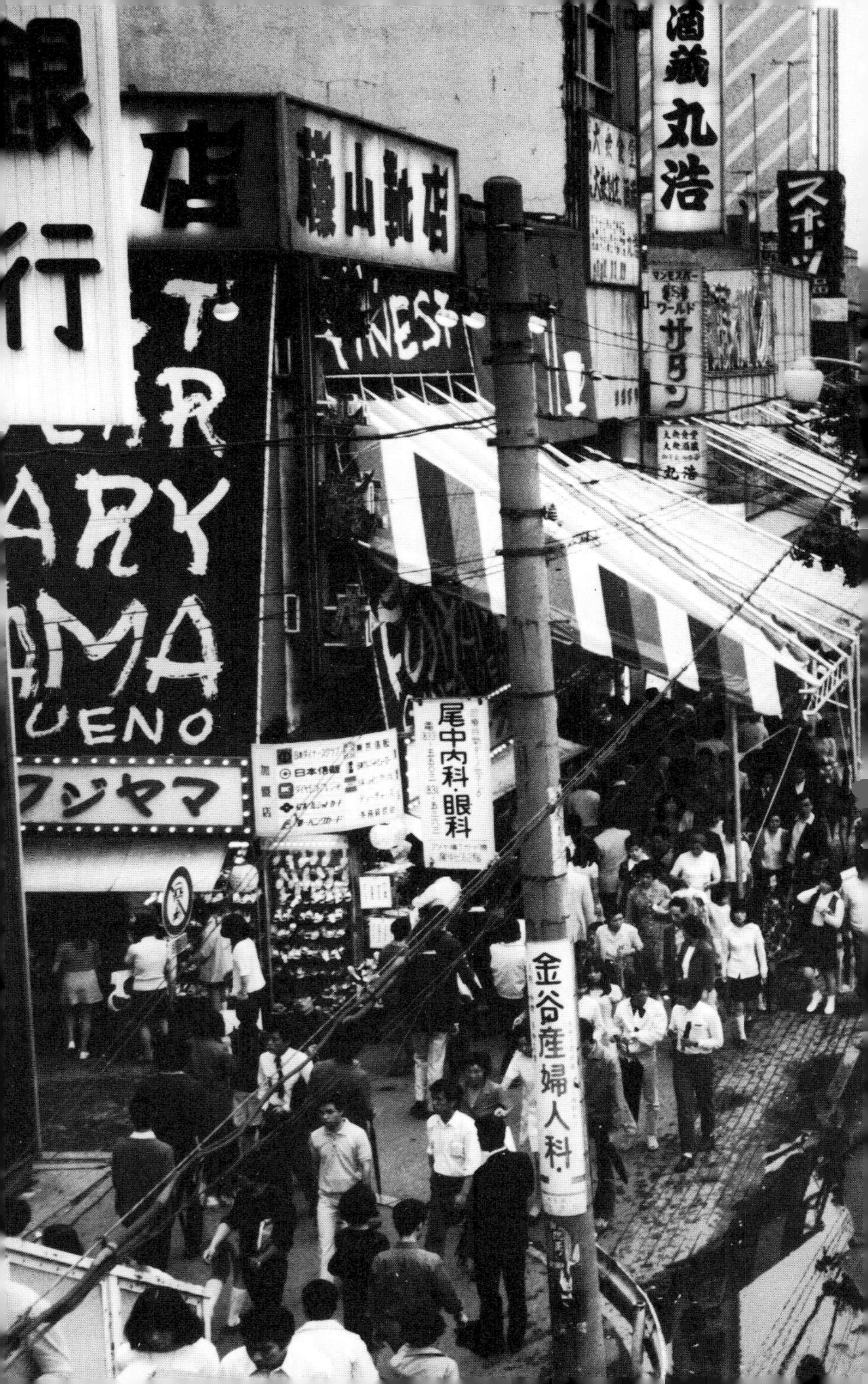
酒蔵
丸浩
UENO
フジヤマ
日本信販
尾中内科・眼科
金谷産婦人科

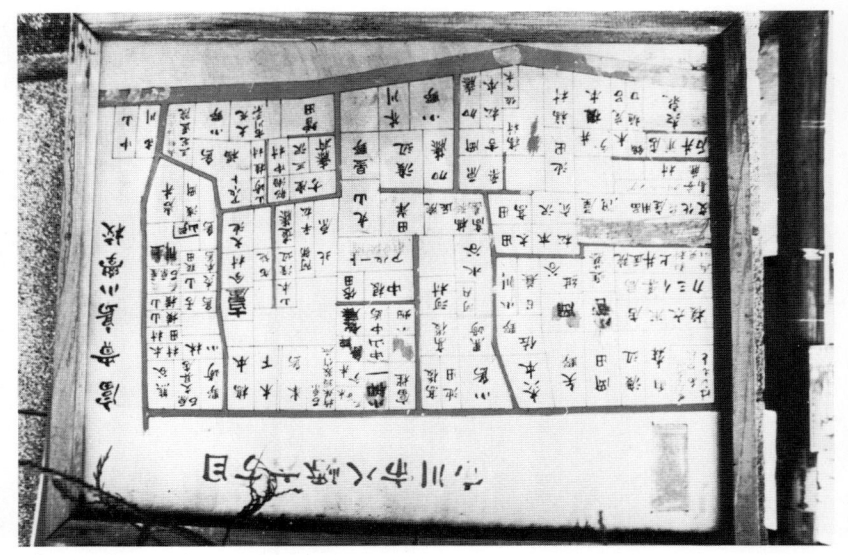

Adressenplan an einer Straßenecke

in der Vergangenheit gebaut, wo und wann immer sich dafür Raum bot, und jeder Bezirk wuchs wie ein lebendiger Organismus. Planung war ein Fremdwort, und noch heute wendet man sie nicht konsequent an. Feuersbrünste verwüsteten häufig ganze Bezirke. So entstand eine Art riesiger Kaninchenbau mit Wegen, Gassen, Sackgassen und Durchgängen, die nur zum Teil auf erkennbare Weise mit den Hauptstraßen verbunden sind. Die Straßen und Gassen blieben ohne Namen, und nur ganz wenige Hauptstraßen haben überhaupt irgendeine Bezeichnung. Die Häuser sind zwar numeriert, doch ohne jede ersichtliche Logik, weil die Nummern ausschließlich nach chronologischen Gesichtspunkten in dem jeweiligen Baujahr vergeben wurden.

Wie sieht eine japanische Adresse nun eigentlich aus? Nehmen wir als Beispiel eine Adresse, die Sie kennen sollten und sicherlich brauchen werden – das Informationszentrum der Japan National Tourist Organization (JNTO) in Tokio. Die Adresse lautet: Parterre, Kotani Building, 1-chome, Yurakucho, Chiyoda-ku, Tokio.

›Ku‹ bezeichnet den Stadtteil, in unserem Fall Chiyoda, wobei es sich um den Bezirk Yurakucho von Chiyoda handelt, den wir suchen; ›cho‹ ist das Wort für eine Unterteilung von ›ku‹, d. h. Viertel. ›Chome‹ bedeutet eine weitere Unterteilung von ›cho‹ – in diesem Fall der erste Unterblock. Hier finden wir dann ein Gebäude, das groß genug für einen eigenen Namen ist, das Kotani Building. In Parterre befindet sich das Information Centre.

Es kann noch komplizierter werden, vor allem bei privaten Adressen, wenn der Name eines bestimmten Gebäudes wegfällt und statt dessen eine Drei-Zahlen-Kombination erscheint. Die Zahlen entsprechen weiteren Unterteilungen des ›chome‹, so daß die genaue Adresse durch einen Eliminationsprozeß zu finden sein sollte.

Ein vollständiger Stadtplan ist also offensichtlich nur dann von Nutzen, wenn der Maßstab so groß ist, daß jedes einzelne Gebäude berücksichtigt werden kann, und selbst dann ist oft ein Vergrößerungsglas erforderlich, wenn man alle Einzelheiten erkennen will. Einen Stadtplan dieser Art mit lateinisch geschriebenen Namen gibt es aber nicht. Achten Sie also darauf, immer die Telephonnummer und Adresse Ihres Bestimmungsortes bei sich zu haben, möglichst in japanischer Schrift. Verlassen Sie auch das Haus oder ihr Hotel nicht, ohne sich vergewissert zu haben, daß Sie sicher zurückgelangen. In den meisten Hotels ist eine Karte mit entsprechenden Anweisungen erhältlich.

Im übrigen sollten Sie sich durch diese Ausführungen nicht in unnötige Panik versetzen lassen. Die Dinge sind nicht ganz so schlimm, wie wir sie hier zugespitzt dargestellt haben. Die Taxifahrer kennen den Weg zu allen großen Hotels, wichtigen Gebäuden und Sehenswürdigkeiten wirklich ganz genau und sind zumindest mit den schwierigen Ortsverhältnissen im Zentrum von Tokio durchaus vertraut. Auch die Polizeiposten sind sehr hilfreich. In besonders schwierigen Fällen werden sie Sie mit dem Polizeihauptquartier verbinden, wo Sie mit einem Dolmetscher sprechen können.

Entkommen aus dem Labyrinth Tokio. Der Himmel hängt voller Kirschblütenzweige

Tokios
Sehenswürdigkeiten

Tokio ist eine Stadt ohne reiche historische ›Substanz‹, gewiß also kein Florenz des Ostens. Immerhin lohnt sich ein Besuch der folgenden, alphabetisch geordneten Gärten, Tempel, Paläste und sonstigen Bauten. Museen und Vergnügungsstätten sind hier nicht berücksichtigt. Vergleichen Sie dazu bitte die Gelben Seiten 246 ff. sowie 250 ff., 259 f. und 264 ff.

Akasaka-Palast: Unterhalb des Otani-Hotels liegt der Palast, der 1908 für den damaligen Kronprinzen und jetzigen Kaiser gebaut wurde. Dabei stand Buckingham Palace Modell, das Innere des Palastes aber erinnert eher an Versailles als an das Heim der englischen Königin in London.

Asakusa-Kannon-Tempel (Sensoji-Tempel): Ein Schriftsteller nannte den 20 Hektar großen Bezirk dieses Tempels, der mit der U-Bahn (Ginza-Linie) zu erreichen ist (Station Asakusa), einmal »ein heidnisches Wunderland«. Sie finden dort Kinos, Bars und kleine Restaurants, und Läden aller Art drängen sich auf einem riesigen Markt unter freiem Himmel. Hier können

Eingang zum Asakusa-Kannon-Tempel   Räucherbecken im Asakusa-Kannon

Sie sehr preisgünstig einkaufen, und die hell erleuchtete Nakamise-Straße, die zum Tempel führt, ist auf beiden Seiten gesäumt von Verkaufsständen, die bis in die späten Nachtstunden geöffnet und in deren bunten Auslagen vor allem Reiseandenken zu sehen sind. An den Nebenwegen liegen u. a. Theater. Man betritt den Nakamise-Weg durch das Niomon-Tor, eine Nachbildung des Originals aus dem Jahre 1649, das dem Krieg zum Opfer fiel. In dem Tor sind buddhistische Sutras untergebracht. Auffällig ist vor allem der große rote, 600 Pfund schwere Lampion, der im Eingang hängt (Farbabb. 11). Die chinesischen Schriftzeichen darauf haben keinerlei religiösen Sinn, sie bedeuten einfach ›Tor des Donners‹. Etwas tiefer, unten auf der Laterne, steht der Name des Unternehmens, dem wir dieses gigantische Geschenk verdanken: National Electric. Sicherlich eine der besten Reklamen der Welt! Der Tempel selbst ist der buddhistischen Göttin der Gnade, Kannon, geweiht und beherbergt, wie die Legende zu berichten weiß, eine winzige goldene Statue der Göttin, die Fischer mit ihren Netzen aus dem Meer geholt haben sollen – gesehen hat sie ein sterbliches Auge allerdings bis jetzt noch nicht. (Beachten Sie aber die schöne Decke des Tempels, die den Vorteil hat, sichtbar zu sein, aber nur von wenigen Besuchern bemerkt wird.) Vor vielen hundert Jahren war alles mit Ausnahme des kleinen Hügels, auf dem sich jetzt der Tempel erhebt, vom Meer bedeckt, und dort befanden sich die berühmten Asakusa-nori-Tangfarmen. Die Tauben im Tempelbereich gelten als heilige Boten der Kannon, und im Tempel selbst können Sie sich Ihr Schicksal von einer solchen Taube weissagen lassen: Sie pickt ganz einfach mit ihrem Schnabel ein Stück bedrucktes Papier aus einem Haufen solcher Zettel heraus. Auch das Weihrauchbecken am Tempelaltar ist Gegenstand des Volks(aber)glaubens: Wer den aufsteigenden Rauch mit der Hand umschließt und ihn an einen kranken Körperteil führt, soll bald von seinen Schmerzen geheilt sein.

Außengarten des Meiji-Schreins: Durch eine Allee mit dem Meiji-Gelände verbundener Park mit Olympischen Sportstätten, Palast des Kronprinzen und der Meiji-Gedächtnisgalerie mit etwa 50 Bildern aus dem Leben des Kaisers. Feiertags ist der Park ein Radfahrerparadies, die Durchgangsstraßen im Park sind dann für Autos gesperrt.

Gedächtnishalle: Im Stadtteil Taito gelegener Tempel zum Andenken an die Kriegs- und Erdbebenopfer Tokios. An den Wänden Szenen des Erdbebens von 1923.

Ginza: Die berühmte Einkaufsstraße von Tokio, auch Name des ganzen umliegenden Viertels.

Gokokuji-Tempel: 1681 begründet, gehört der Gokokuji zu den größten Tempeln Tokios. Beim Tempel sind bedeutende Persönlichkeiten der jün-

Alle Wege führen zur Ginza: die Straße bei Nacht und bei Tage

Kaiserpalast mit photogenen Japanern ▷

Paare im Hama Rikyu-Garten

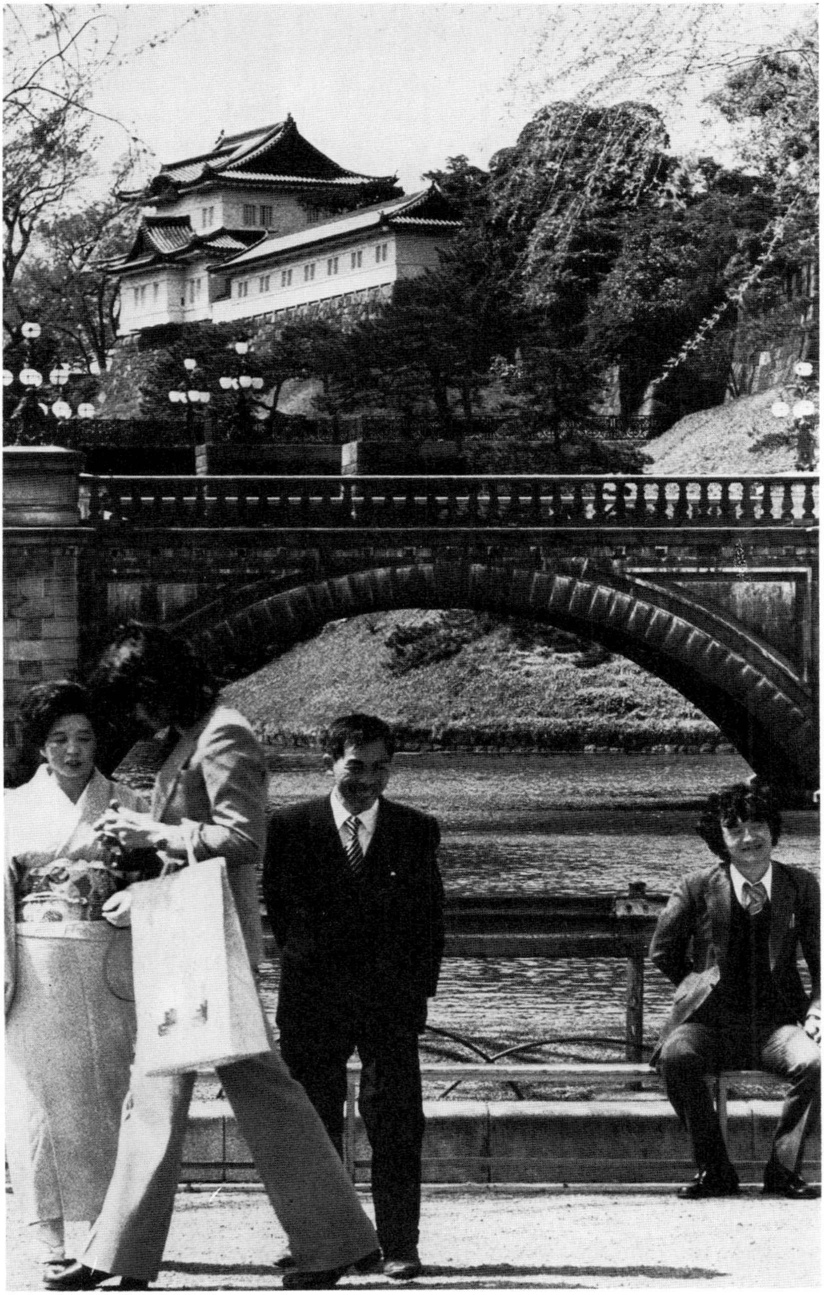

geren japanischen Geschichte beigesetzt. Dahinter ein Hügel, der seit 1873 als Grabstätte für Angehörige des kaiserlichen Hauses dient.

Hama Rikyu-Garten (Garten der kaiserlichen Villa Hama): Zwischen Shimbashi und der Bucht von Tokio. Eine wunderschöne, von einer Brücke überspannte Lagune, ausgedehnte Garten- und Parkanlagen. Das Gelände war früher der kaiserlichen Familie vorbehalten und ist erst seit 1946 ein öffentlicher Park. Die Besichtigungsfahrten auf dem Sumida-Fluß beginnen ebenfalls hier. Am Takeshiba-Pier, unweit des Gartens, fahren die Ausflugsdampfer nach der Insel Oshima ab (vgl. S. 211).

Hauptbahnhof: 1914 nach dem Modell des Bahnhofs von Amsterdam im Zentrum Tokios erbaut, mit über 2500 Zügen täglich einer der verkehrsreichsten der Welt.

Hie-Schrein: Einer der wichtigsten Schreine Tokios, auf einem Hügel in Minato gelegen und dem Berggott Sanno geweiht, der auch über den Berg Hie bei Kyoto herrscht – daher der Name. Im 17. Jahrhundert wurde der Hie von Tokugawa Ieyasu zum Schutzschrein seiner neuen Hauptstadt Edo erhoben, 1657 zerstörte eine Feuersbrunst den Schrein und noch einmal im Kriegstokio von 1945. Der neue Hie-Schrein stammt aus dem Jahre 1967.

Kaiserpalast: Kilometerlange Wassergräben und gewaltige Mauern umgeben diese Festung auf einem 100 Hektar großen Gelände, auf dem der Kaiser und seine Familie (mit Ausnahme des Kronprinzen) völlig abgeschieden leben. Im Wasser der Gräben zahlreiche Karpfen, auf dem Wasser Schwäne. Innerhalb der Mauern liegt der Neue Kaiserpalast, der von der Straße aus nicht zu sehen ist. Der Ostteil des Palastes ist zur Besichtigung freigegeben (von 9.00 bis 16.00, montags und freitags geschlossen); ausländischen Touristen wird zudem häufig auf Antrag bei einem Reisebüro die Genehmigung erteilt, sich die gesamte Außenanlage anzusehen. Um 10.30 findet täglich eine einstündige Führung statt, die am Kimono-Tor beginnt und die Ruine der alten Festung aus der Edo-Zeit einschließt. Die innere Palastanlage mit der kaiserlichen Residenz, Gärten, einem Reisfeld, einer Seidenraupenzucht und dem Laboratorium des Kaisers ist nur am japanischen Neujahrstag und am Geburtstag des Kaisers (29. April) für Publikum geöffnet. Vor dem Haupteingang zum Kaiserpalast liegt die berühmte Nijubashi, d. h. Doppelbrücke (Farbtafel 7).

Korakuen: Der älteste Garten Tokios, im 17. Jahrhundert angelegt, mit einem Teich in der Mitte und Miniaturnachbildungen der landschaftlich schönsten Teile Chinas und Japans. Beim Garten befinden sich auch Sportanlagen und ein Vergnügungspark.

Marien-Kathedrale: Von Kenzo Tange unter Mitarbeit des Zürchers Max Lechner 1964 erbaute hochmoderne Kirche aus Stahl und Beton mit interessanter Dachgestaltung.

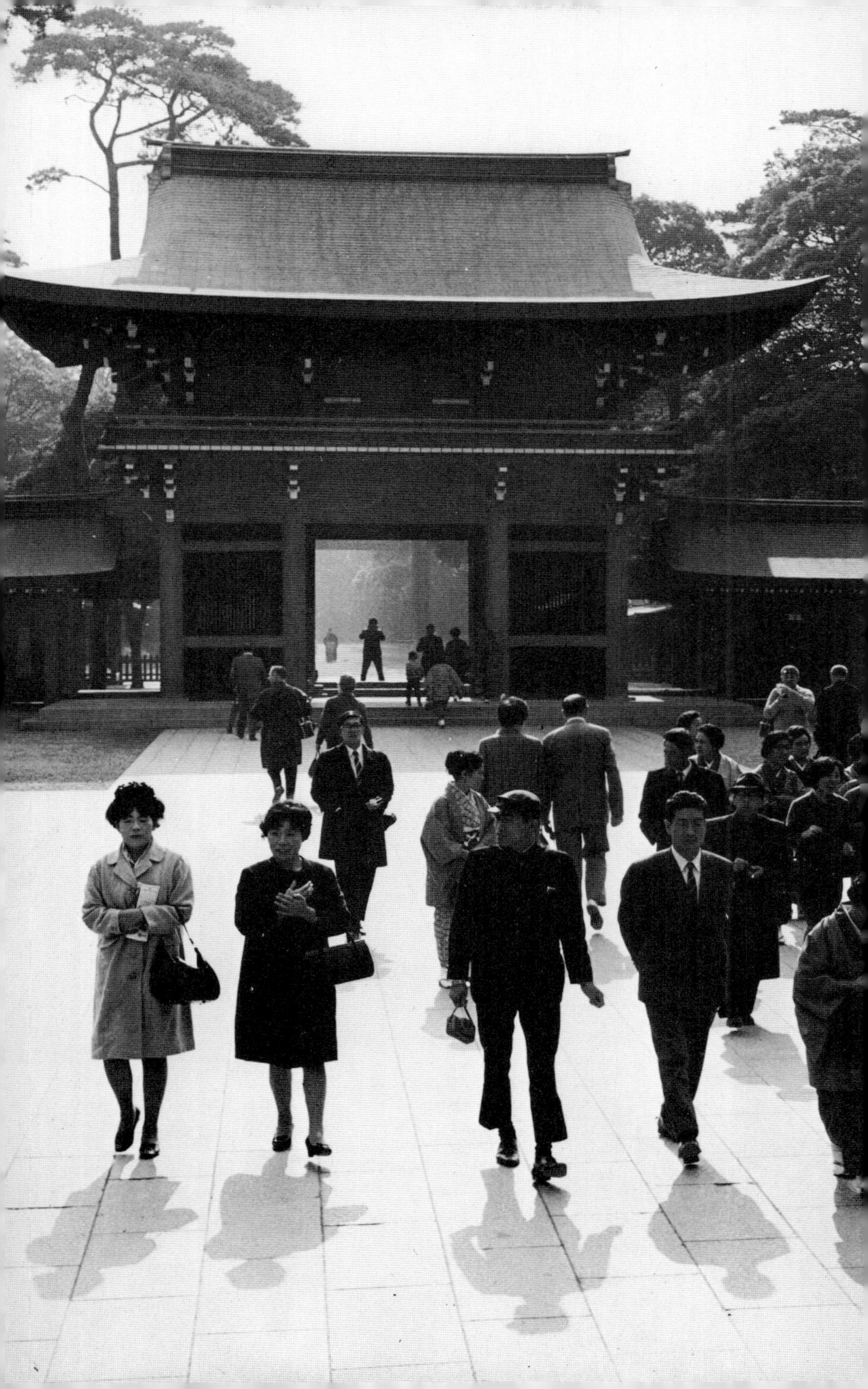

Meiji-Schrein: Im westlichen Zentrum gelegen, gehört der Meiji (Farbabb. 27) zu den sehenswertesten Sakralanlagen Tokios. Vorbei an Schwertlilienbeeten, gelangt man durch ein Holztor (Torii) von 13 Meter Höhe (das höchste Japans) zum eigentlichen Schrein mit Anbetungs- und Haupthalle. An einem Brunnen am Eingang waschen sich die Gläubigen die Hände und spülen den Mund aus. Vor Betreten des Schinto-Schreins legt man außerdem Hut und Mantel ab. Der Meiji wurde 1920 gegründet, im Krieg zerstört und 1958 großzügig wieder aufgebaut. Er ist Mutsuhito geweiht, jenem Kaiser, dem in seiner Regierungsperiode, der sogenannten Meiji-Zeit, nach 600jährigem Shogunat die Machtübernahme gelang. Hinter dem Schrein liegt im Park das steinerne ›Schatzhaus des Kaisers‹ mit Erinnerungsstücken (Roben, Bücher etc.).

Nihonbashi: Eine Brücke aus dem Jahre 1603, 1911 im viktorianischen Stil restauriert. Im gleichnamigen Stadtteil befindet sich u. a. die Bank von Tokio und das große Kaufhaus Mitsukoshi mit seinen Bronzelöwen am Haupteingang.

Olympische Bauten: Die bekanntesten Bauwerke aus der Zeit der Olympischen Spiele sind die Schwimm- und die Basketballhalle in Shinjuku (Yoyogi-Sportzentrum). Sie wurden von dem größten japanischen Architekten, Kenzo Tange, entworfen. Das 80 000 Personen fassende Nationalstadion wurde ursprünglich für die Asiatischen Spiele 1958 errichtet und später für die Olympischen Wettkämpfe (Leichtathletik, Fußball) vergrößert.

Das gut behütete japanische Parlament

Parlament: Auf einem Hügel südwestlich des Kaiserpalastes wurde 1936 nach 18jähriger Bauzeit das japanische Parlament fertiggestellt; architektonisch erinnert es in seinem pompös-pathetischen Stil an Bauten des Faschismus in Deutschland. Besucher, die mit einem entsprechenden Ausweis ausgestattet sind, können den Debatten auf der Besuchertribüne folgen (wenden Sie sich an Ihr Reisebüro).

Rikugien-Park: Schöner Landschaftsgarten aus dem frühen 18. Jahrhundert, seit 1938 im Besitz der Stadt Tokio. In der Nähe liegen Botanischer Garten und Gokokuji.

Sengakuji-Tempel: In der Nähe des Bahnhofs Shinagawa, in unmittelbarer Nähe des Sengakuji-U-Bahnhofs und in der Nähe des Takanawa-Hotels. Hier sind die Gräber der berühmtesten japanischen Helden zu besichtigen, der 47 Ronins, die den Tod ihres Herrn rächten und danach rituellen Selbstmord – Seppuku – begingen (vgl. S. 38 ff.). Ebenfalls zu sehen ist der Brunnen, in dem der Kopf des erschlagenen Feindes gesäubert wurde, bevor die Ronins ihn am Grab ihres toten Herrn niederlegten. Die Gräber im Tempelbezirk werden auch heute noch regelmäßig von den Tokiotern besucht, die dort Gebete verrichten und Räucherstäbchen abbrennen.

Shiba-Park: Neben dem Tokyo Tower (s. dort) ist der buddhistische Zojoji-Tempel Attraktion dieses Parks im Stadtteil Minato. Das rote Tempeltor geht noch auf einen alten Tempel an dieser Stelle aus dem Jahre 1605 zurück.

Shibuja hat viel mit Shinjuku gemeinsam. Das berühmteste Monument steht genau vor dem Bahnhof: das Standbild eines Hundes, der einem Professor der Universität Tokio gehörte und seinen Herrn jeden Abend am Bahnhof abholte. Nach dem Tode des Professors wartete der Hund zehn Jahre lang auf ihn und wurde bis zu seinem eigenen Tode im Jahre 1935 von Nachbarn und der Polizei gefüttert. Für die Tokioter ist dies ein beliebter Treffpunkt. Shibuja eignet sich hervorragend für einen Bummel, besonders abends. Die Restaurants sind gut. Shibuja ist die Endhaltestelle der Ginza-U-Bahnlinie.

Shinjuku: Eine in sich geschlossene Stadt, die leicht mit der Marunouchi-Linie zu erreichen ist. Sie fahren bis zu der weiträumigen und modernen Station Shinjuku mit ihrer großen Auswahl an Läden über und unter der Erde. Shinjuku gehört zu den besten Einkaufszentren mit vielen Kaufhäusern und einem regen Nachtleben. Unweit des Bahnhofs liegt der Eingang zum staatlichen Shinjuku-Garten, der einen japanischen und einen europäischen Teil besitzt und insgesamt fast 60 ha umfaßt. Vor dem Zweiten Weltkrieg war der Garten, der zunächst einer Adelsfamilie, ab 1879 dann dem Kaiserhaus gehörte, berühmt für seine Kirschblüten- und Chrysanthe-

Bahnhofsausgang in Shinjuku, dem vielleicht modernsten Stadtteil Tokios

Tokyo Tower, der japanische Eiffelturm, 1958 erbaut und 333 m hoch

menfeste. Erwähnenswert ein chinesisch inspirierter Pavillon im japanischen Teil des Gartens.

Tokyo Tower: Nicht weit von der Station Kamiya-cho und dem Tokyo Prince Hotel entfernt, erhebt sich der 1958 fertiggestellte Tokyo Tower, erbaut nach dem Muster des Eiffelturms. Die Stahlkonstruktion – 333 Meter hoch – gehört zu den beliebtesten Ausflugszielen der Tokioter.

Tsukiji-Fischmarkt: Ein riesiger Großmarkt, erbaut 1932, wahrscheinlich der größte seiner Art überhaupt. Die Versteigerung beginnt gegen 4.30 morgens und endet gegen 10.00. In der Nähe der U-Bahnstation Tsukiji gelegen. Westlich davon erstreckt sich ein weiterer interessanter Großmarktbezirk.

Tsukudajima: Eine kleine Insel in der Tokio-Bai, 30 Minuten Fußweg von der U-Bahnstation Tsukiji der Hibiya-Linie. Hier hat sich – zumindest teilweise – ein sehr traditionelles Tokio mit alten Häusern und kleinen Läden erhalten.

Ueno-Park: Erreichbar mit der Untergrundbahn (Station Ueno-Hirokoji) oder der Staatsbahn (Station Okachimachi). Der Park ist 85 ha groß und seit 1878 für die Öffentlichkeit zugänglich (davor Tokugawa-Besitz und Schlachtfeld der kaiserlichen Anhänger gegen die Tokugawa). Im Park liegen zahlreiche Kulturinstitutionen, so etwa die Tokio-Festhalle, das Museum für westliche Kunst (nach Plänen von Le Corbusier), das Kunstmu-

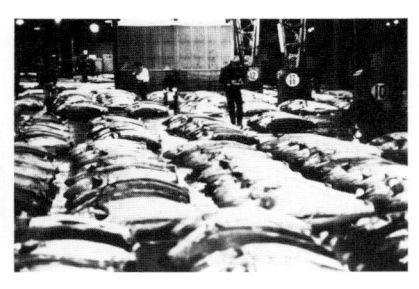

Szenen vom Tsukiji-Fischmarkt: Prüfung der Fische, Begutachtung durch die Interessenten, Verarbeitung mit der Fischsäge und Versteigerung

seum der Stadt Tokio, die Japanische Akademie der Wissenschaften, das Museum der Naturwissenschaften und das Tokio-Nationalmuseum (vgl. Gelber Teil, S. 246 ff.). Bemerkenswert ist der im 17. Jahrhundert errichtete **Toshogu-Schrein** mit seinen 256 Stein- und Bronzelaternen. Daneben eine fünfstöckige Pagode. Im Süden des Parks liegt der Shinobazu-Teich mit dem malerischen Schrein der Schönheits- und Liebesgöttin Benten. Der Garten von Ueno ist berühmt für seine Kirschblüten.

Yasukuni-Schrein: Ehrenmal auf dem Kudan-Hügel nördlich des Kaiserpalastes, errichtet 1869. Dieser Schinto-Schrein ist dem Krieg geweiht und erhebt alle diejenigen Menschen in den Rang von Göttern, die im Kampf für ihr Land gefallen sind. Das Tor (Torii) am Südeingang ist mit über 13 Meter das höchste Steintor Japans, ein weiteres Torii aus Bronze ist sogar 22 Meter hoch. Es gibt Bestrebungen, den Yasukuni zum Staatstempel zu erklären.

Giebel des Yasukuni-Schreins, der dem Andenken der Kriegsgefallenen geweiht ist

Ausflüge für
Tokio-Müde

Tokio kann sehr anstrengend sein, und es wäre schade, wenn Sie Ihren Urlaub in der Hauptstadt verbrächten, ohne etwas vom übrigen Land zu sehen. Für den Besuch der berühmten – und zu Recht berühmten – Orte Kyoto und Nara benötigen Sie freilich einige Tage, und es würde den Rahmen dieses Tokio-Führers sprengen, die beiden Städte vorzustellen. Hinweise und Adressen zu einem Besuch von Nara und Kyoto finden Sie aber in den Praktischen Reisehinweisen, S. 224. An dieser Stelle wollen wir Ihnen einige Tagesausflüge vorschlagen, die Sie nicht versäumen sollten.

Nikko
Der Ort (knapp 40 000 Einwohner) liegt 150 Kilometer von Tokio entfernt und ist in eindreiviertel Stunden entweder mit der Staatlichen Japanischen Eisenbahngesellschaft Tobu vom Hauptbahnhof Tokio oder vom Bahnhof Asakusa aus zu erreichen. Nikko ist berühmt für seine Schreine, die mit barocker Üppigkeit dekoriert sind (Farbabb. 39), aber auch für seinen Nationalpark, in dessen zauberhafter Landschaft sich Seen, Flüsse, bewaldete Hügel und heiße Quellen finden – dazu der höchste Wasserfall Japans.

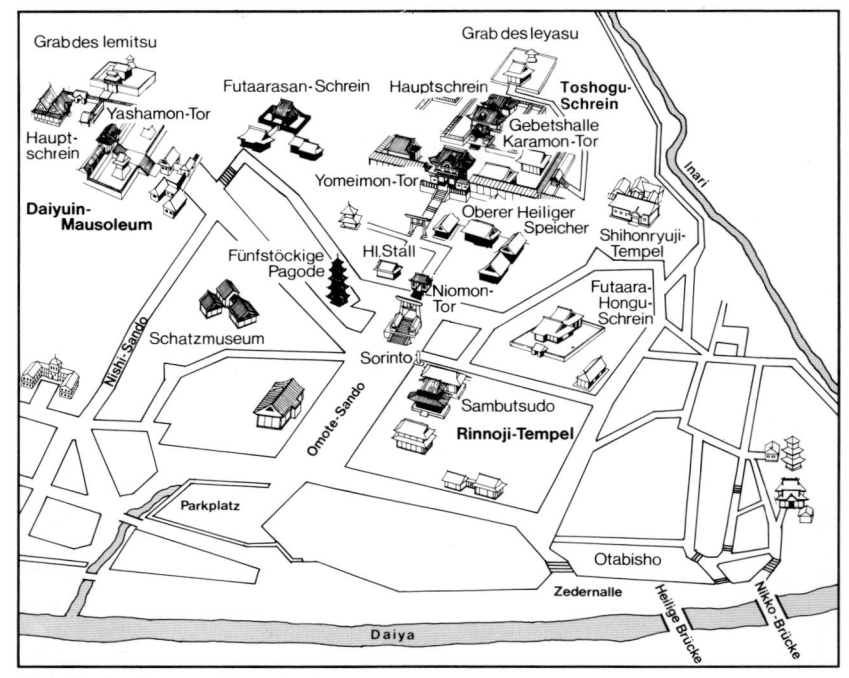

Tempelgelände von Nikko

Das Nikko der Schreine und Tempel liegt jenseits des Daiya-Flusses über den (neben einer modernen, heute benutzten) die sogenannte *Heilige Brücke* führt, eine Konstruktion aus rot lackiertem Holz, 28 Meter lang und 7 Meter breit. Der bedeutendste Schrein der Stadt ist der 1634–36 entstandene *Toshogu,* der Ieyasu, dem Gründer des Tokugawa-Shogunats (vgl. S. 22), geweiht ist. In diesem Schrein verbinden sich buddhistische und schintoistische Stilelemente zu einer farbenfrohen Architektur. Alle Gebäude sind rot lackiert und metallbeschlagen.

Der Weg zum Toshogu-Schrein führt vorbei an der fünfstöckigen Pagode *Goju-no-to* (32 Meter hoch), ein Bau von 1815, durch das *Niomon-Tor* (= Tor der beiden Himmelskönige), vorbei an den *Heiligen Speichern* (am oberen ein Elefantenrelief) und dem als einzigem Gebäude unlackierten *Heiligen Stall* (mit einer Schnitzerei der berühmten drei Affen, die sich Ohren, Mund und Augen zuhalten), durch ein zweites Tor auf den *Mittleren Hof* und schließlich durch zwei weitere Tore, das *Yomeimon* (= Tor des Sonnenlichts), das vielleicht prachtvollste Tor Japans, und das *Karamon* (= Chinesisches Tor). Der Toshogu-Schrein selbst gliedert sich in Haiden (Gebetshalle) und Hondo (Haupthalle), die durch einen Übergangsraum verbunden sind. Hinter dem Toshogu-Schrein liegt das bronzene *Grab des Ieyasu*.

Neben dem Toshogu sollte man in Nikko noch den *Rinnoji*-Tempel und das *Daiyuin-Mausoleum* besuchen. Der 766 gegründete Rinnoji gehört zur Tendai-Sekte, und seine Haupthalle ist das größte Gebäude Nikkos (38 Meter lang, 28 Meter hoch). Im Inneren sind drei riesige Statuen zu besichtigen, ein Amida-Buddha sowie eine tausendarmige und eine pferdeköpfige Kannon (Göttin der Gnade). In der Nähe steht der 13 Meter hohe Bronzepfeiler *Sorinto,* in dem 10000 heilige Sutras untergebracht sind. Das Daiyuin-Mausoleum, Grabmal des Ieyasu-Enkels Iemitsu, liegt im Westen des Toshogu, dem es in seiner Anlage gleicht. Vorgeschaltet sind wiederum mehrere schöne Tore.

Weitere Sakralbauten in Nikko sind der *Futaara-Hongu-Schrein,* der *Shihonryuji-Tempel* (beide im Osten) und der *Futaarasan-Schrein* zwi-

Zierat an einem der Tempel von Nikko

schen Toshogu und Daiyuin, zu dem noch zwei weitere Schreine gehören: der Innere Schrein *Okumiya* auf dem Berg Nantai und der Mittlere Schrein *Chugushi* am Chuzenji-See. Ein Besuch dieser beiden Schreine (die Bus- oder Taxi-Fahrt vom Bahnhof zum See dauert etwa 40 Minuten) ist sehr zu empfehlen, da er auch die landschaftlichen Schönheiten von Nikko erschließt.

Kamakura

Kamakura liegt 50 Kilometer oder eine Stunde Bahnfahrt (Yokosuka-Linie) vom Hauptbahnhof Tokio entfernt. Von 1192 bis 1333 war der Ort Sitz der Militärregierung der Shogune der Kamakura-Dynastie. Heute ist Kamakura, das an der Sagami-Bucht liegt, eine lebhafte, ausgesprochen angenehme Badestadt mit Stränden, Schreinen, Tempeln und vielen Lä-

Plan von Kamakura

Bogenschütze beim traditionellen Yabusame-Fest in Kamakura (beim Hachiman-Schrein) ▷

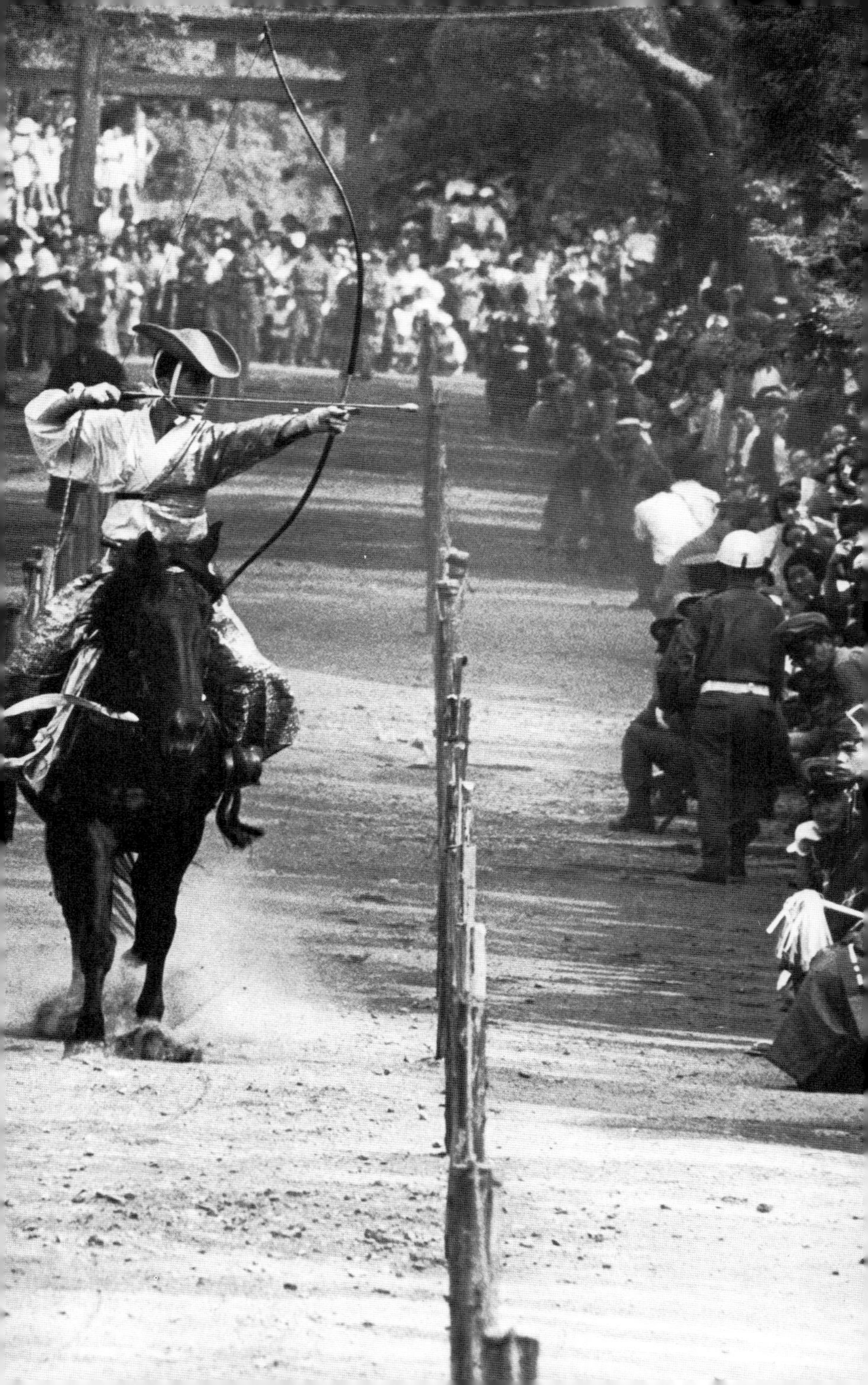

den, die traditionelle und für den Ort typische Reiseandenken verkaufen, so etwa die Kamakura-bori-Schnitzereien, die nur in dieser Gegend zu finden sind. Einschränkend muß allerdings gesagt werden, daß der Ort im Juli und August von Tokiotern überschwemmt ist und dann schon die Anreise in überfüllten Zügen zur Strapaze wird.

Es empfiehlt sich, schon bei der Station Kita-Kamakura (eine Station vor dem Bahnhof Kamakura) im Norden der Stadt auszusteigen, weil ganz in der Nähe in einem Zedernhain der 1282 gegründete *Engakuji-Tempel* und etwas weiter der beachtenswerte *Kenchoji-Tempel* von 1253 sowie der *Ennoji* von 1250 liegen. Im Engakuji werden Meditationsformen des Zen gepflegt; er ist die älteste Zen-Einrichtung in Japan. Daisetz Suzuki, der im Westen wohl bekannteste Zen-Lehrer Japans, lebte hier. In der Reliquienhalle des Tempels wird in einem Quarztabernakel ein Zahn Buddhas aufbewahrt. Im Hof des Kenchoji stehen noch vier chinesische Wacholderbäume, die der chinesische Gründer des Klosters vom Festland mitgebracht hat. Überhaupt weist der Tempel deutlich chinesische Einflüsse (Halle, Tor) auf. Im Ennoji ist vor allem die Statue eines Höllenfürsten beachtenswert. Noch ein weiterer Tempel liegt in Kita-Kamakura (westlich des Bahnhofs): der *Tokeji-Tempel,* der den Beinamen ›Scheidungstempel‹ trägt, denn er war ein gesetzlich geschützter Zufluchtsort für Ehefrauen, die von ihren Männern oder Schwiegermüttern – oder auch beiden – schlecht behandelt wurden. Warfen sie ihre Strohsandalen über die Tempelhecke, galten sie als geschieden. Bis 1868 war der Tokeji ein Nonnenkloster.

Das berühmteste Monument von Kamakura ist die riesige Buddha-Statue aus Bronze im Westen der Stadt, der *Daibutsu,* auch ›schönster Japaner‹ genannt (Farbabb. 38). Sie wiegt 103 Tonnen und ist mit fast 13 Meter Höhe die zweitgrößte Statue Japans (die größte befindet sich im Todaiji, Nara). 1252 gegossen, stand sie ursprünglich in einer großen Halle, die 1495 von einer Springflut weggerissen wurde. Faszinierend ist die Ausstrahlung der Statue, in der Ruhe und vollkommenes Wissen verkörpert sind. Die Mudra, die Handstellung des Buddha, signalisiert standhaften Glauben. Im Innern führen dreißig Stufen zu einem Fenster an der Rückseite der Statue hinauf. Weitere Heiligtümer und Kunstwerke in Kamakura sind u. a. die *Hase-Kannon,* eine über neun Meter hohe, aus einem Kampferbaum geschnitzte Statue der buddhistischen Barmherzigkeitsgöttin (angeblich aus dem Jahre 721), der *Zuisenji-Tempel* von 1327 mit Zen-Garten, der 1218 gegründete *Kakuonji* sowie schließlich der *Tsurugaoka-Hachiman-Schrein.* 1063 gegründet, wurde dieser Schrein 1191 an seinen heutigen Platz (in der Nähe der Museen von Kamakura) verlegt. Die jetzigen Gebäude wurden jedoch erst 1828 errichtet (Momoyama-Stil) und sind reich an farbigen Schnitzereien. Hachiman, dem der Schrein gewidmet ist, ist die als Kriegsgott in das Schinto-Pantheon aufgenommene Gestalt des Kaisers Ojin aus dem 3. Jahrhundert. Auffällig ist der riesige, über 1000

Jahre alte Gingko-Baum auf dem Gelände (sieben Meter Umfang), sehenswert links von der Haupthalle eine Sammlung von tragbaren Geisterschreinen und Waffen.

Die Insel Oshima

117 Kilometer von Tokio entfernt, ist Oshima, d. h. Große Insel, in vier Stunden mit dem Schiff zu erreichen (Abfahrt am Takeshiba-Kai). Der Flug nach Oshima dauert eine knappe halbe Stunde. Die Insel – die größte der sieben Inseln in der Tokio-Bai – ist ein beliebtes Ausflugsziel der Tokioter und berühmt für ihre Naturschönheit, ihre Kamelienfelder und -bäume sowie ihre Dampfquellen (bei Yuba). Hauptattraktion ist der noch tätige Vulkan Mihara in der Mitte der Insel, zu dem man hinaufsteigen kann (Busanfahrt bis Gojinka-chaya). Um Oshima herum gibt es ausgezeichnete Gelegenheiten zum Fischen.

Hakone

Mit der Odakyu-Linie erreichen Sie in eineinhalb Stunden vom Bahnhof Shinjuku aus die Station Yumoto und damit das Gebiet um den Hakone-See, das mit seinen Thermalquellen und Badeorten inmitten schöner, vulkanisch geprägter Landschaft ein typisches japanisches Erholungszentrum ist. In der gebirgigen Region verkehrt eine Bergeisenbahn (von Yumoto

Plan des Gebiets von Hakone

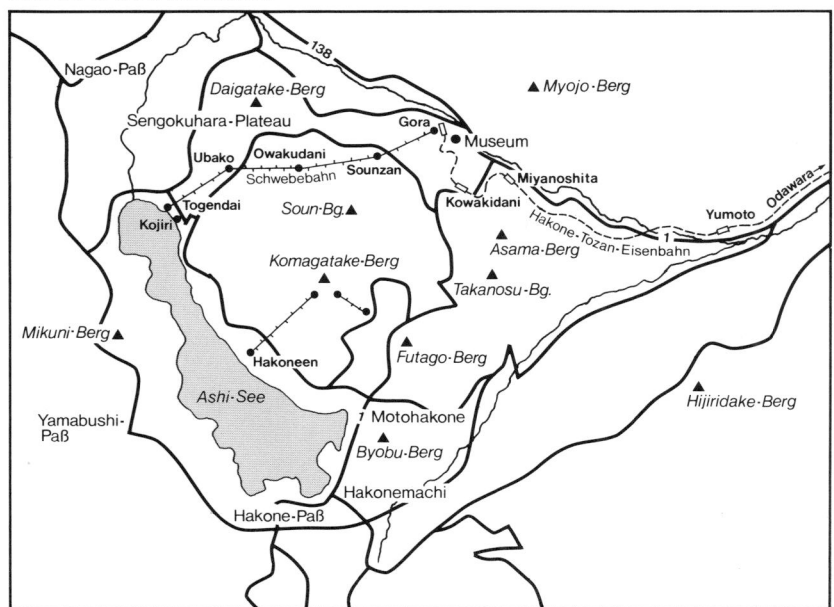

Sportfischer in der Tokio-Bai

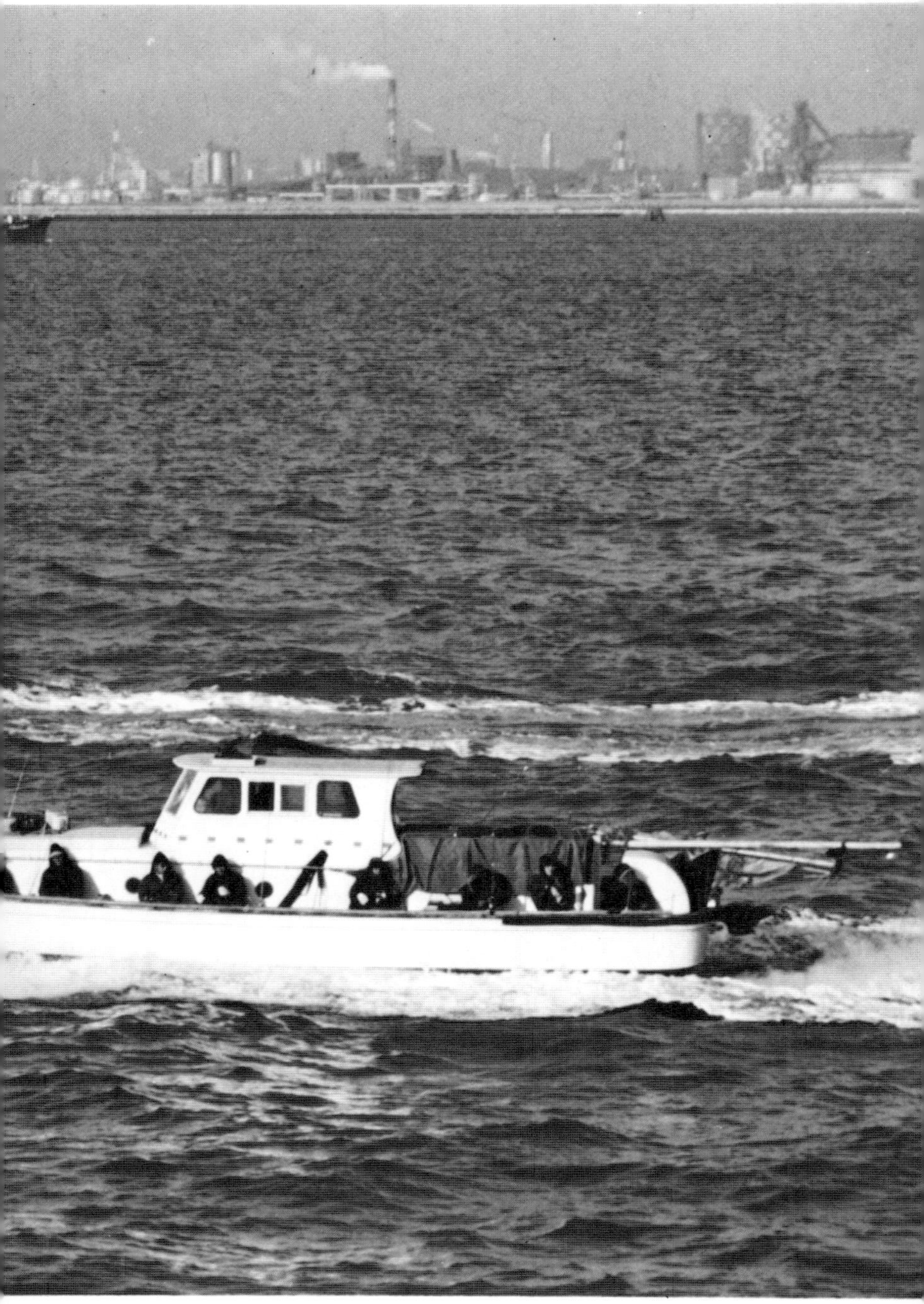

nach Gora) und eine Seilschwebebahn (von Gora nach Togendai). Die Rundreise (Golden Course) geht weiter mit einer Schiffahrt von Kojiri über den Hakone-See nach Moto-Hakone, von wo ein Bus Sie nach Yumoto zurückbringt. Wenn Sie das Gebiet besser kennenlernen wollen, empfiehlt sich die Übernachtung in einem der vielen Ryokans (vgl. S. 171f.), wo Sie in heißem Quellwasser baden können.

Fuji

Der Fuji (Farbtafel 49) ist vielleicht der berühmteste Berg der Welt. Häufig in Nebel und Dunst gehüllt, ist er trotz der geringen Entfernung von Tokio aus nur selten zu sehen. Jedes Jahr besteigen an die 100 000 Menschen den 3776 Meter hohen, vollkommen geformten Vulkan, der seit Dezember 1707 ruht, als er zum letzten Mal Asche auf Tokio niederregnen ließ. Wenn Sie einer der 100 000 sein wollen, müssen Sie allerdings einen Zweitagesausflug und einige Aufstiegsstrapazen auf sich nehmen.

Das Erlebnis am Fuji ist der Sonnenaufgang, und es gibt zwei oder drei Möglichkeiten, zu dieser Zeit auf dem Gipfel zu sein. Wenn man den Aufstieg spätnachmittags beginnt und die Nacht durchwandert, ist man bei Tagesanbruch ›on top of the world‹. Die Alternative ist, am Tag den Aufstieg zu machen, in einer der primitiven Hütten in Gipfelnähe zu über-

Anfahrt und Aufstieg zum Fuji

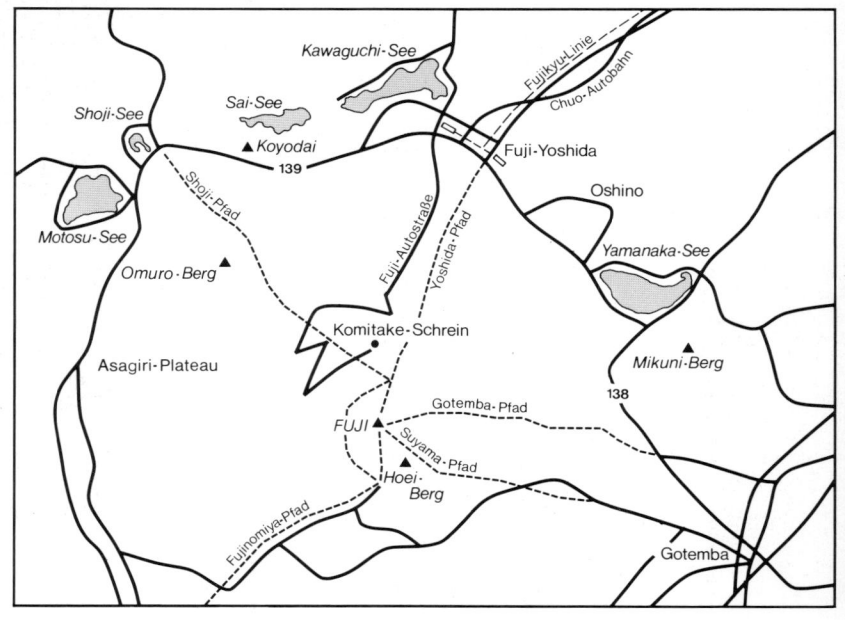

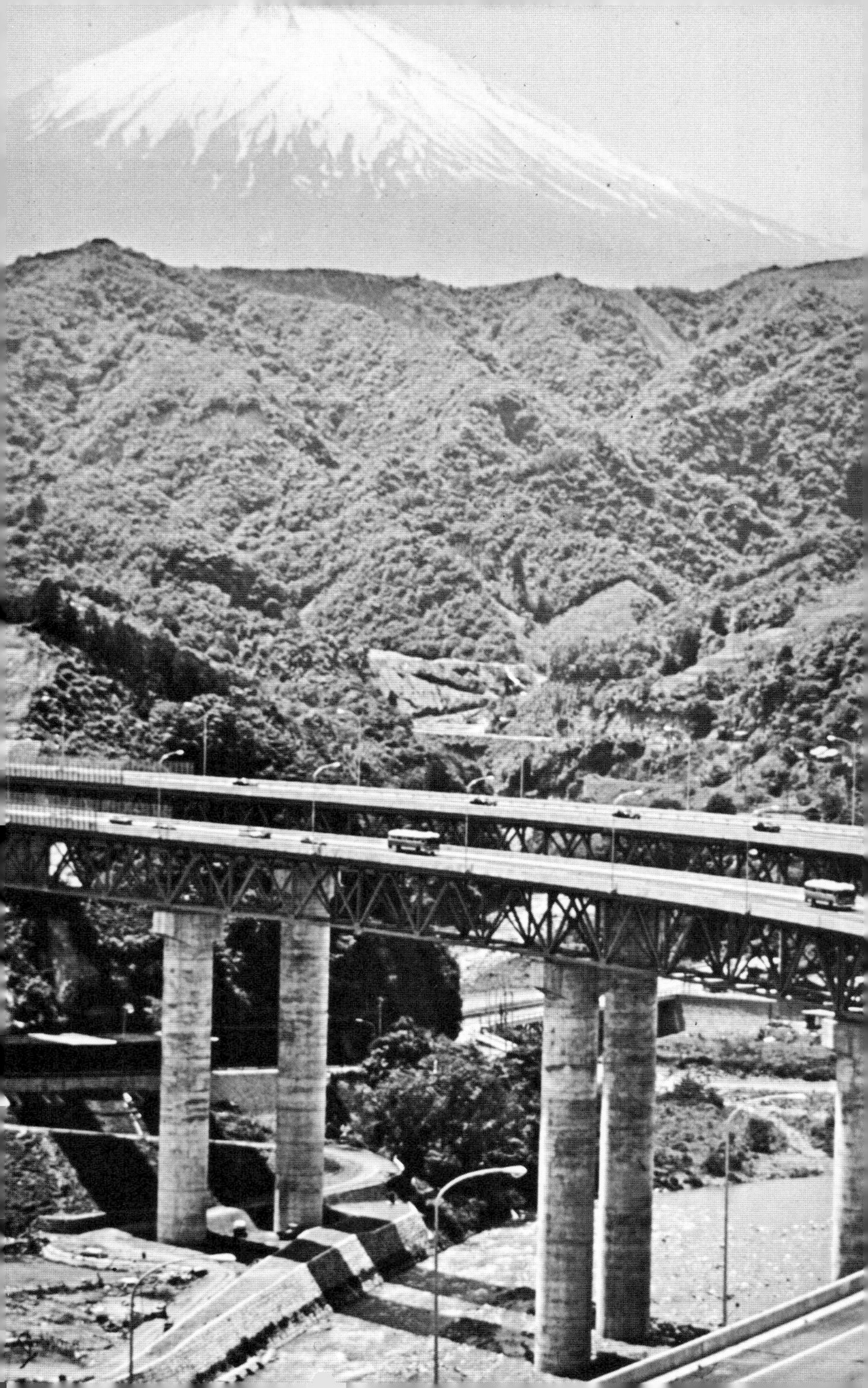

nachten und frühmorgens auf die ersten Sonnenstrahlen zu warten. Eine dritte Möglichkeit schließlich besteht darin, einen Teil des Aufstiegs bei Tageslicht hinter sich zu bringen, in einer der Berghütten der achten Station zu übernachten und etwa um zwei Uhr morgens zur letzten Etappe aufzubrechen. Sie werden den Gipfel dann wiederum rechtzeitig zum Sonnenaufgang erreichen.

Doch zunächst einmal müssen Sie an den Fuß des Fuji gelangen. Die Anfahrt mit der Eisenbahn beginnt am Bahnhof Shinjuku in Tokio und führt (eventuell Umsteigen in Otsuki) in etwas mehr als zwei Stunden nach Fuji-Yoshida. Von dort können Sie zu Fuß weitermarschieren oder mit dem Bus zur fünften Station (jeder der sechs Bergpfade hat zehn Stationen) hochschaukeln. Hier beginnt der eigentliche Aufstieg. Auf Pferderücken können Sie, wenn Sie Ihre Füße schonen wollen, sogar noch bis zur siebten Station gelangen. Dann aber wird es wirklich steil. Vier bis fünf Stunden müssen Sie für die Strecke zwischen fünfter Station, die rund 2500 Meter hoch liegt, und Gipfel veranschlagen.

An den einzelnen Stationen gibt es nur im Juli und August, der Fuji-Saison, Erfrischungen. Nehmen Sie in jedem Fall einen Pullover, einen Regenmantel und Essen und Trinken mit. Die Übernachtung auf den harten Lagern der Stationshütten ist übrigens kein reines Vergnügen.

Für den Abstieg, der wesentlich schneller vonstatten geht, sollten Sie einen der anderen Pfade benutzen, z. B. den südwestlichen Fujinomiya-Pfad oder den südöstlichen Gotemba-Pfad. Mit Bus oder Bahn gelangen Sie nach Tokio zurück, von Gotemba aus z. B. mit der Odawara-Bahn nach Shinjuku.

Praktische Reiseinformationen

Tokio 218	Hotels 238
Vor Reiseantritt 219	Ikebana 241
Auskünfte 219	Informationen für Touristen . . . 242
Reisedokumente 219	Kaufhäuser 242
Einreisevisum 219	Kinder 242
Devisenvorschriften 219	Kinos 243
Zollbestimmungen 220	Kirchen 243
Anreise, Rückreise 220	Kirschblüte 244
Anflug 220	Klima und Kleidung 244
Vom Flughafen in die Stadt . . . 221	Krankenhäuser 245
Zurück mit der Transsibirischen Eisenbahn 222	Kreditkarten 245
Tokio in Stichwörtern 223	Kunstgalerien 246
Apotheken 223	Massage 246
Arbeitsmöglichkeiten für Ausländer 224	Maße und Gewichte 246
Ärzte 224	Museen und Galerien 246
Ausflüge 224	Nachtleben 250
Autofahren in Tokio 225	Notfälle 252
Autostop (Anhalter) 225	Öffentliche Verkehrsmittel . . . 252
Banken 226	Pachinko 254
Besichtigungsfahrten 226	Post 255
Betten 227	Radfahren 255
Botschaften 227	Rauschgift 255
Bücher über Japan 227	Restaurants 256
Buchläden 228	Schuhe 259
Coiffeure und Kosmetiksalons . 228	Shinkansen – der japanische Blitzzug 259
Dolmetscher 228	Sport 259
Einkäufe/Souvenirs 229	Sprachführer 260
Einladungen 231	Stäbchen 262
Elektrizität 231	Strände 262
Erdbeben 231	Streichhölzer 263
Fahrpreise 231	Taxis 263
Fernsehen und Radio 232	Telegramme 263
Fest- und Feiertage 232	Telephonieren 263
Fremdenführer 234	Theater 264
Fundsachen 234	Toiletten 266
Gastbesuch in Tokioter Familien 235	Trinkgeld 267
Geishas 235	Trödelläden 267
Geld 236	Visitenkarten 267
Geschenke 237	Wasser 267
Getränke 237	Zahnärzte 268
Haarschnitt 238	Zeitrechnung und Tierkreiszeichen 268
Hauptverkehrszeiten 238	Zeitungen und Zeitschriften . . . 268

Tokio

Während Kyoto einfach ›Hauptstadt‹ bedeutet, heißt Tokio soviel wie ›östliche Hauptstadt‹. Bis 1868 war Tokio unter dem Namen Edo bekannt und der Sitz des Shoguns, der als Militärregent über Japan herrschte. Die Residenz des Kaisers, der schon längst jeden politischen Einfluß verloren hatte, befand sich damals in Kyoto. 1868 wurde der Shogun durch eine Revolution gestürzt, und der Kaiser kam wieder an die Macht. Als Zeichen seines wiedergewonnenen Einflusses verlegte er seine Residenz von Kyoto nach Edo, das in Tokio umbenannt und zur Verwaltungshauptstadt Japans erhoben wurde.

Tokio ist auch heute noch die Hauptstadt Japans (Nihon oder Nippon) und zudem die größte Stadt und der Mittelpunkt der am dichtesten bevölkerten Region des Landes. Es ist auch das bedeutendste Handels-, Banken- und Kulturzentrum, wenn es auch in allen drei Bereichen in einem scharfen Konkurrenzkampf mit dem Westen des Landes, dem Kansai-Gebiet, mit seinen großen Städten Osaka, Kyoto und Kobe liegt.

Groß-Tokio bedeckt eine Fläche von 2031 Quadratkilometern und zählt 11 373 000 Einwohner. Auf sanft abfallendem Gelände an der Mündung des Flusses Sumida gelegen, blickt es auf die Bai von Tokio, die sich zum Pazifischen Ozean hin öffnet. Im Norden erstreckt sich die Stadt in die fruchtbare Ebene von Kanto. Neunzig km westlich erhebt sich der Berg Fuji.

Tokio besteht aus einer Reihe von ganz unterschiedlichen Stadtteilen, von denen jeder seinen eigenen, unverwechselbaren Charakter besitzt. Zum Teil erinnern sie an große Dörfer. **Marunouchi** ist das Zentrum der Geschäftswelt, doch liegt dort auch der riesige Kaiserpalast mit seinen Parkanlagen; in der **Ginza** findet man die elegantesten Läden; **Shinjuku** ist ein bevorzugter Treffpunkt der Jugend; **Roppongi** zeichnet sich durch eine Fülle von anspruchsvollen Geschäften, schicken Restaurants und Luxusappartements aus, während **Ueno** vor allem wegen seines ausgedehnten Parks bekannt ist, in dem sich alle großen Museen befinden.

Bis ins 15. Jahrhundert war Tokio kaum größer als ein Dorf; 1590 jedoch, bereits zu einer Stadt herangewachsen, wurde es der Sitz der mächtigen Militärdynastie der Shogune, die Japan bis 1868 beherrschten. Erdbeben und Feuersbrünste haben die Stadt mehrmals fast vollständig zerstört, so daß es fast keine Gebäude älteren Datums gibt, obwohl viele Schreine und Tempel immer wieder nach altem Muster errichtet wurden. Viele religiöse Gebäude sehen folglich alt aus, obwohl sie es nicht sind.

Obwohl also Tokio wiederholt neu aufgebaut wurde (zuletzt nach 1945), blieb viel von der ursprünglichen Stadtform erhalten, und ein kurzer Blick auf eine moderne Karte zeigt, wie sich die Stadt im Laufe der Jahrhunderte allmählich um das alte Schloß (auf dem Gelände des Kaiserpalastes) ausdehnte.

Vor Reiseantritt

Auskünfte

Auskünfte über alle Fragen im Zusammenhang mit einer Japan- oder Tokio-Reise erteilen
in der Bundesrepublik Deutschland
Japanische Fremdenverkehrszentrale,
Biebergasse 6-10, 6000 Frankfurt;
in Österreich
Japanische Kultursektion,
Graben, Ladenstr. 29a, Wien I;
in der Schweiz
Japanisches Informationsbureau,
rue de Berne 13, Genf.
Auskünfte erteilen auch die japanischen Botschaften und Konsulate
in der Bundesrepublik Deutschland
Kölner Str. 139, 5320 Bad Godesberg (Botschaft);
Wachtelstr. 8, 1000 Berlin 15;
Badestr. 44, 2000 Hamburg 13;
Klosterstr. 22, 4000 Düsseldorf;
Cretzschmarstr. 12, 6000 Frankfurt;
Arabellastr. 5, 8000 München 81;
in Österreich
Neuer Markt 1, Wien I (Botschaft);
in der Schweiz
Helvetiastr. 42, Bern (Botschaft).

Reisedokumente

Für die Einreise nach Japan ist ein gültiger Paß erforderlich. Impfzeugnisse für Pocken und Cholera brauchen Sie nur dann, wenn Sie aus einem Infektionsgebiet kommen. Bewohner der Bundesrepublik, Österreichs und der Schweiz benötigen kein Visum (s. u.). Bei der Ankunft ist ein Formular auszufüllen, daß in Ihren Paß geheftet wird und daß Sie bei der Ausreise wieder abgeben müssen.

Einreisevisum

Bewohner der Bundesrepublik, Österreichs und der Schweiz benötigen kein Visum, sofern die Dauer ihres Aufenthaltes sechs Monate ohne Unterbrechung nicht überschreitet und sie keine entgeltliche Tätigkeit ausüben. Für einen darüber hinausgehenden Aufenthalt, der kein Arbeitsverhältnis einschließt, können sie ein kostenloses Visum bis zu zwölf Monaten erhalten. Wenden Sie sich spätestens zehn Tage vor Ablauf ihres Visums an das
Tokyo Immigration Office,
3-20 Konan 3-chome, Minato-ku, Tel. 471-5111.

Devisenvorschriften

Japanische und ausländische Devisen dürfen unbegrenzt eingeführt, japanische Devisen jedoch nur bis zu einer Summe von 30000 Yen pro Person ausgeführt werden. Etwaige japanische Geldüberschüsse über diesen Betrag hinaus können gegen Vorlage der Bankbestätigungen über den vorausgegangenen Yen-Ankauf wieder zurückgewechselt werden.

Zollbestimmungen

Bei der Einreise können Sie neben Ihrer persönlichen Habe 3 Flaschen Spirituosen, 400 Zigaretten oder 100 Zigarren oder 500 g Tabak sowie 2 Unzen Parfüm (60 ccm) und Geschenkartikel bis zu einem Wert von 100000 Yen einführen. Mitgeführtes Bargeld muß deklariert werden.

Sie können ein Auto nach Japan einführen, das Sie jedoch auch wieder ausführen müssen. Sie benötigen dafür eine ›Befristete Einfuhrgenehmigung‹, die vom Japanischen Automobilverband zu bestätigen ist (5–8 Shiba Koen, 3-chome Minato-ku, Tokio).

Nicht eingeführt werden dürfen Rauschgift sowie pornographische Bücher oder Bilder (das heißt jede Darstellung menschlicher Genitalien). Die Einfuhr bestimmter Pflanzen, von Tieren, Schießpulver oder Sprengstoff, Feuerwaffen, Schwertern sowie sonstigen Waffen ist genehmigungspflichtig. Für die Einfuhr von Hunden, Katzen oder anderen Haustieren ist eine spezielle behördliche Genehmigung erforderlich. In Zweifelsfällen sollten Sie sich vor der Abreise in den Fernen Osten bei der japanischen Botschaft erkundigen.

Anreise, Rückreise

Anflug

Selbstverständlich kann man Japan auf dem Seeweg oder mit dem Schiff und der Transsibirischen Eisenbahn erreichen, aber für heutige Begriffe sind diese Reisewege exotisch und zeitraubend. Das Transsib-Abenteuer zieht allerdings zunehmend Individualtouristen an. Die große Mehrzahl der Reisenden indes benutzt das Flugzeug, und alle großen Fluggesellschaften fliegen Tokio mehrmals wöchentlich an.

Seit 1978 wird der internationale Flugverkehr über Narita abgewickelt, den neuen Flughafen vor Tokio, der Schlagzeilen machte weil Umweltschützer, Bauern und Studenten, die sich – wenn auch aus verschiedenen Gründen – in der Ablehnung dieses zweiten Tokioter Fluggeländes einig waren die Inbetriebnahme durch Kampfdemonstrationen verzögerten.

Es ist durchaus denkbar, daß der Reisende den Demonstranten bei ihren Versuchen, die Einweihung Naritas zu verhindern, nachträglich etwas mehr Erfolg gewünscht hätte, denn die Fahrt in das Zentrum der Stadt ist lang, ermüdend und teuer, woran sich zumindest bis zur Fertigstellung von neuen Straßen und Eisenbahnverbindungen nichts ändern wird.

Noch ein wenig länger und noch ein wenig ermüdender ist freilich der Flug von Europa nach Tokio – selbst wenn Sie die kürzeste Route über den Nordpol mit einer Zwischenlandung in Anchorage in Alaska wählen. Auch der Zeitunterschied von plus 8 Stunden zur Mitteleuropäischen Zeit (MEZ) wird Ihnen möglicherweise noch Tage zu schaffen machen. Einem Teil dieser Probleme läßt sich durch sorgfältige Vorbereitung abhelfen. Schlaftabletten und eine Gesichtsmaske werden Ihnen wenigstens zu einigen Stunden Ruhe über den Wolken verhelfen. Vergessen Sie nicht, daß es sich bei Ihrem Flug nicht um einen Empfang in Schloß Brühl handelt, für den Sie sich aufs Schönste herausputzen müssen: Tragen Sie also an Bord nur bequeme Kleidung, die ruhig knittern kann. In Ihrem Handgepäck sollten sich Hausschuhe oder Slipper für die Kabine, ein Waschlappen, eine Zahnbürste und ein Rasierapparat befinden. All diese Gegenstände müßten in das einzige Stück Handgepäck passen, das Sie mit an Bord nehmen dürfen.

Vom Flughafen in die Stadt

Es gibt verschiedene Möglichkeiten, von Narita ins Stadtzentrum zu gelangen:

Limousinenbus
Er verkehrt alle 5 bis 10 Minuten und kostete 1979 1900 Yen. Er hält an den großen Hotels sowie an den Bahnhöfen Tokio und Shinjuku; die Endhaltestelle ist Hakozaki-cho. Je nach Verkehrslage dauert die Fahrt etwa 1¼–1¾ Stunden.

Skyliner Expreß
Sogar in diesem schnellsten Verkehrsmittel dauert die Fahrt von Narita zur Stadt eine voll Stunde. Ein besonderer Bus vor dem Ankunftsgebäude bringt Sie zum Flughafenbahnhof des Skyliner (Fahrtdauer 6 Minuten, Kosten – 1979 – 60 Yen). Eine Fahrkarte nach Tokio kostet 1110 Yen. Die Züge, die alle halbe Stunde verkehren, fahren zum Ueno-Bahnhof in Tokio durch; von dort aus gibt es Anschlüsse in alle Teile der Stadt. Beachten Sie, daß der letzte Skyliner Narita gegen 20.30 Uhr verläßt.

Sonstige Züge
Vom selben Bahnhof wie der Skyliner fahren verschiedene andere Züge ab, die billiger sind, aber länger brauchen, so daß Sie also in jedem Fall den Skyliner benutzen sollten, wenn Sie es eilig haben. Die Staatliche Japanische Eisenbahn hat außerdem eine Verbindung von einem zweiten Bahnhof in Narita eingerichtet, zu dem in kurzen Abständen

- ebenfalls vom Ankunftsgebäude
- ein Bus fährt. Die Staatseisenbahn fährt direkt zum Hauptbahnhof Tokio oder weiter nach Shinagawa.

Taxis
brauchen für die Fahrt in die Stadtmitte ebenso lang wie der Limousinenbus und sind sehr viel teurer. 1979 betrug der Satz bei Fahrten am Tag ungefähr 11000 Yen.

Rückreise
Rechnen Sie bei Ihrer Rückreise mindestens 3 Stunden für die Fahrt zum Flughafen und die Erledigung aller Formalitäten. Am besten benutzen Sie den Limousinenbus vom Flughafen-Terminal in der Stadt (Hakozaki-cho), weil Sie dort Ihr Gepäck aufgeben können und sich nicht mehr darum kümmern müssen. Außerdem gibt es dort einen Duty Free Shop. Die Flughafengebühr beim Abflug von Narita beträgt stolze 1500 Yen pro Person. Die Sicherheitsvorkehrungen und Checks sind besonders streng und genau.

Zurück mit der Transsibirischen Eisenbahn

Sollten Sie auf Abenteuer aus sein, werden Sie sich nicht in die Lüfte schwingen. In etwa 54 Stunden (rechnen Sie im Herbst und Winter Verspätungen ein) bringt Sie ein Schiff von Yokohama zum sowjetischen Hafen Nakhodka; von dort gelangen Sie in siebentägiger Fahrt (bei Zwischenaufenthalten natürlich mehr) über Chita, Irkutsk, Novosibirsk, Omsk und Sverdlovsk nach Moskau. Es ist auch möglich, Teilstrecken zu fliegen. Beratung und Buchung *in Tokio* im

Japan-Soviet Tourist Bureau,
Daisan Bunsei Building, No. 5, Shiba-Nishikubo-Hachiman-cho, Minato-ku (direkt an der U-Bahn-Station Kamiyacho);
in *Deutschland* bei
Osttourist,
Schildergasse 111, 5000 Köln 1
oder
Intourist-Reisen,
Olivaer Platz 8, 1000 Berlin 15.

Eine rechtzeitige Buchung ist erforderlich. Das sowjetische Visum besorgt Ihnen das Reisebüro.

Von Tokio nach Berlin kostet das Abenteuer Sie rund DM 1000,– in der Zweiten Klasse, und Sie sind alles in allem zwölf Tage unterwegs. Verpflegung nach Gutschein-System im Speisewagen. Die Abteile besitzen zwei (Erste Klasse) oder vier (Zweite Klasse) Plätze. Oft haben Sie als Ausländer aber auch in der Zweiten Klasse ein Abteil ganz für sich. Lohnend ist ein Zwischenstop in Irkutsk und ein Besuch des Baikal-Sees. Wie alle Zwischenaufenthalte und Ausflüge muß er exakt vorausgebucht werden! Wollen Sie die Fahrt gegen Ende der Reise in Polen unterbrechen, müssen Sie sich schon in Tokio ein Visum bei der Polnischen Botschaft besorgen (eine Woche Wartezeit). Ein Transitvisum für Polen und die DDR erhalten Sie dagegen im Zug gegen Westgeld.

Die Fahrt durch die sibirischen Weiten ist eintönig und ermüdend. Andererseits bekommen Sie ein Gefühl für das, was Reisen einmal war, ein Gefühl für Entfernungen und ihre Bewältigung, das in unserer Jet-Welt zunehmend verlorengeht. Sorgen Sie für ausreichende Reiselektüre und bringen Sie das mit, was Sie auf dieser Reise brauchen – eine Portion Geduld und Humor.

Tokio in Stichwörtern

Apotheken 薬局

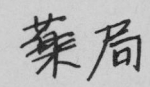

In jedem der großen Hotels gibt es eine Apotheke. Einheimische und ausländische Medikamente erhalten Sie außerdem in folgenden Apotheken:

American Pharmacy,
Hibiya Park Building, 1-8-1, Yurakucho, Chiyoda-ku, Tel. 271-4034;
Fuji Pharmacy,
Sankei Building, 1-7-2, Otemachi, Chiyoda-ku, Tel. 231-0745;
Hibiya Pharmacy,
Mitsui Building, 1-1-2, Yurakucho, Chiyoda-ku, Tel. 501-6377.

Es heißt bisweilen, daß Japan nach Kameras und Autos demnächst auch Arzneimittel nach Europa ausführen werde. Viele Medikamente, die in Europa verschreibungspflichtig sind, werden in Japan ohne Rezept verkauft und sind von ausgezeichneter Qualität. Fast in jeder Straße gibt es eine japanische Apotheke mit einem entsprechend ausgebildeten Apotheker. Achten Sie auf das Zeichen oben neben dem Stichwort.

In den meisten Apotheken wird nur Japanisch gesprochen, so daß Sie sich Ihre Symptome am besten von einem Japaner aufschreiben lassen – dem Medikament liegt normalerweise eine Gebrauchsanweisung in englischer Sprache bei. Es folgen die japanischen Schriftzeichen für einige häufiger vorkommende Beschwerden, so daß Sie dem Apotheker auch dieses Buch zeigen können:

頭痛薬	Kopfwehtabletten
便秘薬	Abführtabletten
下痢薬	Tabletten gegen Durchfall
せき薬	Hustenmedizin
睡眠薬	Schlaftabletten
胸やけの薬	Tabletten gegen Sodbrennen
かぜ薬	Tabletten gegen Erkältung
流感の薬	Tabletten gegen Grippe

Vgl. auch *Ärzte.*

Arbeitsmöglichkeiten für Ausländer
外国人の就職

Als Ausländer finden Sie in der Regel nur schwer Arbeit in Tokio. Arbeitsgenehmigungen werden sehr selten erteilt, und nur hin und wieder findet sich eine Gelegenheitsarbeit. Deutschunterricht steht nicht besonders hoch im Kurs. Ohne Probleme finden Sie dagegen als Englischlehrer einen Job. Wenn Sie blond, blauäugig und in großen Geldnöten sind, sollten Sie sich an eine Agentur für Mannequins wenden. So unjapanisch aussehende Exemplare der menschlichen Gattung sind für das Werbefernsehen und andere Formen der Werbung sehr gesucht – was zwar erklärt, warum sich z. B. die australische Sängerin Olivia Newton-John in Japan erstaunlicher Beliebtheit erfreut, aber noch nicht verständlich macht, warum Gleiches auf Charles Bronson oder Yul Brynner zutrifft. Vgl. auch *Einreisevisum*.

Ärzte
医者

Da die westliche Medizin von Deutschen nach Japan gebracht wurde, verstehen die meisten japanischen Ärzte deutsch und schreiben sogar Rezepte in dieser Sprache. Deutsch- und englischsprachige Ärzte sind unter folgenden Adressen zu erreichen:

Masonic Lodge
(Dr. Morton, Dr. Marshall, Dr. Fair), Minato-ku, Shibakoen 4-1-3, Masonic Building, Tel. 436–3028. Nach Vereinbarung 9.00 bis 13.00 Uhr; 14.00 bis 17.00 Uhr; samstags 9.00 bis 12.30 Uhr

Hotel New Otani,
Basement, Tel. 265–111. Montags bis samstags 10.00 bis 17.00 Uhr. Sonn- und feiertags geschlossen

Chiyoda Clinic,
Nikkatsu Arcade, Hibiya Park Building, Chiyoda-ku, Yurakucho, Tel. 271–9489. Montags bis freitags 9.30 bis 17.00 Uhr; samstags 9.30 bis 12.00 Uhr. Sonn- und feiertags geschlossen

Ladies' Clinic
(Gynäkologie),
Raum 414, Yurakucho Building, Chiyoda-ku, Yurakucho 1-10, Tel. 214–2568. 10.00 bis 18.00 Uhr; dienstags 14.00 bis 18.00 Uhr; samstags 10.00 bis 13.00 Uhr. Sonn- und feiertags geschlossen

Vgl. auch *Apotheken; Zahnärzte*.

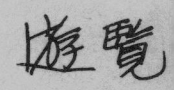

Ausflüge
遊覧

Neben den auf S. 205 ff. beschriebenen Ein- oder Zweitagesausflügen sollten, wenn es zeitlich eben möglich ist, Kyoto und Nara besucht werden, die zu den schönsten Städten in ganz Ostasien zählen und kulturelle Höhepunkte jeder Japan-Reise sind. Das
Japanische Reisebüro (Japan Travel Bureau),

1-6-4 Marunouchi, Chiyoda-ku, Tokio, Tel. 274-3751
organisiert mehrtägige Touren, die Reise, Unterbringung Eintrittsgelder, Führer und Mahlzeiten einschließen und die bequemste Möglichkeit für alle an Zeitnot Leidenden darstellen. Verschiedene Programme werden angeboten, darunter z. B. eine Zweitagestour Kyoto-Nara mit dem Sunrise-Expreß oder eine Dreitagestour nach Hakone, Kyoto und Nara. Weitere Reisebüros, die Touren organisieren sind z. B.
Everett Travel Service,
Kokusai Building, 3-12 Marunouchi, Chiyoda-ku und
Fujita Travel Service,
Godo Building, 6-6 Ginza Nishi, Chuo-ku.

Autofahren in Tokio
車の運転

Tokio ist ein solches Verkehrschaos, die meisten Straßen sind so eng, und das Parken ist so kompliziert, daß man sich als Tourist am besten an die öffentlichen Verkehrsmittel hält. Die meisten Verkehrsschilder sind zwar international, aber Wegweiser gibt es nur selten, und Ortsnamen werden kaum je in lateinischer Schrift angegeben. Diejenigen, die tollkühn genug sind, sich selbst an das Steuer eines Wagens zu setzen und die über die Voraussetzung dazu, einen internationalen Führerschein, verfügen, sollten folgendes wissen: Der gesamte Verkehr bewegt sich auf der linken Seite, so daß rechts überholt wird. Das Anschnallen der Sitzgurte ist Pflicht. Die Geschwindigkeitsbegrenzung beträgt in Tokio 40 km pro Stunde. Es werden häufig Alkoholtests durchgeführt, und auf Trunkenheit am Steuer stehen hohe Strafen. In der Stadtmitte ist das Parken praktisch ganz verboten, und Parksünder werden unbarmherzig abgeschleppt – ein teurer Spaß. Allerdings verfügen die meisten Kaufhäuser über einen Parkplatz. Ein Lichtblick: Wegen der ständigen Staus und der geringen Geschwindigkeit aller Fahrzeuge kommt es selten zu tödlichen Unfällen. Für weitere Auskünfte wenden Sie sich bitte an den ADAC. Und sollten Sie immer noch entschlosen sein, sich selbst ans Steuer zu setzen, wenden Sie sich an eine der Tokioter *Autoverleihfirmen,* z. B.:
Hertz Shinjuku, Tel. 747-7210
Hertz Shibuya, Tel. 407-7131 (Apparat 311)
Nissan Kanko, Tel. 584-2341
Tokyo Rent-a-Car, Tel. 463-6923.

Autostop ヒッチハイク

Keineswegs so aussichtslos, wie es häufig dargestellt wird. Vor allem jüngere Fahrer nutzen die Gelegenheit, ihr Englisch zu erproben. Das Problem in einer Riesenstadt wie Tokio liegt eher darin, an die Ausfallstraßen zu gelangen. Am besten, man fährt zwei oder drei Stationen mit dem Bus oder der Bahn aus der Stadt hinaus – dorthin wo die Autobahnauffahrten liegen.

Banken 銀行

Die Banken sind normalerweise montags bis freitags von 9.00 bis 15.00 Uhr und samstags von 9.00 bis 12.00 Uhr geöffnet. Nicht alle Banken können Devisengeschäfte abwickeln, aber die meisten großen Zweigstellen der Tokioter Großbanken wechseln Geld und tauschen Reiseschecks ein. Das Schriftzeichen für eine Bank *(Ginko)* finden Sie oben neben dem Stichwort. Unter den ausländischen Banken sind zu nennen:

Deutsche Bank,
Chiyoda-ku, Marunouchi 2-5-2, Mitsubishi Building, Tel. 214-5961

Swiss Bank Corporation,
Chiyoda-ku, Marunouchi 2-6-1, Furukawa Sogo Building, Tel. 214-1731

Dresdner Bank,
Chiyoda-ku, Marunouchi 2-5-2, Mitsubishi Building, Tel. 214-5961

Union Bank of Switzerland,
Chiyoda-ku, Yurakucho 1-5, Yurakucho Building, Tel. 214-7471

Besichtigungsfahrten 観光

Das Angebot ist groß, und Sie können den entsprechenden Ausflug am jeweiligen Tag bei folgenden Agenturen buchen:

JTB – Japan Travel Bureau –, 1-6-4, Marunouchi, Chiyoda-ku, Tel. 274-3751;

Fujita,
7-2-22, Ginza, Chou-ku, Tel. 573-1011;

Gray Line,
3-3-3, Nishi-Shimbashi, Minato-ku, Tel. 433-6881.

Hier einige Beispiele:

Nur morgens:
9.00-12.50, Veranstalter JTB: Tokyo Tower, Teezeremonie, Kaiserliche Gärten, Kimono-Schau, Ikebana.

9.15-12.45, Veranstalter Gray Line: Tokyo Tower, Imperial Palace Plaza und Garten, Asakusa Kannon-Tempel, Ginza, Teezeremonie und Ikebana.

9.30-12.30, Veranstalter Fujita: Imperial Palace Plaza, Parlament, alter Akasaka-Palast, Meiji-Schrein, Olympische Schwimmhalle, Amita Centre für Kunsthandwerk.

Tagestouren
9.15-17.30, Veranstalter Gray Line;
9.30-17.30, Veranstalter Fujita.

Nur nachmittags
13.50-17.30, Veranstalter JTB;
13.30-17.30, Veranstalter Gray Line.

Nur abends
Tokio bei Nacht, Veranstalter JTB, 18.20-23.30: Abendessen, Gala-Show und Geisha-Party;
Tokio bei Nacht, Veranstalter JTB, 19.25-23.30: Kabuki, Nachtclub und Geisha-Party;
Happening Night Tour, Veranstalter Gray Line, 18.15-23.30: Abendessen, Nichigeki Music Hall, Nachtclub und Geisha-Party.

Sonderprogramme
Die sieben Wunder von Tokio, Veranstalter JTB: Tagesausflug mit Besichtigung von Computer- und Kamerawerken und der Suntory-Brauerei;

Art Around Town, Veranstalter JTB: Tagesausflug mit Ikebana, Teezeremonie und Papierfalten, Herstellung von Farbholzschnitten und Kimono-Schau;

Village Life and Crafts, Veranstalter JTB: Kunsthandwerk, ganztägige Fahrt;

Zen und Folklore, Veranstalter JTB: ganztägige Fahrt, einschließlich eines Besuchs der Sehenswürdigkeiten von Yokohama.

Diese Sonderprogramme finden nicht täglich statt, Einzelheiten sind beim JTB zu erfahren. Die Preise sind akzeptabel und schließen die Verpflegung unterwegs ein.

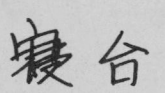

Betten 寝台

Alle Hotels im westlichen Stil und viele Privathäuser verfügen über die gewohnten Betten, womit wir uns hier nicht aufzuhalten brauchen. Das japanische Bett besteht aus einer Matratze *(Futon)*, die unmittelbar auf die *Tatami*-Strohmatte auf dem Boden gelegt wird. Sie schlafen unter einer Steppdecke. Das Kissen ist flach und sehr hart. Die japanischen Betten werden jeden Abend auf dem Boden ausgebreitet. Während des Tages werden sie zusammengerollt in Schränken verwahrt, so daß der Raum für andere Zwecke benutzt werden kann. Die Japaner schlafen normalerweise in einem dünnen Baumwollkimono.
Vgl. auch S. 171 ff.

Botschaften 大使館

Deutsche Botschaft,
4-5-10, Minami Azabu, Minato-ku, Tel. 473-0151

Österreichische Botschaft,
1-1-20, Moto Azabu, Minato-ku, Tel. 451-8281

Schweizer Botschaft,
5-9-12, Minami Azabu, Minato-ku, Tel. 473-0121

Bücher über Japan
日本についての本

Die meisten Reiseführer und Bücher über Japan, die in den Buchläden von Tokio verkauft werden, sind in englischer Sprache oder in Japanisch geschrieben. Zur Einstimmung auf eine Tokio- oder Japanreise zu empfehlen sind u. a. folgende allgemein gehaltene Bücher in deutscher Sprache:

Fritz von Briessen: *Japan, der lächelnde Dritte.* Bergisch Gladbach 1970
Martin Hürlimann: *Japan.* Freiburg 1970
Erhard Hürsch: *Tokyo.* Zürich 1966
Thomas Immoos/Erwin Alpern: *Japan. Tempel, Gärten und Paläste.* Köln [2]1978

Rudolf Walter Leonhard: *Drei Wochen und drei Tage.* Ein Europäer in Japan. Hamburg 1970
Merian: *Tokio.* Hamburg 1972
George Mikes: *Mit Geishas fängt der Tag gut an.* Das Land der aufgehenden Yen. Düsseldorf 1970
Max Mohl: *Made in Japan.* Düsseldorf 1970
Bradley Smith: *Japan, Geschichte und Kunst.* München 1965
Hans Wilhelm Vahlefeld: *100 Millionen Außenseiter.* Die neue Weltmacht Japan. Düsseldorf 1971

Buchläden 書店

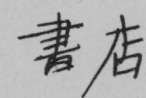

Straßenkarten, Zeitschriften und Bücher in Englisch und in anderen Sprachen sind in allen großen Buchläden Tokios und in den Kaufhäusern erhältlich. Genannt seien:

Kinokuniya
In der Nähe des Bahnhofs, Shinjuku, Tel. 354-0131

Kinokuniya
Toho Twin Tower, Yurakucho, Tel. 504-0821

Kyobunkan
In der Nähe der U-Bahn-Station Ginza, Tel. 561-8446

Jena
In der Nähe der U-Bahn-Station Ginza, Tel. 571-2980

Maruzen
In der Nähe der U-Bahn-Station Nihombashi, Tel. 272-7211

Coiffeure und Kosmetiksalons 美容院

Sie sind in allen Kaufhäusern zu finden. Außerdem sind folgende Geschäfte auf ausländische Kunden eingestellt:

André Bernard,
Minato-ku, Roppongi, 5-2-1, Horaiya Building, 4. Stock, Tel. 404-0616

Max Beauty Salon,
Shinjuku-ku, Tsunohazu, Takano Building, 5. Stock, Tel. 354-5211

Ohba Beauty Salon,
im Imperial Hotel (Tel. 503-8078) und im Hotel Grand Palace (Tel. 263-6468)

Pink Pearl,
im Palace Hotel, Tel. 211-6975

Shiseido Ginza Biyo-Shitsu,
Ginza, 7-8, Tel. 571-1821

Takara Beauty Salon,
Minato-ku, Akasaka, 7-1, Tel. 402-2726

Yonekura,
im Hotel Okura, Tel. 481-8011

Dolmetscher 通訳・翻訳

Der Standardsatz für Dolmetscher bei Geschäftsverhandlungen beträgt 15000 Yen für den ganzen Tag und 12000 Yen für den halben Tag (1979). Alle großen Firmen haben englischsprachige Mitarbeiter. Bei folgenden Agenturen können Sie jedoch einen eigenen Dolmetscher anwerben:

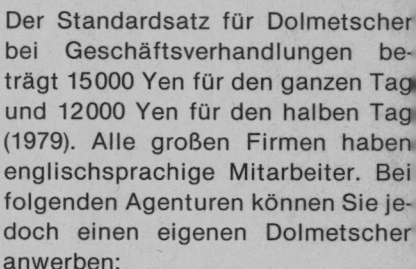

Japan Convention Service,
3-23, Roppongi 7-chome, Minato-ku, Tel. 401-1111

Japan Guide Association,
Shin-Kokusai-Gebäude, 4-1, Maru-nouchi 3-chome, Chiyoda-ku, Tel. 213-2706

Japan Lingua Service,
2-9-13, Ginza, Chuo-ku, Tel. 567-3814.

Diese Firmen stellen auch Sekretärinnen zur Verfügung.

Einkäufe/Souvenirs

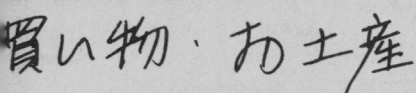

買い物・お土産

In den Kaufhäusern finden Sie alles unter der Sonne, von Rasierklingen bis zu Elefanten, aber es kann sehr unterhaltsam sein, die vielen tausend kleinen Läden und Verkaufsstände zu erforschen, die sich in jedem Bezirk Tokios drängen. Die folgende Liste von Vorschlägen ist keineswegs erschöpfend.

Bücher
Neu, gebraucht oder zu herabgesetzten Preisen, sind sie die Spezialität von Hunderten von Läden im Bezirk Kanda. Meistens handelt es sich natürlich um japanische Ausgaben; einige Läden sind jedoch auf ausländische Literatur spezialisiert, so daß man erstaunliche Funde machen kann.

Kameras
Alle japanischen Marken samt Zubehör sind am preisgünstigsten in Shinjuku. Feilschen (und ein Geschäft gegen das andere auszuspielen) kann durchaus lohnend sein, und die Preise liegen fast immer unter denen der Läden mit der Aufschrift ›tax free for tourists‹.

Kleidung
Kimonos, Happi-Jacken, Sandalen und überhaupt alle traditionellen japanischen Kleidungsstücke finden Sie zu annehmbaren Preisen auf dem großen Markt im Bezirk um den Asakusa-Schrein, allerdings nur in den kleinen japanischen Größen. Wenn Sie also größer als der größte Japaner sind, wird Ihnen alles zu klein sein, und Sie müssen es bei den großen Kaufhäusern versuchen, die japanische Kleidung in ›westlichen‹ Größen zu vergleichsweise allerdings sehr hohen Preisen anbieten.

Schuhe
Sollten Sie in Japan Schuhe kaufen wollen, so brauchen Sie es gar nicht erst zu versuchen, wenn Sie Schuhgröße 38 oder darüber (Frauen) oder Schuhgröße 44 oder darüber (Männer) haben. Große Größen gibt es einfach nicht.

Brillen
Keine Sorge, falls Ihre Brille den Weg alles Irdischen geht. Die japanischen Optiker verstehen ihr Geschäft nicht weniger gut als ihre westeuropäischen Kollegen und können Ihnen sogar noch schneller Ersatz beschaffen. In jedem Kaufhaus, sogar in den Vororten von Tokio, finden Sie eine Optikerabteilung mit einer großen Auswahl an

Brillengestellen und Gläsern. Ihr Auftrag, einschließlich des Sehtests, wird innerhalb von zwei Stunden ausgeführt, und das Ganze kostet weniger als in Deutschland, Österreich oder der Schweiz.

Elektrowaren
Auch wenn Sie kein Radio, Fernsehen, Walkie-Talkie oder Hi-Fi-Gerät zu kaufen beabsichtigen (obwohl sie billiger sind als zu Hause), wird sich der Bezirk Akihabara als eine wahre Fundgrube erweisen: Sie finden dort jede nur erdenkliche technische Spielerei, und in den Läden türmen sich die Fernsehgeräte bis zur Decke – und alle sind eingeschaltet. Akihabara ist als der billigste Bezirk für diese Waren bekannt. Es empfiehlt sich, um den Preis zu handeln. Eine Warnung: Die Fernseh- und UKW-Frequenzen sind von Land zu Land unterschiedlich; achten Sie also beim Kauf darauf, daß Sie ein für den Export bestimmtes Modell bekommen. Die Verkäufer, die meistens etwas Englisch sprechen, werden Sie gern beraten.

Porzellan
Porzellan und Geschirr im japanischen Stil für den täglichen Gebrauch ist die Spezialität vieler Läden in Tsukiji, wo auch die meisten Tokioter ihre Einkäufe tätigen. Im Vergleich zu Europa zeichnet sich jedoch selbst dieses Alltagsgeschirr durch besondere Qualität aus. Ein ganzes Service, Suppenteller oder anderes Geschirr im westlichen Stil dürfen Sie hier natürlich nicht suchen; was auf Sie wartet, ist eine große Auswahl an Teekannen, Schüsseln und Schalen mit herrlichen Glasuren und in wunderschönen Farben.

Einkauf in zollfreien Läden
Manche Reiseführer machen viel Aufhebens von der Möglichkeit, in steuerfreien Läden einzukaufen und alle Kaufhäuser bieten Ausländern einen bestimmten Teil ihrer Waren steuerfrei an. In Ihren Paß wird ein Formular mit einer entsprechenden Aufstellung geheftet, das den Zollbeamten bei der Ausreise vorzulegen ist. Die Vorteile dieser Einrichtung werden jedoch überschätzt; Discountläden sind fast immer billiger. Sie sollten dort jedoch in jedem Fall fragen, ob Sie einen noch niedrigeren, steuerfreien Preis bekommen können.

Öffnungszeiten
Die kleinen japanischen Läden öffnen verhältnismäßig spät (gegen 10.00 Uhr), schließen aber auch spät (gegen 22.00 Uhr). Fast alle Läden sind die ganze Woche über und sogar sonntags geöffnet, wenn die Ginza für den Autoverkehr gesperrt ist und der ganze Bezirk ein Einkaufsparadies wird.

Straßenmarkt
Zu den buntesten und farbigsten Straßenmärkten gehört der Markt in Okachimachi. Es gibt Verkaufsstände aller Art, doch geht es im wesentlichen um Lebensmittel. Die Verkäufer preisen laut ihre Waren an und machen Witze, während sie ihren Kunden große Tintenfische, getrocknete Calamares, gesalzenen Salm und andere eher ausgefallene Leckereien verkaufen.

Einladungen 予約

Seien Sie unbedingt pünktlich bei Einladungen, aber rechnen Sie selbst bei pünktlichem Eintreffen mit einigen Minuten Wartezeit. Dies hat seine Vorteile. In der Regel wird man Ihnen etwas zu trinken anbieten, bevor Ihr Gastgeber kommt. Schütteln Sie ihm nicht die Hand. Verneigen Sie sich und überreichen Sie Ihre *Meishi,* Ihre Visitenkarte (s. dort). Ihr Gastgeber wird das gleiche tun, und schon ist mit den beiderseitigen Bemühungen, den Namen des anderen richtig auszusprechen, eine Unterhaltung in Gang gekommen.

Elektrizität 電気

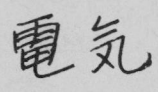

In Tokio: 100 Volt Wechselstrom. In den Hotels sind Anschlüsse für 110 und 220 Volt vorhanden.

Erdbeben 地震

Japan ist ein Land der Naturkatastrophen. Jedes Jahr gegen Ende des Sommers richten schwere Regenfälle und Sturmwinde (das Wort ›Taifun‹ ist japanischen Ursprungs) in vielen Teilen des Landes einschließlich Tokios schwere Verwüstungen an. Japan ist darüber hinaus ein Erdbebengebiet, und häufig werden kleinere Erdstöße registriert. Die Japaner glauben (wofür es geschichtliche Beweise gibt), daß es in der Hauptstadt ungefähr alle 60 Jahre zu schweren Erdbeben kommt. Da es 1923 in Tokio ein schreckliches Erdbeben und eine Feuersbrunst gab, warten viele Japaner nervös auf eine Katastrophe größeren Ausmaßes in der nahen Zukunft. Im Januar 1978 erschütterte ein vergleichsweise kleines Erdbeben Yokohama und forderte einige Todesopfer und viele Verletzte.

In ganz Tokio sind Plakate angeschlagen, die Ihnen in der Art eines Comic-Heftes raten, wie Sie sich bei einem Erdbeben verhalten sollen. Der Ausländer bringt sich in einem solchen Fall am besten im Keller des nächstgelegenen großen Gebäudes in Sicherheit, vorzugsweise eines Kaufhauses oder eines der großen Einkaufszentren unter der Erde. Obwohl die Plakate darauf nicht ausdrücklich hinweisen, sind viele dieser Gebäude mit Nahrungsmitteln, Wasser und anderen Vorräten für Notfälle ausgestattet.

Fahrpreise 旅費

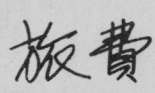

In der U-Bahn je nach Entfernung zwischen 100 und 200 Yen; in den Omnibuslinien beträgt der Grundpreis für die erste Teilstrecke 50 Yen, jede weitere Teilstrecke kostet dann etwa 20 Yen.

Vgl. auch *Öffentliche Verkehrsmittel.*

Fernsehen und Radio テレビ・ラジオ

Fernsehen ist in Japan noch beliebter als in Deutschland, und die acht

Stationen in Tokio, zwei davon ohne Werbefernsehen, senden vom frühen Morgen bis in die späten Abendstunden ein abwechslungsreiches Programm, das auch für den nicht Japanisch sprechenden Ausländer durchaus unterhaltsam sein kann – mit Sportberichten, Naturfilmen, Zeichentrickfilmen für Kinder und *Chambara* bzw. Serien über die Samurai-Krieger; die Bildqualität ist ganz allgemein ausgezeichnet. Alle ausländischen Serien und Filme sind leider synchronisiert. Wir sagen leider, wenn auch der synchronisierte Text oft zum Positiven hin vom Original abweicht. Bisweilen geht die Übersetzung eher ins Satirische. So war ›The Man From U.n.c.l.e.‹ auf Japanisch viel komischer als auf Englisch. Viele der bekannten amerikanischen Serien sind ausgesprochen beliebt: Um ›Colombo‹ sehen zu können, waren die Japaner sogar mit einer Kürzung der Baseball-Berichte einverstanden. Wenn Sie etwas typisch Japanisches sehen wollen, schauen Sie sich die ›Wide Show‹ an (wochentags täglich um 23.00 Uhr im 4. Programm), eine Show, die bereits seit zehn Jahren läuft und sich durch ihre Striptease-Einlagen vom deutschsprachigen Pantoffelkino abhebt.

Die ganz großen Hotels haben ein eigenes Kabelfernsehen, das amerikanische und englische Programme sowie besondere Programme für Touristen zeigt. Das gesamte Fernsehprogramm ist in allen englischsprachigen Zeitungen abgedruckt.

Das **Radio** steht genau wie in Europa an zweiter Stelle. NHK FM sendet häufig Programme mit klassischer Musik. Das einzige Programm in englischer Sprache für die amerikanischen Soldaten (FEN) sendet ununterbrochen Schlagermusik und jede volle Stunde nichtssagende lokale Nachrichten. Die großen Hotels senden ein eigenes Radioprogramm in englischer Sprache, überwiegend Musik. Einer der Tokioter Mittelwellensender sendet wochentags um 19.00 Uhr Nachrichten auf Englisch. Mit einem Kurzwellenempfänger können Sie die Deutsche Welle hören, die ihre deutschsprachigen Sendungen in Japan täglich zwischen 10.00–13.50 MEZ ausstrahlt, und zwar auf folgenden Frequenzen: 11 795 kHz – 25 Meter Band; 15 225 kHZ – 19 Meter-Band; 17 845 kHz – 16 Meter-Band; 21 580 kHz – 13 Meter-Band. Die Frequenzen ändern sich von Zeit zu Zeit entsprechende Auskünfte erteilt die Deutsche Welle, 5000 Köln 1, Postfach 100444, Tel. (0221) 20301. Erkundigen Sie sich auch nach der Frequenzen der Sendungen für Australien und Neuseeland, die ebenfalls in Japan gehört werden können.

Fest- und Feiertage

公休日・祭日

Die japanischen Festtage gehören zu den aufregendsten und farbigsten auf der ganzen Welt. Da sich das Datum bisweilen ändert, sollten Sie sich bei Teletourist (503-2911 Englisch, 503-2926 Französisch, leider keine Auskünfte in Deutsch) noch einmal erkundigen, um rechtzeitig an Ort und Stelle zu sein.

Januar
1. Januar: Neujahr. Dieser bedeutendste japanische Feiertag wird in jeder Straße, an jedem Schrein und Tempel auf besondere Weise begangen. Am berühmtesten und beeindruckendsten in Tokio sind die Feierlichkeiten am Meiji-Schrein (vor dem Bahnhof Harajuku). Vielleicht sollte man das unglaubliche Gedränge am Vorabend des Neujahrstages vermeiden, wenn Sie dabei auch einen guten Eindruck von der Massenstadt Tokio erhalten und schließlich fast meinen, jeden Einwohner persönlich getroffen zu haben. Wenn Sie in der darauffolgenden Woche hingehen, können Sie sich unter die vielen, in ihren besten Kimono gekleideten Leute mischen, die die ersten Gebete des Jahres verrichten wollen.

6. Januar: Dezome-shiki, der Zug der Feuerwehrleute. Er findet in Harumi Chuo-dori (nächste U-Bahnstation: Tsukiji) statt. Die in ihre traditionellen Gewänder gekleideten Feuerwehrleute führen auf riesigen Bambusleitern tollkühne Kunststücke vor.

Februar
3. oder 4. Februar: Setsubun, das Fest des Bohnenwerfens. Nach dem Mondkalender ist Setsubun der letzte Tag des Winters. In allen Tempelbezirken drängen sich die Menschen, viele in der traditionellen japanischen Tracht, und werfen Bohnen in die Luft, um imaginäre Teufel zu vertreiben, wobei sie rufen ›Glück herein, Teufel hinweg!‹. Was wieder einmal beweist, daß es viele Dinge zwischen japanischem Himmel und Erde gibt, von der sich unsere westliche Schulweisheit nichts träumen läßt.

März
3. März: Hinamatsuri, das Fest der Puppen. An diesem Tag werden in fast jedem Haus die Töchter verwöhnt. Einige Puppen und winzige Haushaltsgegenstände, alle mit großer Kunstfertigkeit hergestellt und von erstaunlicher Schönheit, werden im Hauptraum des Hauses auf einem mit einem weinroten Tuch bedeckten Regal aufgebaut. Diese Puppen sind deswegen besonders interessant, weil sie die kaiserliche Familie im traditionellen Festtagsgewand darstellen. Falls Sie keinen Besuch in einem Privathaus machen können, sehen Sie sich die schönen Arrangements in den Kaufhäusern an.

April
8. April: Der Geburtstag Buddhas. An diesem Tag, ein Festtag in allen buddhistischen Tempeln, wird ein kleines Bild des Kindes Buddha öffentlich zur Schau gestellt und darüber ein besonders zubereiteter gesüßter Tee gegossen.

Mai
5. Mai: Der Tag der Knaben. Familien mit kleinen Söhnen feiern die-

sen Tag, indem sie an langen Bambusstangen Papier- oder Stoffkarpfen flattern lassen. Die Karpfen sind sehr groß und mit leuchtenden Farben bemalt.

15. bis 17. Mai: Kanda Matsuri (nur in Jahren mit ungeraden Zahlen). Zwei riesige Trageschreine, die an die Feudalzeit Japans erinnern, werden durch die Straßen um den Kanda-Myojin-Schrein im Stadtbezirk Kanda getragen. Ein sehr populäres Fest.

16. bis 18. Mai: Sanja Matsuri. Auch hier geht es wieder um Trageschreine: Drei solche Schreine werden um den Asakusa-Schrein im gleichnamigen Bezirk getragen. Außerdem werden aufregende Löwen- und Binzasara-Tänze vorgeführt.

Juni

10. bis 16. Juni: Sanno. Das Fest des Hie-Schreines (U-Bahnstation Akasaka-Mitsuke), das in das 17. Jahrhundert zurückgeht, ist eines der größten und fröhlichsten Feste in Tokio. Den Höhepunkt bildet eine Prozession von wunderschönen Sänften durch die geschäftigen Straßen.

August

Zu Beginn des Monats (das Datum ändert sich von Jahr zu Jahr) findet bei Keio Tamagawa am Tama-Fluß ein großartiges Feuerwerk statt.

Oktober

1. bis 10. Oktober: Das Tokio-Festival. Zu diesem Festival, das 1956 zur Erinnerung an den 500. Gründungstag des Kaiserlichen Palastes ins Leben gerufen wurde, gehören u. a. ein Hafenfest und, wenn Sie an so etwas Spaß haben, ein Schönheitswettbewerb, bei dem Miss Tokio gewählt wird.

12. Oktober: Oeshiki, das Fest des Hommonji-Tempels (steigen Sie an der Station Ikegami der Ikegami-Linie aus und gehen Sie etwa 1 km in nordöstlicher Richtung), wird zu Ehren des buddhistischen Lehrers Nichiren (1222-1282) begangen. Die Menschen ziehen zum Tempel, wobei sie große, mit Papierblumen geschmückte Laternen tragen.

Öffentliche Feiertage

Fällt ein öffentlicher Feiertag auf einen Sonntag, so wird am Montag nicht gearbeitet.

1. Januar: Neujahr; 15. Januar: Tag der Erwachsenen

11. Februar: Gründungstag der Nation

20. oder 21. März: Frühlingsanfang

29. April: Kaisers Geburtstag

1. Mai: Tag der Arbeit; 3. Mai: Tag der Verfassung; 5. Mai: Tag der Kinder

23. oder 24. September: Herbstanfang

10. Oktober: Tag der Gesundheit und des Sports

3. November: Tag der Kultur; 23. November: Dankfest

Fremdenführer ガイド

Wegen eines Führers oder Dolmetschers wenden Sie sich an die **Japan Guide Association** (Tel. 213-2706), an Ihr Hotel oder an Ihr Reisebüro. Die Kosten für die englischsprachige Betreuung einer Gruppe bis zu vier Personen betrugen 1979 13000 Yen für einen ganzen und 10000 Yen für einen halben Tag. Fremdenführer mit deutschen Sprachkenntnissen sind ca. 20% teurer.

Fundsachen 忘れ物

Nach drei bis fünf Tagen werden alle Fundsachen an folgende Sammelstelle geschickt:

Zentrales Fundbüro des Städtischen Polizeipräsidiums, 3-11-14, Minami-Aoyama, Minato-ku, Tel. 478-1547.

Vor Ablauf dieser Frist müssen Sie je nach dem Ort, wo Sie etwas verloren haben, bei verschiedenen Stellen nachfragen:

Staatliche Japanische Eisenbahn: Hauptbahnhof Tokio, Tel. 231-1880

U-Bahnen: U-Bahnstation Ueno, Tel. 834-5577

Private Bahnen und Busse: Fundgegenstände werden zunächst an das Büro der Endhaltestelle der betreffenden Linie weitergeleitet

Busse der Stadt Tokio, Leitungsbusse und Eisenbahnen: Abteilung für Fundsachen des Tokyo Metropolitan Government, 5. Stock, Kotsukaikan Building, 10-1, Yurakucho, 2-chome, Chiyoda-ku, Tel. 216-2953

Taxis: Tokyo Taxi Kindaika Centre, Shinseikan Building, Shinanomachi, Shinjuku-ku, Tel. 355-0300.

Gastbesuch in Tokioter Familien
東京での家庭訪問

Die meisten Europäer, die Tokio besuchen, leben in Hotels und lernen selten mehr als die internationale Atmosphäre der Kaufhäuser auf der Ginza kennen. Es ist folglich eine hervorragende Idee, sich bei einem kurzen Besuch in einem japanischen Heim einen Eindruck vom wahren Tokio zu verschaffen. Dies ist nicht so schwierig, wie es klingt, denn das Tourist Information Centre kann Ihnen einen Besuch von einigen Stunden bei einer in Tokio lebenden Familie vermitteln. Sie sollten sich wenigstens einen Tag vorher anmelden und die Verabredung unbedingt einhalten. Der Besuch selber kostet nichts, aber ein Geschenk (vgl. *Geschenke*) wird gerne entgegengenommen. Das Information Centre wird allerdings kaum eine Familie mit Deutschkenntnissen für Sie finden können; wenn Sie jedoch Englisch sprechen, sollten Sie ohne Probleme zurechtkommen.

Geishas 芸者

Entgegen der in Europa verbreiteten Meinung sind die Geishas in Tokio keine Prostituierten: Es sind in den traditionellen Künsten ausgebildete Tänzerinnen und Sängerinnen, die zudem ausgezeichnet Konversation zu machen verstehen. Ihre Hauptaufgabe besteht darin, Leben in eine Gesellschaft zu bringen. Sie können also keine Geisha ohne eine Party mieten, die Sie erst selbst organisieren müssen. Die großen Tokioter Firmen, die wichtige europäische Besucher zu Gast haben, pflegen häufig zu ihren Ehren eine solche Party zu veranstalten. Wenn Sie jedoch nicht zu diesem bevorzugten Personenkreis gehören und sehr viel Geld übrig haben, können Sie sich um Rat an das Tourist Information Centre oder Ihr Hotel wenden; dort wird man Ihnen sagen, wie Sie zu Ihren Geishas kommen. Ersatz für das kostspielige Vergnügen könnte eine Tanzvorstellung von Geishas im Shimbashi Embujo-Theater sein. Diese Veranstaltungen finden nur einmal jährlich (im Frühjahr) während eines Monats statt. Näheres ist wiederum beim Tourist Information Centre zu erfahren.

Vgl. auch S. 158 ff.

Geld

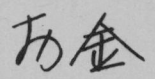

Der Yen ist die japanische Währungseinheit. Er ist sehr stabil und hat seinen Kurs gegenüber der DM und dem Schweizer Franken in den letzten Jahren nur wenig geändert. Gegenwärtig entsprechen 100 Yen etwa einer DM. Am besten nehmen Sie DM-, Schweizer Franken- oder Yen-Reiseschecks in den Fernen Osten mit. Letztere lassen sich am leichtesten eintauschen: in Hotels, Kaufhäusern und einigen Läden sowie in Banken mit dem Hinweis ›Geldwechsel‹.

Die Tokioter Branchen von deutschen und Schweizer Banken (s. *Banken*) tauschen auch DM- und SF-Schecks gegen Vorlage einer Euro-Scheckkarte ein.

Im Umlauf sind Banknoten zu 100, 500, 1000, 5000 und 10000 Yen. Daneben gibt es folgende Münzen: 1 Yen (Aluminium), 5 Yen (bronzefarben mit einem Loch in der Mitte), 10 Yen (kupferfarben), 50 Yen (silberfarben mit einem Loch in der Mitte) und 100 Yen (silberfarben). Wegen der galoppierenden Inflation in der Nachkriegszeit ist 1 Yen jetzt so wenig wert, daß er als Rechnungseinheit immer problematischer wird. Einige Japaner fürchten, eine so niedrige Währungseinheit könne dem wirtschaftlichen Prestige des Landes schaden, und verweisen darauf, daß als einzige andere große Währung die dubiose italienische Lira bei allen Geschäften des täglichen Lebens in Nullen geradezu untergehe. 1978 erklärte Premierminister Fukuda, er befürworte die Einführung eines ›neuen Yen‹ (ein neuer für hundert alte) innerhalb von zwei Jahren. Warten wir ab, was unter seinem Nachfolger daraus wird.

Wechselgeld

Seien Sie nicht erstaunt, wenn Sie zum ersten Mal Wechselgeld erhalten. Man wird es Ihnen nicht wie in Europa vorzählen, sondern Ihnen einfach Scheine und Münzen zusammen in die Hand drücken. Es wird nicht als grobe Unhöflichkeit angesehen, wenn Sie das Geld nachzählen, aber Sie werden kaum je einen Fehler feststellen.

Geschenke お土産

Die Japaner tauschen ausgesprochen gern Geschenke untereinander aus, wovon europäische Geschäftsleute, die von japanischen Besuchern mit Feuerzeugen, Krawattennadeln mit Perle und Manschettenknöpfen überhäuft worden sind, ein Lied singen können. Wenn Sie in Tokio geschäftlich zu tun haben oder mit einer Einladung in ein japanisches Privathaus rechnen können, sollten Sie sich mit einem Vorrat an Geschenken ausstatten, denn die Etikette erfordert dies. Obwohl es nichts gibt, was in Tokio nicht erhältlich wäre, sind die meisten aus dem Ausland eingeführten Waren sehr teuer und haben deswegen einen hohen Prestigewert. Am häufigsten wird eine Flasche Johnny Walker (Black Label) verschenkt, aber man kann sich durchaus auch mehr einfallen lassen. Die Japaner schätzen alles Deutsche, und Solingen hat in ihren Ohren einen magischen Klang. Geschätzt sind Nagelknipser, kleine Messer, mit denen man Früchte schälen oder Käse schneiden kann, sowie Etuis mit allem Notwendigen für die Nagelpflege. Auch guter Tee wird Sie bei Ihren Gastgebern beliebt machen, vor allem, wenn es sich um eine englische Mischung einer der weltbekannten Firmen wie Twinings handelt.

Getränke 飲み物

Das bekannteste alkoholische Getränk in Japan ist **Sake,** der traditionelle Reiswein. Obwohl er gegoren und nicht destilliert ist, schmeckt er überhaupt nicht wie Wein. Er ist beinahe so stark wie Branntwein und wird warm in kleinen Keramikflaschen serviert und aus winzigen Tassen getrunken. Kalt ist diese wasserhelle Flüssigkeit weniger zu empfehlen. Sake mundet sehr gut zu jedem japanischen Essen. Das gleiche gilt für **Bier,** wobei das japanische Bier eine Art Pilsener ist, das beinahe so gut wie die besten deutschen Marken schmeckt. Es gibt auch japanische Traubenweine: Einige sind recht gut, die meisten aber ausgesprochen mäßig und mit französichen oder deutschen Qualitäten nicht zu vergleichen. Deswegen und wegen des hohen Preises dieser Weine in Japan hält man sich am besten an andere Getränke, wie beispielsweise an den typisch japanischen süßen **Pflaumenwein,** einen köstlichen Dessertwein.

Der **japanische Whisky,** der in einer verwirrenden Vielfalt von Güte- und Reifegraden erhältlich ist, schmeckt ausgezeichnet und kommt dem Scotch nahe. Tatsächlich importieren die besten japanischen Brennereien ihr Malz direkt aus Schottland und destillieren den Whisky in Gebieten, wo das Wasser von ähnlicher Beschaffenheit wie in den schottischen Highlands ist. In einigen Bars werden Sie auf den Regalen eine große Zahl von numerierten Flaschen sehen. Sie gehören den Stammkunden, die bei ihrer Ankunft einfach ihre Flasche verlangen.

Das japanische Nationalgetränk ist der **Tee** *(o-cha),* ein grüner Tee, der ganz anders als der in westlichen Haushalten zubereitete schmeckt. Obwohl er dem chinesischen Tee sehr ähnlich ist, hat er durchaus eine eigene Note und einen ganz besonderen Duft. Er wird ohne Milch und Zucker in kleinen Tonschalen serviert. Auch der indische Tee *(ko-cha)* ist weit verbreitet und wird in der üblichen Weise zubereitet und serviert.

Es versteht sich von selbst, daß alle internationalen alkoholfreien Getränke in Japan erhältlich sind. Daneben gibt es jedoch ein durch und durch japanisches Erfrischungsgetränk, das sich großer Beliebtheit erfreut. Es wird aus saurer Milch hergestellt, trägt den nicht unbedingt appetitanregenden Namen **Carupisu** und ist bei Kennern ausgesprochen beliebt.

Vgl. auch *Restaurants.*

Haarschnitt 散髪

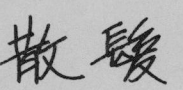

Sind Sie ein männliches Wesen, sollten Sie sich in Japan einmal die Haare schneiden lassen – einfach, um es erlebt zu haben. Die Haarwäsche, das heiße Gesichtstuch und eine Schultermassage machen das Ganze zu einer höchst entspannenden und erholsamen Angelegenheit. Oft wird man Ihnen auch die Haare aus Nase und Ohren schneiden.

Vgl. auch *Coiffeure.*

Hauptverkehrszeiten
ラッシュ アワー

Man muß es mit eigenen Augen gesehen und am eigenen Leib erlebt haben, um es zu glauben – versuchen Sie beispielsweise einmal, zwischen 8.30 und 9.30 Uhr mit der Chuo-Linie zu fahren; danach wissen Sie und können noch Ihren Kindern berichten, was ein Verkehrschaos ist. Die schlimmsten Zeiten sind die zwischen 8.00 und 9.30 und 17.00 und 19.00 Uhr. In den meisten Büros fängt man gegen 9.00 zu arbeiten an, obwohl die Japaner erstaunlicherweise nicht allzu pünktlich sind. Behörden und Kaufhäuser öffnen um 10.00 Uhr.

Hotels
ホテル・旅館

In Tokio gibt es Hotels im westlichen und im japanischen Stil. Jeder Tokio-Besucher sollte wenigstens eine Nacht in einem japanischen Hotel, *Ryokan* genannt, verbringen, aber für viele Europäer wäre diese Umgebung für die gesamte Dauer ihres Aufenthaltes vielleicht doch zu fremdartig. Falls Sie mit dem Geld nicht allzu sparsam umgehen müssen, können Sie in einem der großen Hotels um ein Zimmer im japanischen Stil bitten und haben damit die ideale Lösung gefunden.

Tokios Hotels im westlichen Stil sind wirklich ausgezeichnet, und selbst die preisgünstigeren Kategorien bieten einen Service und einen Komfort, an den wenige Hotels dieser Klasse in Europa heranreichen. Die Luxushotels gehören zu den besten in der Welt, und ein Aufenthalt dort kann allein schon ein Erlebnis sein.

Für den ausländischen Touristen in Tokio ist das Hotel ein verläßlicher Rettungsanker im Getriebe der Weltstadt. Die meisten Angestellten sprechen Englisch und sind ausgesprochen hilfsbereit. In der Hotelhalle gibt es oft die verschiedensten Läden, wo Sie vom Arzneimittel bis zum Haarschnitt oder einer Zeitung alles bekommen können. In den meisten Hotels finden sich Restaurants im westlichen und im japanischen Stil sowie verschiedene Bars. In den größeren Hotels kann man zudem wunderschöne japanische Gärten mit künstlichen Seen und Wasserfällen bewundern. Ein Besuch dieser Gärten (beispielsweise im Hotel New Otani [Farbabb. 26] oder im Takanawa Pacific) lohnt sich immer, selbst wenn Sie dort nicht wohnen.

Die meisten Touristen kommen mit einer Reisegesellschaft nach Tokio - offensichtlich der billigste Weg, um in den Genuß der Vorteile eines Luxushotels zu kommen. Wenn Sie jedoch individuell reisen und es sich leisten können, sind folgende Hotels wärmstens zu empfehlen:

The New Otani,
4, Kioi-cho, Chiyoda-ku, Tokio 102, Tel. 265-1111

Imperial Hotel,
1-1-1, Uchisaiwai-cho, Chiyoda-ku, Tokio 100, Tel. 504-1111

Hotel Pacific,
3-13-3, Takanawa, Minato-ku, Tokio 108, Tel. 445-6711

Palace Hotel,
1-1-1, Marunouchi, Chiyoda-ku, Tokio 100, Tel. 211-5211

Takanawa Prince Hotel,
3-13-1, Takanawa, Minato-ku, Tokio 108, Tel. 447-1111

Tokio Prince Hotel,
3-3-1, Shiba Park, Minato-ku, Tokio 105, Tel. 432-1111

Unter den sehr viel billigeren, aber bequemen Hotels im westlichen Stil, die gut organisiert und im Zentrum der Stadt gelegen sind, seien besonders folgende genannt:

Ginza Capital Hotel,
2-1, Tsukiji, Chuo-ku, Tel. 543-8211

Hokke Club, Tokio Ten,
2-1-4, Ikenohata, Taito-ku, Tel. 822-3111

Tokyo Hotel Urashima,
2-5-23, Harumi, Chuo-ku, Tel. 270-3751

Hotel Mates,
2-9-5, Shirongane-dai, Minato-ku, Tel. 443-4161

Central Hotel,
3-17-9, Uchikanda, Chuo-ku,
Tel. 256-6251

Hotel Satoh,
1-4-4, Hongo, Bunkyo-ku,
Tel. 815-1131

Hotel Sun Route Tokyo,
1-11, Nampeidai, Shibuya-ku,
Tel. 464-1651

Tokyo Green Hotel Awajicho,
2-6 Awajicho, Kanda, Chiyoda-ku,
Tel. 255-4161

Tokyo Green Hotel Suidobashi,
1-1-16, Misakicho, Chiyoda-ku,
Tel. 295-4161

Noch billiger sind die Jugendherbergen, die nicht nur für Jugendliche da sind. Um dort wohnen zu können, benötigen Sie eine Mitgliedskarte des Jugendherbergsverbandes. Die Reservierung ist rechtzeitig vorher schriftlich bei der betreffenden Jugendherberge mit Rückantwort (internationaler Rückantwortschein) vorzunehmen. In dem (möglichst in Englisch abzufassenden) Antrag sind anzugeben: 1 Name und Adresse; 2 Beruf; 3 Geschlecht; 4 Paßnummer; 5 Nummer der Mitgliedskarte; 6 Dauer des Aufenthaltes; 7 Tag der Ankunft und der Abreise; 8 Gewünschte Mahlzeiten am Tag der Ankunft.

Die Jahreszeiten mit der größten Besucherzahl sind Neujahr, März, Ende April bis Mitte Mai, Juli und August. Sie sollten zwei bis drei Monate im voraus reservieren.

Jugendherberge Ichigaya,
1-6, Gobancho, Chiyoda-ku,
Tel. 262-5950

Jugendherberge Yoyogi,
3-1, Yoyogi Kamizonocho, Shibuya-ku, Tel. 467-9163

Shin Nakano Lodge,
6-1-1, Honmachi, Nakano-ku,
Tel. 381-4886

Tokyo YMCA.
(nur Männer),
7, Mitoshiro-cho, Kanda, Chiyoda-ku, Tel. 293-1911

Tokyo YWCA Sadohara
(nur Frauen und Ehepaare),
3-1-1, Ichigaya, Sadahara-cho Shinjuku-ku, Tel. 268-7313

Japan YWCA
(nur Frauen),
4-8-8, Kudan Minami, Chiyoda-ku, Tel. 264-0661

Was Sie in den Ryokans, den typischen japanischen Hotels, erwartet, ist auf S. 171 ff. beschrieben. An dieser Stelle seien einige bessere Tokioter Ryokans genannt, die zu empfehlen sind:

Fukudaya,
6 Kioicho, Chiyoda-ku,
Tel. 261-8577

Shinkomatsu,
1-9-13, Tsukiji, Chuo-ku,
Tel. 541-2225

Hotel Yaesu Ryumeikan,
1-3-22, Yaesu, Chuo-ku,
Tel. 271-0971

Tokyo Kanko Hotel,
4-10-8, Takanawa, Minato-ku,
Tel. 443-1211

Kegon,
1-39-8, Yoyogi, Shibuyaku,
Tel. 370-3333

Ebenfalls zu empfehlen sind die folgenden preisgünstigeren Ryokans:

Fujikan,
4-2-5, Hongo, Bunkyo-ku,
Tel. 813-4441

Futaba,
6-16-14, Hongo, Bunkyo-ku,
Tel. 814-2841

Wenn Sie genügend Zeit haben, besuchen Sie am besten kein Ryokan in Tokio, sondern eines in den nicht weit entfernten Thermalbädern. Hier können Sie sich an der Umgebung erfreuen, in heißem Quellwasser baden und abends in dem von Ihrem Ryokan zur Verfügung gestellten Kimono einen Schaufensterbummel durch die Stadt machen. In Nikko und Hakone (vgl. S. 205ff., 211ff.) z. B. empfehlen wir folgende Ryokans:

Nikko

Konishi Ryokan Bekkan,
Kamihatsuishi, Nikko, 321-14,
Tel. 0288-4-1105

Chuzenji Hotel,
Chuzenji Onsen, Nikko, 321-16,
Tel. 0288-0333

Nikko Grand Hotel,
Yumoto Onsen, Nikko, 321-16,
Tel. 028862-2111

Hakone

Hakone Kowakien,
Hakonemachi, Ashigarashimogun,
Hakone 250-04, Tel. 0460-24111

Ichinoyu,
Hakonemachi, Ashigarashimogun,
Hakone 250-03, Tel. 0460-5-53331

Tenseien,
Hakonemachi, Ashigarashimogun,
Hakone 250-03, Tel. 0460-5-5521

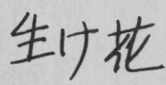

Ikebana 生け花

Ikebana gehört zu den japanischen Wörtern, die jeder kennt. Man versteht darunter die geschmackvolle Anordnung von Blumen, und die Japaner haben aus Ikebana eine hochentwickelte Kunst gemacht. Wenn Sie etwas über Ikebana erfahren möchten, erteilt Ihnen das folgende Institut Auskünfte in Englisch:

Ikebana International,
2. Stock, Shufunotomo Building,
Kanda Surugadai 1-chome, Chiyoda-ku, Tel. 293-8188.

Es gibt auch Schulen in Tokio, in denen Sie Ikebana lernen oder in dieser Kunst zumindest ein oder zwei Unterrichtsstunden nehmen können. Die Adresse einer dieser Schulen:

Ikenobo Ochnomizu Gakuin,
3, Kanda Surugadai 2-chome, Chiyoda-ku (3 Minuten vom Bahnhof Ochanomizu), Tel. 292-3071.

Der Unterricht findet montags, mittwochs und freitags von 14.00 bis 16.00 Uhr statt. 1979 betrugen die Unterrichtsgebühren pro Stunde, einschließlich der Kosten für die Blumen, 2000 Yen.

Informationen für Touristen

観光　案内

Das staatliche **Tourist Information Centre** bietet einen umfassenden und hervorragenden Service. Die Adresse lautet:
Kotani Building (Parterre), 1-chome, Yurakucho, Chiyoda-ku,
Tel. 502-1461.

Auf Band gesprochene **telephonische Auskünfte** über die laufenden Veranstaltungen in Tokio erhalten Sie (in Englisch) unter der Nummer **503-2911** und (in Französisch) unter der Nummer **503-2926**.

Kaufhäuser　デパート

Nachfolgend die wichtigsten der Tokioter Kaufhäuser (vgl. S. 181 ff.). In Klammern jeweils der Tag, an dem sie geschlossen sind.

Daimaru,
Gebäude des Bahnhofs Tokio, 1-9-1 Marunouchi, Chiyoda-ku,
Tel. 212-8011 (mittwochs)

Isetan,
3-8 Shinjuku, Shinjuku-ku,
Tel. 352-1111 (mittwochs)

Matsuya,
3-6-1 Ginza, Chuo-ku, Tel. 567-1211 (donnerstags)

Mitsukoshi,
1-7-4 Nihombashi Muromachi, Chuo-ku, Tel. 241-3311 (montags)

Takashimaya,
2-5 Nihombashi-dori, Chuo-ku,
Tel. 211-4111 (mittwochs)

Tokyu,
1-9-2 Nihombashi-dori, Chuo-ku,
Tel. 211-0511 (donnerstags)

Kinder　子供

In jedem Bezirk in Tokio gibt es einen Kinderspielplatz, wie auch jedes größere Kaufhaus über einen Kinderspielplatz und einen Zoo – normalerweise auf dem Dach – verfügt. Die Kinderspielplätze der Kaufhäuser sind beaufsichtigt, so daß Sie Ihr Kind dort während Ihres Einkaufs beruhigt zurücklassen können. Wenn Sie sich in spendabler Laune befinden, sollten Sie die Spielzeugabteilungen in den großen Kaufhäusern besuchen, die jedes Kind unweigerlich zu Stürmen der Begeisterung hinreißen. Tokios größter, wunderschöner Zoo ist im Ueno-Park gelegen. Zudem gibt es in Takao einen Safari-Park, der mit der Eisenbahn vom Stadtzentrum aus in 45 Minuten zu erreichen ist (Chuo-Linie).

Jedes Hotel kann einen Babysitter für Sie besorgen, oder Sie wenden sich direkt an eine der folgenden Agenturen:

Tokyo Domestic Service,
Tameike, Tokio, Tel. 584-4769 (1000 Yen pro Stunde)

Tokyo Maid Service,
Suidobashi, Tokio, Tel. 291-3595 (1000 Yen pro Stunde)

Hotel New Otani's Baby Room,
Kioi-cho, Tokio, Tel. 265-1111 (3500 Yen für die ersten zwei Stunden,

700 Yen für jede weitere halbe Stunde, 15000 Yen für die Betreuung über Nacht, d. h. für 24 Stunden von 12 Uhr mittags bis 12 Uhr mittags. Diese Einrichtung, die auch von Nicht-Hotelgästen benutzt werden kann, steht nur für Kinder bis zu fünf Jahren zur Verfügung.)

Kinos   映画

Wie es sich für die Hauptstadt des Landes mit der zweitgrößten Filmindustrie der Welt gehört (nur in Indien werden noch mehr Filme gedreht), ist Tokio mit Kinos gesegnet. Die Eintrittskarten kosten ungefähr das gleiche wie in Deutschland, wobei die Preise tagsüber niedriger sind als abends. Zum Glück für den Besucher sind die ausländischen Filme nie synchronisiert (im Gegensatz zu denen des Fernsehens); über das Programm in den Kinos der Stadtmitte informieren alle englischsprachigen Zeitungen. Erwarten Sie keine deutschen Filme, obwohl Herzog, Schlöndorff und Co. immer populärer werden.

Es folgen einige der wichtigsten Kinos:

Hibya Eiga
In der Nähe des Sanshin- und des Hibiya Mitsui Building zwischen dem Imperial Hotel und dem Hibiya Park Building, Tel. 591-5353

Miyukiza
Gegenüber dem Imperial Hotel, Tel. 591-5357

New Toho Cinemas 1 und 2
New Toho Building gegenüber dem Nichigeki-Theater, Tel. 571-1946 und 571-1947

Marunouchi Piccadilly
Hinter dem Asahi Shimbun Building, Tel. 201-2881

Shibuya Pantheon
1. Stock des Tokyo Bunka Kaikan neben dem Bahnhof Shibuya, Tel. 407-7219

Shinjuku Milanoza
Vor dem Koma Gekijo in der Nähe des Ostausgangs des Bahnhofs Shinjuku, Tel. 202-1189

Shinjuku Kusashinokan
Vor dem Hauptausgang des Bahnhofs Shinjuku, Tel. 354-5671

Shochiku Central
In der Nähe des Ginza Kabuki-Theaters und des Ginza Tokyo-Hotels, Tel. 541-2714

Theatre Ginza
Im Kellergeschoß des Tokyo-Theaters auf der Ginza zwischen dem Kaufhaus Matsuya und dem Kaufhaus Takashimaya,
Tel. 561-7938

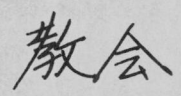

Kirchen   教会

Gottesdienste in deutscher Sprache sind selten. In folgenden Kirchen werden Gottesdienste in englischer oder deutscher Sprache abgehalten:

Franciscan Chapel Centre,
Minato-ku, Roppongi 4-chome, 2-37,
Tel. 401-2141 (katholische Kirche)

St. Alban's Church,
Minato-ku, Shiba Sakae-cho, 10,
Tel. 431-8534
(episkopalische Kirche)

St. Paul International Lutheran Church,
Chiyoda-ku, Fujimicho 1-2-32,
Tel. 261-3740

Tokyo Baptist Church,
Shibuya-ku, Hachiyamacho 9-2,
Tel. 461-8425

Tokyo Union Church,
Shibuya-ku, Jingumae 5-chome, 7-7,
Tel. 400-0047

Tokyo Jewish Community Centre,
3-8-8, Hiroo Shibuya-ku,
Tel. 400-2559

Kirschblüte 桜

Die enge Beziehung der Japaner zur Natur ist fast sprichwörtlich. Die Menschen sitzen auch heute noch zur Zeit des Vollmondes im Freien, um den Anblick zu genießen. Ihre Naturverbundenheit kommt besonders während der kurzen Zeit der Kirschblüte zum Ausdruck, wenn ganze Völkerwanderungen zu besonders schönen Orten oder bestimmten Bäumen unterwegs sind – um sich an dem Anblick zu freuen und den nahenden Frühling zu begrüßen. Bei diesen Ausflügen wird viel Sake getrunken, gesungen und Unsinn getrieben. In Tokio ist der Ueno-Park besonders berühmt, und es geht dort bisweilen recht laut zu. Andere bekannte Orte sind der Aoyama-Friedhof, der Aoba-dori Abschnitt des Grabens um den Kaiserlichen Palast, der Sumida-Park und Koganei (zu erreichen mit der Chuo-Bahnlinie). Die Kirschbäume blühen normalerweise Anfang April, doch hat das Wetter dabei ein Wörtchen mitzureden. Die Nachricht von den ersten Knospen und Blüten verbreitet sich wie ein Lauffeuer durch Tokio.

Klima und Kleidung
季節と衣類

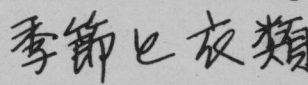

Die japanischen Inseln erstrecken sich über 3000 km von Norden nach Süden, so daß das Klima von sehr kalt bis subtropisch variiert. Tokio selbst liegt auf dem gleichen Breitengrad wie Rom und Teheran, und zwar am Pazifik. Es gibt vier ganz unterschiedliche Jahreszeiten:

Der **Sommer** (Juni bis August) ist die am wenigsten angenehme Jahreszeit und zeichnet sich durch hohe Feuchtigkeit, hohe Temperaturen und häufige schwere Monsunregen und Gewitter aus. Der **Winter** (Dezember bis Februar) kann sehr kalt sein und bringt normalerweise Frost und Schnee mit sich. Der Himmel ist jedoch wolkenlos, und die Sonne scheint oft hell. Im **Frühjahr** (März bis Mai) und im **Herbst** (September bis November) kann es mild und warm sein, wobei es im Frühjahr häufig sehr windig ist. Dies sind die für den Touristen günstigten Jahreszeiten, wobei der Herbst noch geeigneter ist als das Frühjahr.

Für jede Jahreszeit ist entsprehend unterschiedliche Bekleidung erforderlich. Im Winter brauchen Sie einen Mantel, warme Kleidung, Pullover, einen Regenschirm und strapazierfähige Schuhe. Im Frühjahr leichte Kleidung. Im Sommer leichte Kleidung vorzugsweise aus Baumwolle, einen Regenmantel, einen Schirm und Gummistiefel, obwohl bei den starken Regenfällen und der hohen Feuchtigkeit die japanischen Holzsandalen, die Geta, die ohne Socken getragen werden, oft am geeignetesten sind. Sie sind billig und bequemer, als sie aussehen. Für den Herbst empfehlen sich leichte Kleidung, Pullover und ein Regenmantel.

Für Tokio gelten folgende Mittelwerte für Temperatur, Luftfeuchtigkeit und Regen:

Jahreszeit	Temperatur	Luftfeuchtigkeit	Regentage
Winter	4 °C	57%	5
Frühjahr	13,5 °C	66%	10
Sommer	25,2 °C	79%	10
Herbst	16,9 °C	74%	11

Krankenhäuser 病院

Es gibt in Tokio einige hervorragende protestantische oder katholische Krankenhäuser, in denen die meisten Mitarbeiter Deutsch oder Englisch sprechen:

International Catholic Hospital,
2-5-1, Nakaochiai, Shinjuku-ku,
Tel. 951-1111

St Luke's Hospital and Clinic,
10-1, Akashicho, Chuo-ku,
Tel. 541-5151

Tokyo Medical and Surgical Clinic,
Masonic Building, 4-1-3, Shiba-koen, Minato-ku, Tel. 436-3028

Einen **Krankenwagen** erreichen Sie unter der Nummer 119.

Vgl. auch *Apotheken; Ärzte; Zahnärzte.*

Kreditkarten
クレジットカード

Sie sind in Japan sehr viel verbreiteter und gebräuchlicher als in Deutschland. Es empfiehlt sich, sie zu benutzen, weil Sie dabei einen noch besseren Kurs bekommen als für Reiseschecks. Am bekanntesten sind **American Express, Diner's Club, Eurocard, Mastercharge** und **VISA**.

Kunstgalerien 画廊

Einige der besten privaten Kunstgalerien Tokios sind in Kaufhäusern zu finden. Sie verfügen über einen festen Bestand an alten und modernen westlichen und japanischen Kunstwerken und veranstalten außerdem regelmäßig besondere Ausstellungen. Diese Ausstellungen (die häufig gemeinsam mit großen Zeitungen veranstaltet werden) sind oft sehr beeindruckend und weit besser als das, was in den öffentlichen Museen geboten wird. Einzelheiten sind der Tagespresse zu entnehmen. Zu den empfehlenswerten kleineren Privatgalerien gehören:

Fuma Gallery
Auf der Ginza, Tel. 563-8035
Gallery Nichido
Auf der Ginza, Tel. 571-2553
Gallery Tamenaga
Auf der Ginza, Tel. 573-5368
Himeji Gallery
Auf der Ginza, Takashima Building, 2. Stock, Tel. 541-6854
Kunugi Gallery
Auf der Ginza, Daini Yanagi Building, Tel. 571-0347
Wako Gallery
Auf der Ginza, Tel. 562-2111
 Vgl. auch *Museen*.

Massage
あんま・マッサージ

Die japanische Massage ist zu Recht weltberühmt. Wenn Sie einmal erlebt haben, wie eine gelernte Masseuse (die tatsächlich an einem bestimmten Punkt leichtfüßig über Ihr Rückgrat laufen wird) jeden Teil Ihres Körpers bearbeitet, wissen Sie, was vollkommene Entspannung ist, vor allem wenn Sie nach einem Bad massiert werden. Jedes Hotel kann eine Massage für Sie arrangieren, die normalerweise von einer etwas älteren Masseuse durchgeführt wird. Sie behalten dabei den dünnen Kimono, *Yukata* genannt, oder den Baumwollkimono an, den Ihnen alle Hotels für den Aufenthalt in Ihrem Zimmer zur Verfügung stellen. Falls dies alles für Sie neu ist, bitten Sie um eine leichte Behandlung *(Karuku)*, da Sie sonst am nächsten Tag Ihre Knochen spüren könnten. Die Massage ist nicht billig: Der Durchschnittspreis liegt bei 3000 Yen für eine Stunde.

Maße und Gewichte 分量

Ausschließlich metrisch, so daß Sie sich zumindest in diesem Punkt nicht umstellen müssen.

Museen und Galerien
博物館・美術館

Die Einwohner von Tokio sind ausgesprochene Kunstliebhaber. Man erinnert sich in der Stadt noch lebhaft daran, wie die Venus von Milo nach Tokio kam; man konnte sie dort nur von einer Art Fließband aus sehen, das den einzelnen Besucher mit einiger Geschwindigkeit an der Skulptur vorbei beförderte, so daß unmöglich zu entscheiden war, ob es sich um eine Reproduktion oder das Original handelte. Dessenungeachtet standen Millionen von Menschen stundenlang Schlange, um für einen kurzen Moment der Statue nahe zu sein, die, wie ihnen berichtet worden war, der Inbegriff der klassischen Kunst ist.

Dieser unstillbare Hunger nach Kunst, der sich auch bei weit weniger bedeutenden Ausstellungen bemerkbar macht, hat Tokio jedoch nicht zu einer Fülle bemerkenswerter Museen verholfen. Die Museumsidee als solche ist ohnehin westlicher Herkunft, so daß Museen erst nach der Meiji-Restauration in Japan eingeführt wurden. Da der größte Teil der westlichen Kunst sich in festen Händen und die meisten großen japanischen Kunstwerke sich in Tempeln, Schreinen oder in den Händen des Adels befanden, waren die Anfänge dieser Museen durchaus bescheiden, und die Nationalmuseen im Ueno-Park sind selbst heute noch enttäuschend. Zwar zeigen sie einige hervorragende Beispiele japanischer Kunst und japanischen Kunsthandwerks, aber Beleuchtung und Präsentation lassen viel zu wünschen übrig; es ist nur allzu offensichtlich, daß die japanische Regierung mit der finanziellen und moralischen Unterstützung der Museen Jahre hinter Europa einherhinkt.

Selbst das Museum für Westliche Kunst, auch es im Ueno-Park gelegen und von Le Corbusier entworfen, ist eine Enttäuschung: Es steckt voll viertklassiger Kunstwerke von erst- und zweitrangigen Künstlern und ist architektonisch gesehen ein weiterer Beweis dafür, daß große Architekten der Malerei und Bildhauerei ohne rechtes Verständnis gegenüberstehen (ob sie nun Museen in Tokio, New York oder Westberlin bauen).

Wie in so vielen anderen Bereichen des japanischen Lebens war der private Sektor dort erfolgreich, wo die Behörden versagten. Die besten Museen in Tokio befinden sich im Besitz großer Firmen und werden von ihnen verwaltet. Wenn Sie eine kleine, aber erlesene Sammlung von japanischen Kunstwerken und Gegenständen des japanischen Kunsthandwerks kennenlernen wollen, besuchen Sie das **Suntory-Museum;** im **Bridgestone-Museum** ist eine besonders schöne Auswahl von französischen Gemälden des 19. Jahrhunderts zu sehen. Mit Whisky und Autoreifen erzielte Gewinne haben verwirklicht, was mit Steuermitteln nicht gelungen ist.

Im übrigen werden die besten Ausstellungen kaum je in den Nationalmuseen veranstaltet. Sie sind in den sachkundig hergerichteten Ausstellungsräumen der großen Kaufhäuser zu sehen und werden überwiegend von den großen Zeitungen organisiert und finanziert, die darin nicht nur eine wirksame Form der Werbung sehen, sondern überdies einen Gewinn erzielen wollen. So unwahrscheinlich dies dem Europäer erscheinen mag, der sich damit abgefunden hat, daß die Kunst nur durch Subventionen am Leben erhalten werden kann – zumindest in Tokio können Kunstausstellungen ein einträgliches Unternehmen sein.

Bridgestone-Museum
1-1, Kyobashi, Chuo-ku (5 Minuten zu Fuß vom Hauptbahnhof Tokio), Tel. 563-0241
Westliche Kunstwerke, insbesondere französische Impressionisten. Eine schöne Sammlung, zu der auch einige zeitgenössische Werke gehören. Täglich von 10.00 bis 17.00 Uhr geöffnet, montags geschlossen.

Idemitsu-Galerie,
1-1, 3-chome, Marunouchi, Chiyoda-ku (3 Minuten zu Fuß vom Bahnhof Yurakucho, Tel. 213-3111
Kunst und Kunsthandwerk aus dem alten Japan, China und westasiatischen Ländern. Geöffnet von 10.00 bis 17.00 Uhr, montags geschlossen.

Japanisches Schwerter-Museum,
4-25, Yoyogi, Shibuya-ku (5 Minuten zu Fuß vom Bahnhof Sangubashi der Odakyu-Linie), Tel. 379-1386
Arbeiten von bekannten Schwertschmieden aus Vergangenheit und Gegenwart. Geöffnet von 9.00 bis 16.00 Uhr, montags geschlossen.

Kunstmuseum der Stadt Tokio,
Ueno-Park, Taito-ku (5 Minuten zu Fuß vom Bahnhof Ueno), Tel. 821-3726
Werke zeitgenössischer japanischer Künstler. Wechselnde Ausstellungen. Von 9.00 bis 16.00 Uhr geöffnet.

Meiji-Gedächtnisgalerie,
Außenpark des Meiji-Schreins, Shinjuku-ku (5 Minuten zu Fuß vom Bahnhof Shinanomachi), Tel. 401-5179
Die Bilder zeigen die wichtigsten Ereignisse aus der Regierungszeit des Kaisers Meiji. Täglich von 9.00 bis 16.30 Uhr geöffnet.

Museum der Wissenschaft,
2, Kitanomaru-Park, Chiyoda-ku (5 Minuten zu Fuß von der U-Bahnstation Takebashi, Tel. 212-8471
Die neuesten technischen Erfindungen. Von 9.30 bis 16.30 Uhr geöffnet, montags geschlossen.

Museum für Fernmeldewesen,
2-1-4, Otemachi, Chiyoda-ku (5 Minuten zu Fuß vom Hauptbahnhof Tokio), Tel. 270-3841
Briefmarken und Dokumente über das Post- und Fernmeldewesen. Geöffnet von 9.00 bis 16.30 Uhr, montags geschlossen.

Museum Riccar (Ukiyo-e-Museum),
2-3-6, Ginza, Chuo-ku (5 Minuten zu Fuß von der U-Bahnstation Ginza), Tel. 571-3254
Holzschnitte und Kunstwerke des alten Japan. Von 10.00 bis 18.00 Uhr geöffnet, montags geschlossen.

Nationalmuseum für Moderne Kunst,
3, Kitanomaru-Park, Chiyoda-ku (5 Minuten zu Fuß von der U-Bahnstation Takebashi), Tel. 214-2561
Japanische Kunstwerke und Gegenstände des Kunsthandwerks

die nach 1907 entstanden sind. Interessant, die im traditionellen japanischen und im westlichen Stil hergestellten Arbeiten zu vergleichen. Täglich von 10.00 bis 17.00 Uhr geöffnet.

Nationalmuseum für Naturwissenschaft,
Ueno-Park, Taito-ku (5 Minuten zu Fuß vom Bahnhof Ueno),
Tel. 822-0111
Ausstellungsstücke aus der Naturwissenschaft. Von 9.00 bis 16.30 Uhr geöffnet, montags geschlossen.

Nationalmuseum für Westliche Kunst,
Ueno-Park, Taito-ku (3 Minuten zu Fuß vom Bahnhof Ueno),
Tel. 828-5131
Im wesentlichen die Sammlung eines Mannes mit Verbindungen zu Frankreich und einer Vorliebe für die französischen Impressionisten und für Rodin.

Papier-Museum,
1-1-8, Horifune, Kita-ku (vor dem Bahnhof Oji), Tel. 911-3545
Verschiedene japanische Papierarten, Papiererzeugnisse und Werkzeuge zur Herstellung von handgemachtem Papier: das einzige Museum seiner Art auf der Welt. Von 9.30 bis 16.30 Uhr geöffnet, montags und an nationalen Feiertagen geschlossen.

Pentax-Galerie,
Kasumicho Corp., 3-21-20, Nishi-Azabu, Minato-ku (7 Minuten zu Fuß von der U-Bahnstation Roppongi), Tel. 478-3071

Dieses Museum mit Kameras und Photos ist das einzige seiner Art in Japan. Von 10.00 bis 17.00 Uhr geöffnet, montags und an nationalen Feiertagen geschlossen.

Schatzhaus des Meiji-Schreins,
Yoyogi, Shibuya-ku (10 Minuten zu Fuß vom Bahnhof Yoyogi)
Die persönlichen Gegenstände des Kaisers Meiji (1852-1912) bieten einen faszinierenden Einblick in den Lebensstil Japans zu der Zeit, als es westliche Einflüsse aufzunehmen begann. Täglich von 9.00 bis 16.30 Uhr geöffnet.

Sumo-Museum,
2-1-9, Kuramae, Taito-ku (2 Minuten zu Fuß von der U-Bahnstation Kuramae), Tel. 851-2201
Urkunden und Dokumente aus der Geschichte des japanischen Ringkampfs. Von 9.00 bis 17.00 Uhr geöffnet, montags geschlossen.

Suntory-Museum,
Palace Building, 1-1-1, Marunouchi, Chiyoda-ku (7 Minuten zu Fuß vom Hauptbahnhof Tokio),
Tel. 211-6936
Kunstwerke und Gegenstände des Kunsthandwerks aus dem alten Japan. Von 10.00 bis 17.00 Uhr geöffnet, montags geschlossen.

Takanawa-Museum,
4-10-30, Takanawa, Shiba Minato-ku, (5 Minuten zu Fuß vom Bahnhof Shinagawa), Tel. 441-6363
Kunstwerke und kunsthandwerkliche Gegenstände aus dem alten Japan und aus China. Von 10.00 bis 16.00 Uhr geöffnet, montags geschlossen.

Tenri-Museum,
Tenrikyo-Kaikan Building, Mitoshiro-cho
Volkskunst und religiöse Kunst. Täglich von 9.00 bis 17.00 Uhr geöffnet.

Tokio-Nationalmuseum,
Ueno-Park, Taito-ku (5 Minuten zu Fuß vom Bahnhof Ueno),
Tel. 822-1111
In diesem größten Museum Japans sind Kunstwerke aus Japan, China und Indien zu sehen; täglich von 9.00 bis 16.30 Uhr geöffnet, montags geschlossen.

Tokio-Zentralmuseum,
Ginza-Boeki Building, 2-7-18, Ginza, Chuo-ku (3 Minuten zu Fuß von der U-Bahnstation Ginza),
Tel. 564-0711
Gemälde im japanischen und im westlichen Stil. Von 10.00 bis 18.00 Uhr geöffnet, montags geschlossen.

Tsubouchi-Theatermuseum,
Waseda-Universität, 1-chome, Nishi-Waseda, Shinjuku-ku (6 Minuten zu Fuß von der U-Bahnstation Waseda), Tel. 203-4154
Gegenstände und Urkunden aus der Welt des Theaters; das einzige Museum seiner Art in Japan. Von 9.00 bis 16.00 Uhr geöffnet; montags, am Tag nach nationalen Feiertagen und vom 1. August bis zum zweiten Montag im September geschlossen.

Yamatane-Museum,
2-10, Kabuto-chu, Nihombashi, Chuo-ku (5 Minuten zu Fuß von der U-Bahnstation Kayabacho),
Tel. 669-3211
Japanische Gemäldekunst von 1868 bis heute. Von 11.00 bis 17.00 Uhr geöffnet, montags geschlossen.

Nachtleben

夜の娯楽

Tokio bei Nacht ist sehr sicher und bietet eine Fülle von Unterhaltungsmöglichkeiten. Es folgt eine kleine Auswahl, nach Bezirken geordnet.

Cabarets und Nachtclubs
GINZA

Crown
Der berühmteste Nachtclub Tokios Varieté-Show. Drinks von 600 Yen an aufwärts. Englisch sprechende Hostessen. Ab 18.00 Uhr geöffnet sonntags geschlossen,
Tel. 572-5511.

Cabaret Monte Carlo
10000 Yen pro Person (die Gebühr für zwei Drinks, eine Hostess, das Gedeck und die Show). Englisch sprechende Hostessen. Varieté-Show. Ab 18.30 Uhr geöffnet, sonntags geschlossen. Im Parterre des Mori Building in der Namiki-dori.
Tel. 571-6571.

AKASAKA

Club Charon
Ein kleiner intimer Nachtclub. Englisch sprechende Hostessen. Klaviermusik und Schlager. Drinks ab 700 Yen. Gebühr für eine Hostess

2500 Yen pro Stunde. Ab 19.00 Uhr geöffnet, sonntags geschlossen. 5. Stock des Social Akasaka Building, Tel. 586-4480.

Club Copacabana
Bei Ausländern sehr beliebt. Kabarettvorstellung von sehr hohem Niveau. Drinks ab 900 Yen. Die Taxe für eine Hostess und das Gedeck wird extra berechnet. Ab 18.00 Uhr geöffnet, sonntags geschlossen, Tel. 585-5811.

Cordon Bleu
Restaurant-Theater. Shows mit Tänzerinnen ›oben ohne‹. Französische Küche. Eintrittspauschale 15000 Yen. Ab 19.00 Uhr geöffnet, sonntags geschlossen, Tel. 582-7800.

ROPPONGI

Club Casanova
Rock and Roll und amerikanische Shows. Drinks ab 500 Yen. Ab 19.00 Uhr geöffnet, sonntags geschlossen, Tel. 584-4558.

Club Misty
Jazz. Drinks ab 700 Yen. Ab 20.00 Uhr geöffnet, sonntags geschlossen. Roppongi, 4-chome, Tel. 402-7887.

Club Morena
Drei Nachtclubs in einem Gebäude, wovon das Restaurant Morena im Parterre am preiswertesten ist. Ab 19.30 Uhr geöffnet, Tel. 402-9337.

People
Homosexuellenclub, mit Transvestitenvorführungen. Im Roppongi Square Building. Erst ab Mitternacht für Homosexuelle. Von 18.30 bis 23.00 Uhr eine ›einfache‹ Hostessenbar. Sonntags geschlossen, Tel. 470-0555.

SHINJUKU

Club Lee
Clubtheater. Für 9900 Yen können Sie so viel trinken, wie Sie wollen. Tel. 209-0654.

Pubs

Berni Inn
Das erste echte englische Pub und Restaurant in Tokio und der einzige Ort, an dem englisches Bier ausgeschenkt wird. Auf der Ginza
(Tel. 571-8210) und in Roppongi (Tel. 405-4928).

Suntory Cellar
Im spanischen Stil eingerichtet. Whisky ab 350 Yen. Speisekarte in englischer Sprache. Ab 17.00 Uhr geöffnet, sonntags geschlossen. Im Suntory Building in Akasaka.
Tel. 470-1131. Auch in Roppongi: Tel. 470-1071.

Nacktrevuen

International Club 88
Striptease. Für 1700 Yen können Sie etwas essen und der Show eine Stunde lang zusehen. Anfangszeiten: 18.20, 19.30, 20.40, 21.50 Uhr. Von 23.00 bis 6.00 Uhr früh keine Hostessen. Sonntags geschlossen. 3. Stock des Unakami Building, Roppongi 3-11-6, Tel. 402-5436.

Nichigeki Music Hall

Tokios bekannteste Nacktrevue mit Striptease im japanischen Stil, Sketchs und einer ausgefeilten Choreographie. Keine Drinks und kein Essen, nur ein kleines Theater: 1, Yurakucho, 2-chome, Chiyoda-ku, Tel. 201-2111.

L'Osier

Deluxe, im italienischen Stil eingerichtet. Drinks von 500 Yen an aufwärts. Alle halbe Stunde von 18.00 bis 23.00 Uhr eine Darbietung auf dem Klavier. Auf der Ginza, 7. Stock des Shiseido Parlor Building. Sonntags geschlossen, Tel. 572-2121.

Lady Fair Bar

Auf Ausländer eingestellt. Englisch sprechende Hostessen. Drinks ab 500 Yen. Gegenüber der Shimbashi Misubishi-Bank. Kellergeschoß von Ohba Camera, Tel. 591-1755.

Diskotheken

Day by Day

Bietet auch eine Show. Der erste Drink kostet 2500 Yen, alle weiteren ab 500 Yen. Von 19.30 bis 4.00 Uhr geöffnet, sonntags geschlossen. Im Horaiya Building, B-1, Roppongi, 5-2-1, Minato-ku, Tel. 479-3866.

Mugen

Zur Zeit wohl die beliebteste Diskothek in Tokio. Eintritt 2500 Yen für Männer, 1500 Yen für Frauen (einschließlich eines Drinks). In Akasaka. Ab 18.30 Uhr geöffnet.
Tel. 584-4481.

Notfälle 緊急

Die Polizei ist unter dem Notruf 110 die Feuerwehr oder die Ambulanz unter der Nummer 119 zu erreichen Die Zentrale für Notfälle verfüg über englische und französische leider aber über keine deutscher Dolmetscher. An allen großen Stra ßenkreuzungen ist ein Polizeipo sten *(Koban)* zu finden. Die Beam ten sind dazu da, Ihnen zu helfen und sind es gewohnt, sich auch mi kleineren, alltäglichen Problemer zu befassen. Adressen sind ihre Spezialität.
Vgl. auch S. 184ff.

Öffentliche Verkehrsmittel

公共交通

U-Bahn

Das schnellste und billigste Ver kehrsmittel Tokios ist die U-Bahr (jap.: *Chikatehtsu*). Insgesamt ach Linien überziehen Tokio mit einem dichten Netz von Verbindungen; die Züge nehmen ihren Betrieb kurz vo 5.00 Uhr morgens auf, die letzter fahren kurz vor Mitternacht. An ver schiedenen Knotenpunkten kreu zen sich die U-Bahnstrecken mit de nen der Staatlichen Japanischer Eisenbahn, der Kokuden.

Die Eingänge zu den U-Bahnsta tionen sind entweder durch ein Rac (für eine öffentliche Linie) oder eir stilisiertes S (für eine Privatlinie) ge kennzeichnet. Einige Eingänge lie gen auf dem Bürgersteig, andere ar der Seite eines Gebäudes. Die großen Stationen haben mehrere Eingänge, die zum Teil 100 Meter voneinander entfernt liegen und meistens nur zu einer einzigen Linie führen, die in eine bestimmte Richtung fährt. Sie müssen also genau wissen, wohin Sie wollen, bevor Sie einen dieser Eingänge benutzen.

Der Name jeder Station ist in lateinischen Buchstaben, in chinesischen Schriftzeichen und im Kana-Silbenalphabet angegeben. Darunter steht in kleineren Buchstaben der Name der vorhergehenden Station (rechts) sowie der Name der folgenden Station (links), so daß Sie sich bestens orientieren können. Ein Fahrschein kostet mindestens 80 Yen; der Betrag erhöht sich pro Einheit um jeweils 20 Yen. An den meisten Stationen sind Fahrkartenautomaten aufgestellt, die Wechselgeld herausgeben; da die Stationen darauf jedoch nicht in lateinischer Schrift angegeben sind, ist es nicht ganz leicht, sich zurechtzufinden. Am besten kaufen Sie Ihren Fahrschein direkt am Schalter, oder (was noch einfacher ist) Sie kaufen einen Fahrschein für 80 Yen und bezahlen den Mehrbetrag bei der Ankunft. Die Fahrscheine werden an der Eingangsbarriere gelocht und sind am Ausgang abzugeben: Bewahren Sie sie also auf!

Die Staatliche Japanische Eisenbahn

Die Kokuden betreibt in Tokio viele elektrische S-Bahnen. In diesem sehr schnellen Verkehrsmittel, das über der Erde fährt, können Sie während der Fahrt etwas von der Stadt sehen. Die *Yamanote-Sen-Linie* fährt ringförmig um den Stadtkern von Tokio herum, die eine Bahn im Uhrzeigersinn, die andere in entgegengesetzter Richtung. Sie hält an allen großen Stationen wie Shinjuku, Shibuya, Shimbashi, Ueno, Ikebukuro, Shinagawa etc. Die Wagen der Yamanote-Linie sind grün. In etwas mehr als einer Stunde können Sie einmal die gesamte Strecke abfahren, und es gibt kaum eine bessere Gelegenheit, etwas von Tokio in seiner ganzen Vielfalt zu sehen.

Die *Chuo-Linie* beginnt ihre Fahrt am Bahnhof Tokio, fährt quer durch die Stadtmitte nach Shinjuku und weiter. Ihre Wagen sind orangefarben. Zwischen Tokio und Shinjuku hält sie nur in Kanda, Ochanomizu und Yotsuya. Für die anderen Stationen auf dieser Strecke ist die *Sobu-Linie* zu benutzen (gelbe Wagen), die in Ochanomizu abzweigt und weiter nach Chiba fährt. Der billigste Fahrschein kostet 60 Yen. Die Fahrscheine werden am Fahrkartenautomaten gekauft und sind bei der Ankunft abzugeben. Auch hier empfiehlt es sich wieder, den billigsten Fahrschein zu kaufen und den Aufschlag bei der Ankunft nachzuzahlen.

Busse

Tokio verfügt über ein dichtes Netz von Busverbindungen, und die Haltestellen sind durch gelb beleuchtete viereckige Säulen mit einem stilisierten Rad gekennzeichnet. Jede

Linie – es gibt private und städtische – hat eine besondere Nummer, die Zielorte allerdings sind nur in Japanisch angegeben. Leider gibt es auch keine Karte der Busverbindungen in lateinischer Schrift. Der Tourist hält sich am besten an die Untergrundbahn und die Eisenbahnen. Es kann jedoch durchaus vergnüglich sein, in irgendeinen Bus einzusteigen und einfach ins Blaue zu fahren, wobei man sich natürlich die Nummer merken muß, um den gleichen Bus zurücknehmen zu können. Der Standardpreis für den Fahrschein betrug 1979 90 Yen. Werfen Sie den Betrag in eine Maschine neben dem Fahrer ein; Wechselgeld wird nicht herausgegeben. Wenn Sie aussteigen möchten, drücken Sie einen der vielen Klingelknöpfe. Die Türen öffnen sich automatisch. Wegen des dichten Verkehrs kommen die Busse oft nur sehr langsam vorwärts.

Pachinko　パチンコ

In ganz Tokio werden Sie in hell erleuchteten Salons Leute sehen, die konzentriert vor sich hin starren und mit ihren Händen Hebel betätigen. Ihre Beschäftigung heißt Pachinko und ist eigentlich nichts weiter als ein Spiel mit einem Automaten und Kugeln, das aber von Jung und Alt mit ungewöhnlichem Ernst betrieben wird. Das Geheimnis liegt in den Gewinnen: Die Kugeln, die man gewinnt, tauscht man an der Kasse gegen Schokolade, Seife, Konserven oder Füllfederhalter ein.

Es gibt ungefähr 4000 Pachinko-Hallen in Tokio, und so unwahrscheinlich dies auch klingen mag, verdienen sich manche Leute ihren Lebensunterhalt mit diesem Spiel, indem sie ihre Gewinne an Läden in der Nachbarschaft verkaufen. Der Name ist lautmalerisch: ›pa-chin-ko‹ klingt so wie die Kugel, die sich dreht und dreht. Seit einiger Zeit gibt es eine elektronische Konkurrenz zu Pachinko, Invayda genannt; das Spiel scheint von dem Film ›Krieg der Sterne‹ inspiriert zu sein. Wenn Sie 100 Yen in den Automaten werfen, lösen Sie eine Invasion aus dem Weltraum aus, die Sie mit simulierten Atomraketen abwehren müssen – alles auf einem Fernsehschirm, allerdings ohne dabei etwas gewinnen zu können. Es geht darum, so lange wie möglich weiterzuspielen, bis Sie von dem Feind aus dem Weltraum ausgelöscht werden. Anfänger halten nur wenige Sekunden durch, während erfahrene Spieler sehr viel härter im Nehmen sind. Invayda machte vor allem 1979 Furore, als es noch ganz neu war und Cafés und Restaurants mit einem Schild stolz auf die entsprechenden Einrichtungen im Innern verwiesen. Viele Japaner hoffen allerdings, daß die Automatenmanie bald ihr Ende finden wird, denn Pachinko wird nachgerade zu einem sozialen Problem: Kleine Kinder betteln, schnorren und stehlen bereits, nur um sich vor die Spielmaschinen setzen zu können.

Post 郵便

Briefe mit einem Standardgewicht von 25 Gramm kosten in alle Teile Japans 50 Yen, Postkarten 20 Yen. Luftpost nach Europa kostet 140 Yen für einen 10 Gramm schweren Standardbrief; für ein Aerogramm hat man 100 Yen zu zahlen. Bei der Schiffspost kosten 20 Gramm 90 Yen. Briefmarken sind in Hotels und Postämtern erhältlich. Die Inlandspost wird in die roten Briefkästen geworfen, die Briefe ins Ausland und Eilbriefe gehören in die blauen Briefkästen. Nach Auskunft der japanischen Post wird ein Luftpostbrief in drei bis vier Tagen in alle Teile Europas befördert, während die Über-Land- und Über-See-Post 32 Tage nach Deutschland und 34 Tage nach Österreich braucht.

Die Postämter sind werktags von 9.00 bis 17.00 Uhr und samstags von 9.00 bis 12.30 Uhr, die Hauptpostämter wochentags und samstags von 8.00 bis 20.00 Uhr und sonn- und feiertags von 8.00 bis 12.00 Uhr geöffnet.

Radfahren サイクリング"

Nach dem japanischen Straßenverkehrsrecht gelten die Radfahrer merkwürdigerweise als Fußgänger. Folglich jagen sie auf Trottoirs, Autostraßen und in engen Durchgängen daher und führen dabei so gefährliche Manöver aus, daß Autofahrer und Fußgänger gut daran tun, immer ein Auge auf diese Nachfahren der Kamikaze-Piloten zu haben. Mit Leuten, gegen die man nicht ankommt, soll man sich verbünden: Die Staatliche Japanische Eisenbahn hat einen Verleih mit sehr vielen Zweigstellen aufgebaut. Leihfahrräder sind an den großen Bahnhöfen erhältlich und kosten durchschnittlich zwischen 300 Yen pro Stunde bis 1000 Yen pro Tag. Tokio verfügt über eine Reihe von Radfahrwegen für Erholungszwecke

Jingu-Gaien Cycling Centre	2,3 km
Setagaya Public Cycling Course	4,6 km
Yoyogi-Shinrin Park Cycling Course	2,4 km
Komazawa Park Cycling Course	2,8 km
Takigahara Park Cycling Course	1,8 km
Kinuta Park Cycling Course	1,5 km
Palace Cycling Road	5,5 km

Weitere Einzelheiten sind beim Tourist Information Centre zu erfahren. Vergessen Sie nicht, daß in Japan Linksverkehr herrscht.

Rauschgift 麻葉

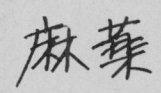

Anders als in den meisten ostasiatischen Ländern war Rauschgift nie ein Bestandteil der japanischen Kultur und wird auch nicht geduldet. Die Polizei geht schon gegen den Gebrauch von Marihuana hart vor, so daß es nur sehr schwer zu bekommen und sehr teuer ist. Versuchen Sie nicht, einen eigenen Vorrat zu importieren: Sie könnten Ihre Ferien im Gefängnis verbringen.

Restaurants

食堂・レストラン

Im folgenden nennen wir zunächst einige Restaurants der gehobenen Kategorie. Mit einem Sternchen versehene Restaurants werden vom Verkehrsministerium für Touristen empfohlen und sind auf nicht japanisch sprechende Gäste eingestellt.

Akasaka Asada,
3-6-4, Akasaka, Minato-ku,
Tel. 585-6606

Akasaka Neboke,
3-11-17, Akasaka, Minato-ku,
Tel. 585-9640

*Clark-Tei,
Toho Seimei Building, 2-15-1, Shibuya, Shibuya-ku, Tel. 406-4188.
Spezialität: Tonkatsu

Colza,
7-15-10, Roppongi, Minato-ku,
Tel. 405-5631. Spezialität: japanisch zubereitete Steaks

*Furusato,
3-4-1, Aobadai, Meguro-ku,
Tel. 463-2310

*Ginza Happo-en,
6-4-7, Ginza, Chuo-ku, Tel. 571-4040

*Ginza Jisaku,
7-6-16, Ginza, Chuo-ku,
Tel. 571-3432

Ginza-Yonchome Suehiro,
Kintetsu Building, 4-4-10, Ginza, Chuo-ku, Tel. 562-0591. Spezialität: Sukiyaki

Hamadaya,
3-12, Ningyocho, Nihombashi, Chuo-ku, Tel. 661-5435

*Happo-en,
1-1-1, Shiroganedai, Minato-ku,
Tel. 443-3111

*Hasejin Azabu-ten,
6-18, Iigurakatamachi, Azabu, Minato-ku, Tel. 582-7811. Spezialität: Sukiyaki

*Hige-no-Tempura,
1-6, Kyobashi, Chuo-ku,
Tel. 281-5585. Spezialität: Tempura

*Inagiku,
2-6, Kayabacho, Nihombashi, Chuo-ku, Tel. 669-5501. Spezialität: Tempura

Izui,
6-4-17, Ginza, Chuo-ku,
Tel. 573-5731

*Jisaku,
14-19, Akashicho, Chuo-ku,
Tel. 541-2391

Kacho,
7-16-7, Ginza, Chuo-ku,
Tel. 541-1617

*Kanetanaka,
8-16-4, Ginza, Chuo-ku,
Tel. 541-2556

*Kinsen,
5. Stock, Kintetsu Building, 4-4, Ginza, Chuo-ku, Tel. 561-8708

*Kurawanka,
Daian Building, 3-36-6, Shinjuku, Shinjuku-ku, Tel. 353-5111

*Mita,
6-7, Nakasu, Nihombashi, Chuo-ku,
Tel. 666-5251

Okahan,
7-6-16, Ginza, Chuo-ku,
Tel. 571-1417. Spezialität: Sukiyaki

Seryna,
3-12-2, Roppongi, Minato-ku,
Tel. 402-1051

*Shinjuku Gyuya,
24, Sankocho, Shinjuku-ku,
Tel. 352-2901. Spezialität: Sukiyaki

*Ten-Ichi,
5-7-16, Ginza, Chuo-ku,
Tel. 571-1272. Spezialität: Tempura

Tsukiji Tamura,
2-12-11, Tsukiji, Chuo-ku,
Tel. 541-2591

Yugiri,
7-13-20, Ginza, Chuo-ku,
Tel. 541-0036

Es folgen einige Restaurants, die auf chinesische Küche spezialisiert und nicht billig sind:

*New Tokyo Honten,
9. Stock, New Tokyo Building, 2-4, Yurakucho, Chiyoda-ku,
Tel. 572-5711

*Totenko Hibiya-ten,
Twin Tower Building, 1-2-3, Yurakucho, Chiyoda-ku, Tel. 504-2751

*Totenko Shibuya-ten,
Toho Seimei Building, 2-15-1, Shibuya, Shibuya-ku, Tel. 499-2931

Und nun einige Restaurants im westlichen Stil für den heimwehkranken Gaumen:

Balkan,
3-31-2, Shinjuku, Shinjuku-ku,
Tel. 352-1711. Bulgarische Küche

Bon Marché,
3-3-7, Ginza, Chuo-ku,
Tel. 571-6791. Französische Küche

*Brillant,
Shin Yurakucho Building, 1-11, Yurakucho, Chiyoda-ku,
Tel. 216-4621. Französische Küche

Castle Praha,
Tonichi Building, 6-2-31, Roppongi, Minato-ku, Tel. 405-2831. Tschechoslowakische Küche

*Kokeshiya,
3-14-6, Nishi-Ogi-Minami, Suginami-ku, Tel. 334-5111. Französische Küche

*Restaurant Shiki Coq d'Or,
Toshiba Building, 5-2-1, Ginza, Chuo-ku, Tel. 573-2121

*Ueno Seiyoken,
4-58, Ueno-Park, Taito-ku,
Tel. 831-2181. Französische Küche

Wenn Sie verhältnismäßig preiswert essen wollen, sind die folgenden Möglichkeiten einen Versuch wert:

Die **Restaurants in den Kaufhäusern** bieten Ihnen Ausgezeichnetes für Ihr Geld. Sie befinden sich normalerweise in den obersten Stockwerken und den beiden Untergeschossen und sind sechs oder sieben Tage in der Woche von 11.00 bis 18.00 Uhr geöffnet. Wählen Sie Speisen und Getränke aus den gläsernen Schaukästen am Eingang. Gehen Sie direkt zur Kassiererin, nennen Sie ihr die entsprechenden Nummern und zahlen Sie. Sie wird Ihnen einen Bon aushändigen. Suchen Sie sich einen Platz, geben Sie der Kellnerin Ihren Bon, und sie wird Ihnen Ihre Bestellung bringen. Die Restaurants in den Kaufhäusern Ginza Mitsukoshi und Ginza Matsuzakaya sind besonders zu empfehlen, ebenso wie das Restaurant im Kaufhaus Takashimaya in Nihombashi.

Die **Restaurants in den Bürogebäuden** sind in erster Linie für die Angestellten da, aber auch allgemeines Publikum hat dort Zutritt – und sie sind billig. Ihre Spezialität sind normalerweise auf japanische Weise zubereitete Nudelgerichte. Versuchen Sie, die Zeit des größten Andrangs zwischen 12.00 und 13.00 Uhr zu vermeiden. Diese Restaurants sind von 11.00 bis 21.00 Uhr geöffnet, jedoch sonntags geschlossen. Typische Beispiele sind die Restaurants im Mitsui- und im Yurakucho Building.

Restaurants in den Einkaufszentren: Unter jedem großen Bahnhof und jeder großen U-Bahnstation gibt es riesige Einkaufszentren mit einer Vielfalt von Restaurants. Sie sind täglich von 11.00 bis 21.00 Uhr geöffnet. Im Yaesu-Einkaufszentrum unter dem Hauptbahnhof Tokio gibt es nicht weniger als 77 verschiedene Restaurants. Die Einkaufszentren unter der Station Yurakucho und dem Koa Building auf der Ginza sind ähnlich gut ausgestattet.

Restaurants in den Nebenstraßen: Folgende Restaurants bieten Speisen zu vernünftigen Preisen an und sind wärmstens zu empfehlen:

Benishika (1-4 Yurakucho);
Renga-Tei (3-5-6 Ginza);
Sun Bird (6-8-1 Ginza);
Castle (8-2-2 Ginza);
Aka Hyotan (1-14 Yurakucho);
Shokudoen (5-7-17 Ginza);
Lion (7-9-20 Ginza);
King Koh Chinese Restaurant (1-14 Yurakucho).

Hier noch einige weitere Hinweise:

Frühstück: Die Coffeeshops in der Bahnstationen servieren zwischen 8.00 und 9.30 Uhr ein preiswertes Frühstück, das meistens im Stehen an einer Theke eingenommen wird.

Kaffeehäuser: Es gibt davon Tausende in Tokio. Mit den europäischen Einrichtungen dieser Art haben sie jedoch keine Ähnlichkeit. Noch wichtiger als der Kaffee (der fast immer gut ist) ist die Musik vom Band, wobei jedes Café auf eine besondere Musikgattung spezialisiert ist: Klassisches, Avantgarde, Jazz, Pop usw.

Die **Bierkneipen** sind deutschen Vorbildern oder dem, was man sich darunter vorstellt, nachempfunden, einige haben sich deutsche Namen zugelegt und verkaufen sogar deutsche Biere. Im wesentlichen haben sie jedoch ihren japanischen Charakter beibehalten und bieten eine amüsante und relativ billige Abendunterhaltung. Auf den Dächern der Bürogebäude und der Kaufhäuser sprießen im Sommer die Biergärten

Schuhe 靴

Da Sie bei einem Besuch in einem Privathaus, traditionell-japanischen Restaurants, Tempeln und Schreinen stets Ihre Schuhe ausziehen müssen, tragen Sie am besten nicht gerade Schnürstiefel bei Ihrem Tokio-Bummel.

Shinkansen – der japanische Blitzzug

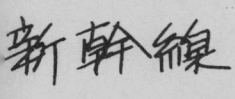

新幹線

Dies ist der Welt schnellster und vielleicht auch bequemster Zug. Eigentlich ist er für lange Reisen gedacht, aber Sie bekommen schon einen Eindruck, wenn Sie die kürzestmögliche Strecke mit ihm fahren – die 43 Minuten dauernde Fahrt nach Odawara vom Hauptbahnhof Tokio aus (wo alle Shinkansen-Züge abfahren). Es gibt zwei Blitzzüge: den Hikari und den Kodama. Für die kurze Fahrt nach Odawara benutzt man den Kodama, der einmal – in Shin-Yokohama – hält und danach seine Geschwindigkeit erhöht, ohne allerdings seine Höchstgeschwindigkeit ganz zu erreichen.

Die Reise von Tokio nach Kyoto dauert länger. Der Hikari legt die 513,6 Kilometer lange Strecke von der jetzigen zur früheren Hauptstadt in 2 Stunden und 53 Minuten zurück, so daß Sie theoretisch ohne Schwierigkeiten in einem Tag nach Kyoto hin und zurück gelangen können.

Vgl. auch *Ausflüge*.

Sport スポーツ

Aikido

ist eine kriegerische Kunst ohne Waffen, bei der Muskelkraft keine große Rolle spielt. Sie können sich Aikido ansehen oder sogar selber Unterricht nehmen bei *Aikikai,* 102, Wakamatsucho, Shinjuku-ku (10 Minuten zu Fuß vom Bahnhof Shinjuku), Tel. 203–9236. Training von 7.00 bis 20.00 Uhr (außer sonntags).

Judo

Der wichtigste Ort für Unterricht und Training ist die *Kodokan Judo-Halle,* 16–30, Kasugacho 1-chome, Bunkyo-ku (in der Nähe der U-Bahnstation Korakuen), Tel. 811–7151. Unterricht von 15.00 bis 19.30 Uhr außer sonntags. Am Empfang können Sie um Erlaubnis bitten, dem Training zuzusehen.

Karate

erfreut sich seit einiger Zeit so großer Beliebtheit im Westen, daß darüber an dieser Stelle nichts weiter gesagt werden muß. Unterricht: *Nihon Karate Remmei So-Hombu,* 4–14–12, Meguro, Meguro-ku (5 Minuten mit dem Taxi vom Bahnhof Meguro), Tel. 712–1918 (nur mittwochs und freitags von 19.00 bis 21.00 Uhr, sonntags von 13.30 bis 15.30 Uhr).

Kendo

Das japanische Fechten gehörte einst zu den wichtigsten Kriegskünsten, ist inzwischen jedoch zu einem reinen Sport geworden. Zwei Kämpfer in Schutzkleidung stoßen oder schlagen mit einem Bambusschwert nach ihrem Gegner. Kendo ist ein wesentlicher Bestandteil der Ausbildung der Tokioter Polizei. Sie können sich das bei folgender Adresse anschauen: *Städtisches Polizeihauptquartier,* 3–5, Kyobashi, Chuo-ku, Tel. 561–8251. Training an allen Tagen mit geraden Zahlen, ausgenommen montags und donnerstags.

Sumo

ist der Name für den traditionellen japanischen Ringkampf. Dieser äußerst populäre Sport ist zumindest für seine professionellen Vertreter eine eigene Lebensweise. Sumo-Ringkämpfer fangen schon sehr früh mit dem Training an. Sie müssen kräftig gebaut sein und werden im wahrsten Sinne des Wortes gemästet: Ihr Gewicht beträgt zwischen 113 und 159 kg. Zwei nur mit einem Lendenschurz bekleidete Kämpfer treffen in einem kleinen Ring zusammen, dessen Boden mit Sand bedeckt ist; es geht darum, den Gegner aus dem Ring zu stoßen oder so aus dem Gleichgewicht zu bringen, daß ein anderer Teil seines Körpers als die Füße den Boden berührt. Daß Sumo einer religiösen Tradition entstammt, ist noch heute an den umständlichen feierlichen Vorbereitungen vor jeder Runde erkennbar. Unter anderem wird Salz in den Ring gestreut und der ›Erdteufel‹ durch Aufstampfen mit dem Fuß ausgetrieben. Die Schinto-Zeremonien nehmen bisweilen viel mehr Zeit in Anspruch als der Kampf selbst, der normalerweise nur einige Augenblicke dauert. In Tokio finden jedes Jahr sechs Turniere von jeweils 15 Tagen Dauer statt, und zwar im Januar, Mai und September: *Kuramae Kokugikan* 2-1-9, Kuramae, Taito-ku (in der Nähe der U-Bahnstation Kuramae) Tel. 851–2201 (Turniere vom 8.–22. Januar, 7.–21. Mai und 10.–24. September).

Sprachführer 便利な言葉

Auf Wiedersehen	sayōnara
Auto	kuruma
Bahnhof	eki
Bank	ginkō
Bier	bīru
Bitte	dōzo
Buch	hon

Bus	basu
Danke	arigatō
Das hat geschmeckt	gochisosama
Entschuldigen Sie bitte	sumimasen
Fisch	sakana
Fleisch	niku
Früchte	kudamono
Geben Sie mir bitte ...	... o kudasai
Geld	okane
Gemüse	yasai
Genug, danke!	mō kekko
Gibt es eine Polizeistation (Wachhäuschen) in der Nähe?	chikaku ni kōban arimasu ka?
Gibt es hier ...?	... arimasu ka?
Guten Abend	konbanwa
Guten Appetit	itadakimasu
Guten Morgen	ohayo gozaimasu
Guten Tag	konnichiwa
Ich bin krank	byōki desu
Ich fahre morgen ab	asu tachimasu
Ist hier jemand, der Deutsch/Englisch spricht?	Doitsugo/Eigo hanasu hito imasuka?
Ja	hai
Kaffee	kōhi
Kartoffeln	jagaimo
Dürfte ich einen Blick auf Ihre Uhr werfen?	Tokei misete kudasai?
Lastwagen	tōrakku
Mahlzeit	shokuji
Milch	miruku
Mittag	hiru
Morgen	asa
Nachmittag	gogo
Nacht	yoru
Nein	iie
Rufen Sie bitte die Deutsche/Schweizer/Österreichische Botschaft an	Doitsu/Swisu/Ōsutoria taishikan ni denwa shite kudasai
Rufen Sie bitte einen Arzt	oishasan yondē kudasai
Schnellbahn	densha
Taxi	takushii
Telephon	denwa
Tee (japanischer)	o-cha

Tee (indischer)	kō-cha
Ticket, Billett	kippu
U-Bahn	chikatehtsu
Wechselgeld	otsuri
Wieviel kostet dies?	kore ikura desuka?
Wo befindet sich ...?	... doko desu ka?
Wo ist die Toilette?	toiré wa doko desu ka?
Zeitschrift	zasshi
Zeitung	shinbun

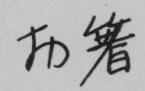

Stäbchen お箸

Sofern Sie nicht vorhaben, sich in Ihrem Hotel abzukapseln oder nur westliches Essen zu sich zu nehmen, werden Sie lernen müssen, mit Stäbchen *(o-hashi)* umzugehen, denn in vielen Restaurants werden Sie keine Messer, Gabeln oder Löffel finden.

Keine Sorge: Mit ein bißchen Übung werden Sie es bald weit bringen – und sogar satt werden. Die meisten Restaurants halten für jeden Gast neue Stäbchen bereit. Sie sind in einem Papierumschlag eingewickelt und müssen oben auseinandergebrochen werden.

Genieren Sie sich nicht, die Schälchen mit dem Essen an der Mund zu führen und das Essen mit Hilfe der Stäbchen hineinzuschieben. Nudeln dürfen geschlürft werden, niemand wird sich an dem Geräusch stören. Flüssige Nahrung wird direkt aus der Schale getrunken.

Aus der Zeichnung ersehen Sie, wie die Stäbchen zu halten sind.

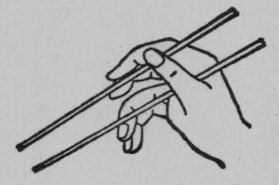

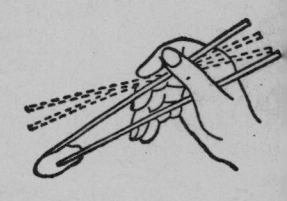

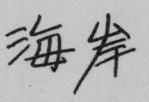

Strände 海岸

Wollen Sie ein Pazifik-Bad nehmen, müssen Sie aus dem Stadtzentrum hinausfahren. **Kamakura** (vgl. S. 108ff.) liegt ungefähr 50 km südwestlich von Tokio und ist mit dem Zug in kurzer Fahrt zu erreichen. Im Sommer drängen sich dort die Menschen allerdings so, daß der Anblick an die italienische Adria in ihren besten Zeiten erinnert. **Tateya**

…a in der Präfektur Chiba verfügt über einen Strand, der vom Bahnhof Tateyama in zwei Minuten zu Fuß zu erreichen ist. Gleiches gilt für Katase in der Präfektur Kanagawa. Alle diese Strände sind absolut gefahrenfrei und werden von Lebensrettungsdiensten überwacht.

Streichhölzer マッチ

Mit zu den nettesten japanischen Gebräuchen gehört es, den Gästen in Restaurants, Bars, Cafés usw. Streichhölzer zu überreichen. Die Streichholzhefte und -schachteln sind fast immer sehr geschmackvoll entworfen und ausschließlich an diesem einen Ort erhältlich, dessen Name und Adresse sie Ihnen in Erinnerung rufen sollen. Falls Sie diese Steichhölzer, die es umsonst gibt, nicht unmittelbar finden, können Sie danach fragen: *Matchi arimaska?*

Taxis タクシー

In großer Zahl vorhanden und verhältnismäßig preiswert. Taxistände sind vor allen Bahnhöfen zu finden, und freie Taxis (an einem beleuchteten Schild auf dem Wagendach zu erkennen) können herbeigewinkt werden. Seien Sie vorsichtig: Die hinteren Autotüren öffnen und schließen sich automatisch. Die Fahrer tragen weiße Handschuhe und erwarten kein Trinkgeld. Der unangenehme Geruch, der jedes Taxi in Tokio umgibt, sollte Sie nicht erstaunen – es liegt am Treibstoff – Gas –, mit dem sie fahren.

Telegramme 電報

Telegramme in lateinischer Schrift werden an allen Telegraphenämtern, Postämtern und Eisenbahnstationen entgegengenommen.

Telephonieren 電話

Öffentliche Telephone gibt es überall – und sie sind billig. Es gibt auch Zellen, aber die meisten Telephone stehen einfach auf einer Theke oder am Straßenrand, in Rot, Blau oder Gelb. In die ausschließlich für Ortsgespräche bestimmten **kleinen roten Telephone** können Sie nicht mehr als 10 Yen einwerfen; die Sprechdauer ist auf drei Minuten begrenzt, danach wird die Verbindung automatisch unterbrochen. 30 Sekunden vorher erklingt ein Warnzeichen. Mit den **großen roten Telephonen** können Sie Orts- und Inlandsgespräche führen – sie schlucken bis zu sechs 10 Yen-Münzen. Gleiches gilt für die **blauen Telephone,** die bis zu zehn 10 Yen-Münzen annehmen. Die **gelben Telephone** sind auch für Ortsgespräche, aber vor allem für Inlandsgespräche gedacht (bis zu zehn 10 Yen-Münzen und neun 100 Yen-Münzen). Werfen Sie in jedem Fall Ihr Geld ein, bevor Sie die Nummer wählen. Wenn Sie länger sprechen möchten, werfen Sie jedes Mal beim Erklingen des Warnzeichens eine neue Münze ein. Der Rest wird herausgegeben, wenn Sie einhängen. Für **Auslandsgespräche** wählen Sie die Nummer 0051.

Wenn Sie Japanisch nicht lesen können, brauchen Sie sich mit dem Telephonbuch gar nicht erst abzumühen. Es gibt allerdings eine englische Ausgabe des Branchenverzeichnisses. Die **Vorwahl** der wichtigsten japanischen Städte: Tokio (03), Kyoto (075), Nara (0742), Hiroshima (0822), Sendai (0222), Sapporo (011), Yokohama (045), Nagoya (052), Osaka (06), Kobe (078), Nagasaki (0958), Nikko (0288).

Theater

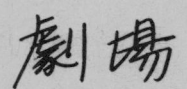

Zu den bekanntesten traditionellen Formen des japanischen Theaters gehören Noh, Bunraku und Kabuki. Alle drei haben etwas Besonderes zu bieten – selbst für den nicht Japanisch sprechenden Zuschauer, und alle drei sind ein Fest für das Auge.

NOH

Noh, eine Art lyrisches Drama, zeichnet sich durch prächtige Kostüme, langsame symbolträchtige Bewegungen und Gesang zu traditioneller Musik aus. Die Schauspieler tragen Masken und treten vor einem einfachen Hintergrund auf. Dieses mehr als 700 Jahre alte Spiel ist die aristrokatische Form des japanischen Theaters und wird wegen der Getragenheit und Feierlichkeit des Vortrags von Kennern hoch geschätzt. In den folgende Theatern sind regelmäßig Vorstellungen zu sehen (Einzelheiten sin den englischen Tageszeitungen z entnehmen oder bei einem Reisebü ro zu erfragen):

Ginza Noh-Theater,
5-15, Ginza 6-chome, Chuo-ku, To kio (5 Minuten zu Fuß von de U-Bahnstation Ginza),
Tel. 571-0197

Kanze Noh-Theater,
16-4, Shoto 1-chome, Shibuya-k (10 Minuten zu Fuß vom Bahnho Shibuya), Tel. 469-5241

Kita Noh-Theater,
6-9, Kami-Osaki 4-chome, Shinaga wa-ku (in der Nähe des Bahnhof Meguro), Tel. 491-7773

Nationaltheater,
13, Hayabusacho, Chiyoda-ku (1 Minuten zu Fuß von der U-Bahnsta tion Nagatacho), Tel. 265-7411

BUNRAKU

Bunraku ist ein Puppentheater vo wirklich erstaunlicher technische Perfektion. Bei dieser aus dem 17 Jahrhundert stammenden Spie form führen Puppen Legenden, h storische Geschehnisse und My then vor, häufig im Stil eines Melo dramas. Hinter jeder der über eine Meter großen Puppen stehen min destens zwei schwarzgekleidete Männer, die es verstehen, sie auf le bendige und überzeugende Weise u führen. Ein Erzähler trägt die Handlung des Puppenspiels vor. In Tokio ist Bunraku nur im Nationaltheater zu sehen (siehe Noh-Adressen), und zwar viermal jährlich jeweils zwei Wochen lang (täglich zwei Vorstellungen, mittags und nachmittags um 17.00 Uhr). Sie sollen möglichst weit vorne sitzen, damit sie den Gesichtsausdruck der wundervoll gearbeiteten Puppen sehen können.

KABUKI

Diese ebenfalls auf das 17. Jahrhundert zurückgehende Form des Theaters ist das volkstümliche traditionelle Drama; in einer Mischung aus Schauspiel, Tanz und Gesang stellen auffallend geschminkte Schauspieler in prächtigen Kostümen in einer Fülle von atemberaubenden Bildern und Dekors die ganze Skala von lyrisch-melancholischen bis zu gewalttätig-grausamen Ereignissen dar. Alle Frauenrollen werden von Männern gespielt, und vom Hintergrund der Bühne führt ein Laufsteg nach vorn, auf dem sich die Schauspieler häufig zeigen und dabei gelegentlich innehalten, um eine besonders sprechende Pose einzunehmen und ihre Kostüme zur Schau zu stellen. Die Zuschauer sind übrigens oft genauso interessant wie die Ereignisse auf der Bühne: Die Frauen tragen ihre schönsten Kimonos, und die Männer klatschen ihren Lieblingsschauspielern laut Beifall, wenn sie die Bühne betreten oder eine besonders beeindruckende Pose einnehmen. Die Kabuki-Vorstellungen dauern sehr lange, aber im Kabuki-Za-Theater gibt es ebenso wie im Nationaltheater einige Restaurants und Bars, in denen Sie sich während der weniger interessanten Spielteile stärken können.

Vgl. auch S. 122 ff.

Nationaltheater
S. Noh-Adressen. Jährlich acht Spielzeiten von jeweils drei Wochen. Wochentags ab 17.00 Uhr, samstags ab 11.00 Uhr und 16.30 Uhr, sonntags um 13.00 Uhr.

Kabuki-Za,
4–3, Ginza-Higashi, Chuo-ku (vor der U-Bahnstation Higashi-Ginza), Tel. 541–3131.

REVUEN

Musikrevuen, weitgehend nach dem Vorbild der Folies-Bergère, sind in Japan sehr beliebt. In den farbenprächtigen und abwechslungsreichen Shows treten attraktive Mädchen auf, wobei auffällt, daß die japanischen Frauen im allgemeinen obenherum etwas weniger üppig sind als ihre europäischen Schwestern. In der Nichigeki Music Hall (s. *Nachtleben*) sind prächtig ausgestattete Shows mit Tänzerinnen, Striptease im westlichen und japanischen Stil, Sketchs und kurze Nummern zu sehen, die bisweilen Anspielungen auf jene Art von Sex enthalten, die den Japanern offenbar besonders lieb ist (vgl. S. 164 ff.). Unfreiwillige komische Zweideutigkeiten enthält ein englisches Programm, das von einem Japaner mit offensichtlich nicht ganz perfekten Englischkenntnissen verfaßt wurde.

OPER, BALLETT UND KONZERT

Die Japaner sind in der klassischen Musik, in der ihre Dirigenten und Virtuosen sich einen internationalen Ruf erworben haben, mehr zu Hause als in Ballett und Oper, aber die besten amerikanischen und europäischen Ensembles und Orchester kommen nach Tokio. Aufführungsorte sind:

NHK-Halle,
2-2-1, Jinnan, Shibuya-ku,
Tel. 405-1111

Städtische Festhalle
(Metropolitan Festival Hall),
5-45, Ueno-Koen, Taito-ku,
Tel. 828-2111

Hibiya-Halle,
1-3, Hibiya-Koen, Chiyoda-ku,
Tel. 591-6388

Shibuya-Halle,
1-1, Udagawa-cho, Shibuya-ku,
Tel. 463-5001

Yamaha-Halle,
7-9-14, Ginza, Chuo-ku,
Tel. 572-3111

Karten für alle Theatervorstellungen, Konzerte etc. sind in den sogenannten ›Play Guides‹ erhältlich. Diese Agenturen sind an belebten Straßenecken und in Kaufhäusern zu finden, außerdem im Hauptbahnhof Tokio und im Bahnhof Shinjuku.

Toiletten

トイレ・お手洗・便所

Es gibt nur wenige öffentliche Bedürfnisanstalten, die Sie zudem möglichst meiden sollten. Benutzen Sie die entsprechenden Einrichtungen in Bahnhöfen, Kaffeehäusern Restaurants und Kaufhäusern, wo bei letztere am saubersten sind. Die Toiletten sind häufig nicht nach Geschlechtern getrennt, und ebenso häufig fehlt es an Papier und Handtüchern, so daß Sie einen eigenen Vorrat an Toilettenpapier bei sich haben sollten. Die meisten dieser öffentlichen Einrichtungen in Tokio verfügen über Toiletten im westlichen Stil, doch sind WC's im japanischen Stil durchaus keine Seltenheit. Sie ähneln den entsprechenden Einrichtungen in Mittelmeerländern, sind aber fast immer sauberer.

In einem Privathaus tauschen Sie bitte Ihre eigenen Hausschuhe gegen die am Eingang zur Toilette stehenden aus – alles andere wäre ein Verstoß gegen die guten Sitten. In einem Privathaus sollte Sie der Anblick eines ›Honigtanks‹ in einiger Tiefe nicht erstaunen, denn viele Häuser in Tokio sind nicht an das Kanalnetz angeschlossen.

Bei einigen Toiletten im westlichen Stil sind an den Wasserkästen Erklärungen in Bilderschrift angebracht, weil viele Japaner sich immer noch nicht so recht mit dieser Einrichtung auskennen. Selbst die Eingeweihten benutzen die WC's nach westlichem Muster oft lieber auf japanische Weise – was erklärt, warum bisweilen auf dem Sitz Fußspuren zu finden sind.

Trinkgeld

Gott sei Dank ist diese Sitte in Japan ganz unbekannt, so daß Sie also Ihrem Taxichauffeur, der Kellnerin oder dem Hotelportier kein Trinkgeld geben sollten. An Bahnhöfen verlangt der Träger pro Gepäckstück eine Standardgebühr, die in Tokio 220 Yen beträgt (1979).

Trödelläden

sind in großer Zahl im Gassengewirr Tokios zu finden, viele davon nicht weit von der Ginza in Richtung Kanda. Marschieren Sie einfach drauf los, halten Sie sich aber abseits der großen Straßen.

Visitenkarten

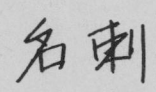

Meishi bzw. Visitenkarten spielen im japanischen Leben eine entscheidende Rolle und werden beim gegenseitigen Bekanntmachen ausgetauscht. Touristen, die mit Japanern zusammentreffen wollen, und Geschäftsleute müssen sich deshalb entsprechend ausrüsten, wobei die Karten möglichst beidseitig in Englisch und Japanisch beschriftet sein sollten. Die großen Fluggesellschaften können Visitenkarten für ihre Passagiere drucken lassen, ansonsten führen folgende Unternehmen in Tokio Ihren Auftrag in wenigen Stunden aus:

Iwanagana Printing Inc.,
3–16, Meijidori, Nishiokubo, Shinjuku-ku, Tel. 209–3381

Wakabayashi Name Card Printing Factory,
1–25, Sudacho, Kanda, Chiyoda-ku, Tel. 255–7909

Die Visitenkarte hat aus einem durchaus einleuchtenden Grund so große Bedeutung in Japan – viele chinesische Schriftzeichen können auf verschiedene Weise ausgesprochen werden, so daß ein und derselbe japanische Name ganz verschieden geschrieben werden kann. Die Meishi zeigt, wie sich der Name des Besitzers wirklich schreibt und auch, wer er eigentlich ist, d. h. was für einen Beruf er hat. Ohne diese Information kann das Gespräch etwas schwierig werden. »Ich konnte nicht mit ihm reden«, sagt eine Figur in einer berühmten japanischen Erzählung, »weil er mir seine Meishi nicht gab.«

Wasser

In Tokio können Sie unbesorgt Leitungswasser trinken – allerdings ist es stark gechlort, und sein Geschmack erinnert an das Wasser in einem Schwimmbad.

Zahnärzte 歯医者

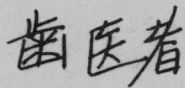

Englisch oder Deutsch sprechende Zahnärzte sind unter folgenden Adressen zu erreichen:

Olympia Ohba-Zahnklinik,
Olympia-Annexe, Jingumae 6-chome, Shibuya-ku, Tel. 409-7156

Kotani-Zahnklinik,
Hotel New Otani Arcade, Kioi-cho 4, Chiyoda-ku, Tel. 265-1111

Vgl. auch *Ärzte*.

Zeitrechnung und Tierkreiszeichen
年号・干支

Die Japaner benutzen den westlichen Kalender, rechnen die Zeit aber auch nach der Regierungszeit des jeweiligen Herrschers. Die laufende Regierungszeit heißt *Showa*, und das Jahr 1980 ist folglich Showa 55.

Der Tierkreis (der in Japan eine große Rolle spielt) besteht nach chinesischem Muster aus einem Zyklus von zwölf Teilen, von denen jeder ein Jahr umfaßt und nach einem Tier benannt ist: 1968: Affe; 1969: Hahn; 1970: Hund; 1971: Eber; 1972: Ratte; 1973: Ochse; 1974: Tiger; 1975: Hase; 1976: Drache; 1977: Schlange; 1978: Pferd; 1979: Schaf; 1980: Affe usw. Um Ihr ›astrologisches Tier‹ herauszufinden, addieren Sie so lange die Zahl 12 zu Ihrem Geburtsjahr, bis eine der eben genannten Jahreszahlen herauskommt. Wenn Sie einen Japaner bzw. eine Japanerin heiraten möchten, müssen Sie unbedingt Ihr Tierkreiszeichen kennen – einige Kombinationen passen einfach nicht zusammen und bedeuten Unglück.

Zeitungen und Zeitschriften
新聞・雑誌

Deutsche und andere ausländische Zeitungen sind, wenn auch mit mindestens zwei Tagen Verspätung, am Hauptbahnhof Tokio und in der Halle des Imperial Hotel erhältlich. Deutsche Zeitungen liegen außerdem im Goethe-Institut (in Shibuya, Tel. 462-0848) aus. Die vier in englischer Sprache erscheinenden Tageszeitungen sind in ganz Tokio an den Zeitungskiosken sowie in den Bahnhöfen und U-Bahnstationen erhältlich: *The Japan Times, Mainichi Daily News, The Daily Yomuri* und *The Asahi Evening News.* Sie unterscheiden sich eigentlich nur im Preis, und obwohl sie sich in ihrem Auslandsteil verständlicherweise auf amerikanische und britische Nachrichten konzentrieren, berichten sie doch auch ausführlich über andere internationale Ereignisse. Alle Zeitungen haben einen ausgezeichneten Wirtschaftsteil mit umfassenden Berichten über die wichtigsten Börsen und Warenmärkte. Deutsche Zeitschriften sind nur schwer zu finden. Die Läden der Maruzen-Kette (z. B. in der Nähe der U-Bahnstation Nihombashi) bieten eine kleine Auswahl an.

Bildnachweis

Farbabbildungen

Bavaria-Verlag, Gauting b. München   4, 5, 27, 36
Japan National Tourist Organization   22, 38, 39, 49
Laenderpress, Düsseldorf   20
Paul Leclaire, Köln   16, 17, 18, 19, 30, 33, 42, 44 (Info-Produktion, Monheim)
Bildarchiv Schuster, Oberursel   2, 3, 35, 37, 41, 45, 46
Spectrum Colour Library, London   8, 9, 10, 14, 15, 21, 23, 24, 25, 26, 48
Harald Sund, Washington   Titelbild
Frank Whitford, London   1, 11, 12, 13, 28, 29, 31, 32, 34, 43, 47, Umschlagrückseite
Zentrale Farbbildagentur (ZEFA)   6, 7, 40

Schwarzweißabbildungen

Anthony Verlag, Starnberg   S. 12/13, 61, 170, 196 (u.), 199, 200, 202 (r.)
Bavaria-Verlag, Gauting b. München   S. 59, 66/67, 164/65, 196 (o. r.), 202 (l.)
Japan National Tourist Organization   S. 41, 177 (2), 207
Engelbert Kaempfer, *Beschreibung von Japan,* Lemgo 1777/79   S. 31, 33, 36
Laenderpress, Düsseldorf   Frontispitz, S. 69, 71, 74, 120 (2), 156/57, 161, 191, 205
Paul Leclaire, Köln   S. 28, 63, 146 (l.), 149, 189, 203 (5)
Bildarchiv Schuster, Oberursel   S. 11, 109
Spectrum Colour Library, London   S. 212/13, 215
Bilderdienst Süddeutscher Verlag   S. 8, 18, 20, 26, 47, 65, 183, 193, 194 (2), 197
Time Life: ›Tokyo‹   S. 39, 45
Ullstein Bilderdienst   S. 64, 124, 127, 129, 145, 181, 209
Frank Whitford, London   S. 16, 17, 21, 72, 75 (2), 76, 78, 106, 107 (2), 110, 116, 122, 123 (2), 137 (2), 138 (2), 139 (2), 140 (2), 142, 146 (r.), 147, 150, 151, 152 (2), 155, 167, 174, 175, 178, 179, 182 (2), 186, 187, 192, 196 (o. l.)

Alle übrigen Abbildungen stammen aus dem Archiv des Autors.

Autoren und Verlag bedanken sich bei Herrn Paul Leclaire, Köln, für Mithilfe bei der Bildbeschaffung.

Sachregister

(Vgl. auch das Inhaltsverzeichnis der Praktischen Reiseinformationen)

Ausflüge 205 ff., 224 f., 259
Fuji 214 ff.
Hakone 211 ff., 225
Kamakura 208 ff.
Kyoto 224 f.
Nara 224 f.
Nikko 205 ff.
Oshima 211

Einkaufen 181 ff., 229 f., 242, 245, 267

Essen und Trinken 174 ff., 237 f., 256 ff., 262, 267

Geschichte 19–65
Gründung und Entwicklung Tokios 21 ff.
Kulturgeschichte 130 ff.
Zweiter Weltkrieg 46 ff.

Kunst und Kultur 122–142
Feste 105 ff., 232 ff.
Geishas 158 ff., 235 f.
Holzblockdrucke, Ukiyo-e 130 ff.
Ikebana 241
Kunstgalerien 246
Kunsthandwerk 137 ff.
Museen und Galerien 246 ff.
Ryokans 171 f., 240
Teezeremonie 74
Theater 122 ff., 264 ff.

Nachtleben, Unterhaltung 250 ff.
Fernsehen 231 f.
Feste 105 ff., 232 ff.
Geishas 158 ff., 235 f.
Kinos 164 ff., 243
Pachinko 254
Theater 122 ff., 264 ff.

Religion 67–107
Aberglauben 68 f., 268
Buddhismus 68 ff.
Christentum 77 ff.
Feste 105 ff., 232 ff.
Kirchen 243 f.
Neue Religionen 75 ff.

Schintoismus 68 ff.
Schreine s. Sehenswürdigkeiten
Teezeremonie 74
Tempel s. Sehenswürdigkeiten
Zen 73 ff., 79

Sehenswürdigkeiten
Akasaka-Palast 27, 194
Asakusa-Kannon-Tempel 21, 56, 194 f.
Außengarten des Meiji-Schreins 195
Botanischer Garten 201
Fuji 214 ff.
Gedächtnishalle 195
Ginza 9, 50, 78, 190, 195
Gokokuji-Tempel 195, 198
Hakone 211 ff., 225
Hama Rikyu-Garten 198
Hauptbahnhof 27, 198
Hie-Schrein 198
Kaiserpalast 29 ff., 60 ff., 190, 198
Kamakura 208 ff.
Korakuen-Garten 198
Marien-Kathedrale 198
Meiji-Gedächtnisgalerie 195
Meiji-Schrein 27, 190, 195, 200
Museen 246 ff.
Nihonbashi 200
Nikko 205 ff.
Olympische Bauten 200
Oshima (Insel) 211
Parlament 201
Rikugien-Park 201
Sengakuji 38, 45, 201
Shiba-Park 201
Shibuya 201
Shinjuku 201
Takao 143
Tokyo Tower 202
Toshogu-Schrein 204
Tsukiji-Fischmarkt 202
Tsukudajima 202, 204
Ueno-Park 202, 204
Yasukuni-Schrein 204

Sport 255, 259 f.

Sprache 9 f., 14 ff., 108–121, 228 f., 260 f.

Raum für Ihre Reisenotizen
Anschriften neuer Freunde, Foto- und Filmvermerke, neuentdeckte gute Restaurants, etc.

Meisterwerke des japanischen Farbholzschnitts

Hukusai Eisen Hiroshige Kunisada Kuniyoshi
Von Roger Goepper. 96 Seiten mit 17 (teilweise ausklappbaren) Farbtafeln, 31 einfarbigen Abbildungen und Zeichnungen, Bibliographie, Leinen

»Aus der unübersehbaren Fülle des Materials hat der Verfasser eine erlesene Auswahl getroffen und sich auf fünf Hauptmeister des 19. Jahrhunderts beschränkt, die in ihrer Eigenschaft charakterisiert und in hervorragenden, teils farbigen, immer ausführlich kommentierten Abbildungen von Hauptwerken vorgestellt werden.«

Rheinische Post

»Richtig reisen«: Ferner Osten

Von Charlotte Peter und Margrit Sprecher. 302 Seiten mit 14 farbigen und 120 einfarbigen Abbildungen, 64 Seiten praktischen Reisehinweisen, Stadtplänen und Karten

»Ganz gleich, welche Ecke der Geschäftsmann, Charterflieger oder Studienreisende im Fernen Osten ansteuert, dieses Buch sollte er vorher gelesen haben. Prägnant macht es ihn mit Atmosphäre, Kultur, Religion und auch mit der Denkensweise der Asiaten bekannt. Ob es sich um Ikebana, heilige Ringkämpfe, Kirschblütenfeste, Trachten oder Leichenverbrennungen handelt, das Buch weiß Bescheid.«

Münchner Merkur

Japan
Tempel, Gärten und Paläste

Einführung in Geschichte und Kultur und Begleiter zu den Kunststätten Japans
Von Thomas Immoos und Erwin Halpern. 268 Seiten mit 15 farbigen und 185 einfarbigen Abbildungen, 34 Zeichnungen, Karten und Plänen, 16 Seiten praktischen Reisehinweisen

Dieser Reiseführer will mit einer leicht faßlichen und doch tiefgreifenden Darstellung des Buddhismus und Shintoismus zunächst die Grundlagen für das Verständnis der religiösen, kulturellen und künstlerischen Traditionen schaffen. Als Reisehandbuch führt der Band in die bedeutendsten Städte und vor allem an Orte, die abseits des Touristenstroms liegen.

Japanische Gartenkunst

Form – Geisteswelt – Geschichte
Von Karl Henning. Etwa 220 Seiten mit etwa 30 in den Text integrierten Farbfotos und etwa 70 Schwarzweiß-Fotos und Zeichnungen, Literaturhinweisen, Glossar, Zeittafel, Register (DuMont Taschenbücher, Band 95)

Der Autor beschreibt die verschiedenen Typen japanischer Gartenkunst mit ihren besonderen Gestaltungselementen: Teichformen, Steinsetzungen, Brücken, Laternen, Trittsteine, Begrenzungen, architektonische Elemente. In einem besonderen Kapitel stellt er die bedeutendsten Gartenschöpfer vor. Er analysiert auch die gesellschaftlichen und vor allem die religiösen Strömungen – Shintoismus, Taoismus und Buddhismus –, die für Gestalt und Anlage von zentraler Bedeutung waren.

Zen-Kunst

Von Hugo Munsterberg. 155 Seiten mit 53 einfarbigen Abbildungen, Anmerkungen, Bibliographie, Namen- und Sachregister (DuMont Taschenbücher, Band 59)

Dieses Buch gibt eine Einführung in die von Zen geprägte Kunst, so vorzüglich geschrieben, daß sie auch dem Leser verständlich wird, der sich noch nicht mit Zen beschäftigt hat. – Nach einem Überblick über Ursprung und Geschichte in Indien und China charakterisiert der Autor das Wesen des Zen und seine künstlerischen Ausdrucksformen, beschreibt anschaulich den Einfluß auf die chinesische Malerei und seine Einführung und Entwicklung in Japan. In ausgewählten Bildbeispielen stellt er für Zen bezeichnende Kunstwerke vor.

DuMont Kunst-Reiseführer

Ägypten – Geschichte, Kunst und Kultur im Niltal
Vom Reich der Pharaonen bis zur Gegenwart. Von Hans Strelocke

Äthiopien – Kunst im Verborgenen
Ein Reisebegleiter ins älteste Kulturland Afrikas. Von Hans Helfritz

Algerien – Kunst, Kultur und Landschaft
Von den Stätten der Römer zu den Tuareg der zentralen Sahara. Von Hans Strelocke

Belgien – Spiegelbild Europas
Eine Einladung nach Brüssel, Gent, Brügge, Antwerpen, Lüttich und zu anderen Kunststätten. Von Ernst Günther Grimme

Dänemark
Land zwischen den Meeren. Kunst – Kultur – Geschichte. Von Reinhold Dey

Deutsche Demokratische Republik
Geschichte und Kunst von der Romantik bis zur Gegenwart. Brandenburg, Mecklenburg, Sachsen-Anhalt, Sachsen, Thüringen. Von Gerd Baier, Elmar Faber und Eckhard Hollmann

Deutschland
Das Bergische Land
Kultur, Geschichte, Landschaft zwischen Ruhr und Sieg. Von Bernd Fischer

Franken – Kunst, Geschichte und Landschaft
Entdeckungsfahrten in einem schönen Land – Würzburg, Rothenburg, Bamberg, Nürnberg und die Kunststätten der Umgebung. Von Werner Dettelbacher

Hessen
Vom Edersee zur Bergstraße. Die Vielfalt von Kunst und Landschaft zwischen Kassel und Darmstadt. Von Friedhelm Häring und Hans-Joachim Klein

Köln
Stadt am Rhein zwischen Tradition und Fortschritt. Von Willehad Paul Eckert

München
Von der welfischen Gründung Heinrichs des Löwen bis zur Gegenwart: Kunst, Kultur, Geschichte. Von Klaus Gallas

Der Niederrhein
Das Land und seine Städte, Burgen und Kirchen. Von Willehad Paul Eckert

Oberbayern
Kultur, Geschichte, Landschaft. Zwischen Donau und Alpen, Lech und Salzach. Von Gerhard Eckert.
(Erscheint Frühjahr '80)

Die Pfalz
Die Weinstraße – Der Pfälzer Wald – Wasgau und Westrich. Wanderungen im ›Garten Deutschlands‹. Von Peter Mayer

Zwischen Neckar und Donau
Kunst, Kultur und Landschaft von Heidelberg bis Heilbronn, im Hohenloher Land, Ries, Altmühltal und an der oberen Donau. Von Werner Dettelbacher

Schleswig-Holstein
Zwischen Nordsee und Ostsee: Kultur – Geschichte – Landschaft. Von Johannes Hugo Koch

Sylt, Amrum, Föhr, Helgoland, Pellworm, Nordstrand und Halligen
Natur und Kultur auf Helgoland und den Nordfriesischen Inseln. Entdeckungsreisen durch eine Landschaft zwischen Meer- und Festlandküste. Von Albert am Zehnhoff (DuMont Landschaftsführer)

DuMont Kunst-Reiseführer

Frankreich
Die Bretagne
Im Land der Dolmen, Menhire und Calvaires. Von Frank und Almut Rother

Burgund
Kunst, Geschichte, Landschaft. Burgen, Klöster und Kathedralen im Herzen Frankreichs: Das Land um Dijon, Auxerre, Nevers, Autun und Tournus. Von Klaus Bußmann

Das Elsaß
Wegzeichen europäischer Kultur und Geschichte zwischen Oberrhein und Vogesen. Von Karlheinz Ebert

Frankreichs gotische Kathedralen
Eine Reise zu den Höhepunkten mittelalterlicher Architektur in Frankreich. Von Werner Schäfke

Das Tal der Loire
Schlösser, Kirchen und Städte im ›Garten Frankreichs‹. Von Wilfried Hansmann

Die Provence
Ein Reisebegleiter durch eine der schönsten Kulturlandschaften Europas. Von Ingeborg Tetzlaff

Südwest-Frankreich
Vom Zentralmassiv zu den Pyrenäen – Kunst, Kultur und Geschichte. Von Rolf Legler

Griechenland
Athen
Geschichte, Kunst und Leben der ältesten europäischen Großstadt von der Antike bis zur Gegenwart. Von Evi Melas

Die griechischen Inseln
Ein Reisebegleiter zu den Inseln des Lichts. Kultur und Geschichte. Hrsg. von Evi Melas

Kreta – Kunst aus fünf Jahrtausenden
Minoische Paläste – Byzantinische Kirchen – Venezianische Kastelle. Von Klaus Gallas

Alte Kirchen und Klöster Griechenlands
Ein Begleiter zu den byzantinischen Stätten. Hrsg. von Evi Melas

Tempel und Stätten der Götter Griechenlands
Ein Reisebegleiter zu den antiken Kultzentren der Griechen. Hrsg. von Evi Melas

Großbritannien
Schottland
Geschichte und Literatur. Architektur und Landschaft. Von Peter Sager. (Erscheint Frühjahr '80)

Südengland
Von Kent bis Cornwall. Architektur und Landschaft, Literatur und Geschichte. Von Peter Sager

Guatemala
Honduras – Belize. Die versunkene Welt der Maya. Von Hans Helfritz

Holland
Kunst, Kultur und Landschaft. Ein Reisebegleiter durch Städte und Provinzen der Niederlande. Von Jutka Rona

Indien
Indien
Von den Klöstern im Himalaya zu den Tempelstädten Südindiens. Von Niels Gutschow und Jan Pieper

Ladakh und Zanskar
Lamaistische Klosterkultur im Land zwischen Indien und Tibet. Von Anneliese und Peter Keilhauer.
(Erscheint Frühjahr '80)

DuMont Kunst-Reiseführer

Indonesien
Ein Reisebegleiter nach Java, Sumatra, Bali und Sulawesi (Celebes). Von Hans Helfritz

Iran
Kulturstätten Persiens zwischen Wüsten, Steppen und Bergen. Von Klaus Gallas

Irland – Kunst, Kultur und Landschaft
Entdeckungsfahrten zu den Kunststätten der ›Grünen Insel‹. Von Wolfgang Ziegler

Italien

Apulien – Kathedralen und Kastelle
Ein Reisebegleiter durch das normannisch-staufische Apulien. Von Carl Arnold Willemsen

Elba
Ferieninsel im Tyrrhenischen Meer. Macchienwildnis, Kulturstätten, Dörfer, Mineralienfundorte. Von Almut und Frank Rother (DuMont Landschaftsführer). (Erscheint Frühjahr '80)

Das etruskische Italien
Entdeckungsfahrten zu den Kunststätten und Nekropolen der Etrusker. Von Robert Hess

Florenz und die Medici
Ein Begleiter durch das Florenz der Renaissance. Von My Heilmann

Ober-Italien
Kunst, Kultur und Landschaft zwischen den Oberitalienischen Seen und der Adria. Von Fritz Baumgart

Von Pavia nach Rom
Ein Reisebegleiter entlang der mittelalterlichen Kaiserstraße Italiens. Von Werner Goez

Rom
Kunst und Kultur der ›Ewigen Stadt‹ in mehr als 1000 Bildern. Von Leonard von Matt und Franco Barelli

Das antike Rom
Die Stadt der sieben Hügel: Plätze, Monumente und Kunstwerke. Geschichte und Leben im alten Rom. Von Herbert Alexander Stützer

Sardinien
Geschichte, Kultur und Landschaft – Entdeckungsreisen auf einer der schönsten Inseln im Mittelmeer. Feengrotten, Nuraghen und Kastelle. Von Rainer Pauli

Sizilien
Insel zwischen Morgenland und Abendland. Sikaner/Sikuler, Karthager/Phönizier, Griechen, Römer, Araber, Normannen und Staufer. Von Klaus Gallas

Toscana
Das Hügelland und die historischen Stadtzentren. Pisa · Lucca · Pistoia · Prato · Arezzo · Siena · San Gimignano · Volterra. Von Klaus Zimmermanns (Erscheint Frühjahr '80)

Venedig – Geschichte und Kunst
Erlebnis einer einzigartigen Stadt. Von Marianne Langewiesche

Japan – Tempel, Gärten und Paläste
Einführung in Geschichte und Kultur und Begleiter zu den Kunststätten Japans. Von Thomas Immoos und Erwin Halpern

Der Jemen
Nord- und Südjemen. Antikes und islamisches Südarabien – Geschichte, Kultur und Kunst zwischen Rotem Meer und Arabischer Wüste. Von Peter Wald. (Erscheint Frühjahr '80)

Jugoslawien
Kunst, Geschichte und Landschaft zwischen Adria und Donau. Von Frank Rother

Malta und Gozo
Die goldenen Felseninseln – Urzeittempel und Malteserburgen. Von Ingeborg Tetzlaff

DuMont Kunst-Reiseführer

Marokko – Berberburgen und Königsstädte des Islam
Ein Reisebegleiter zur Kunst Marokkos. Von Hans Helfritz

Die Götterburgen Mexikos
Ein Reisebegleiter zur Kunst Alt-Mexikos. Von Hans Helfritz

Nepal – Königreich im Himalaya
Geschichte, Kunst und Kultur im Kathmandu-Tal. Von Ulrich Wiesner

**Österreich
Salzburg, Salzkammergut, Oberösterreich**
Kunst und Kultur auf einer Alpenreise vom Dachstein bis zum Böhmerwald. Von Werner Dettelbacher

Wien und Umgebung
Kunst, Kultur und Geschichte der Donaumetropole. Von Felix Czeike und Walther Brauneis

Portugal
Ein Begleiter zu den Kunststätten von Porto bis zur Algarve-Küste. Von Albert am Zehnhoff

Rumänien
Schwarzmeerküste – Donaudelta – Moldau – Walachei – Siebenbürgen: Kultur und Geschichte. Von Evi Melas

Kunst in Rußland
Ein Reisebegleiter zu russischen Kunststätten. Von Ewald Behrens

Die Schweiz
Zwischen Basel und Bodensee · Französische Schweiz · Das Tessin · Graubünden · Vierwaldstätter See · Berner Land · Die großen Städte. Von Gerhard Eckert

Skandinavien – Dänemark, Norwegen, Schweden, Finnland
Kultur, Geschichte, Landschaft. Von Reinhold Dey

**Spanien
Die Kanarischen Inseln**
Inseln des ewigen Frühlings: Teneriffa, Gomera, Hierro, La Palma, Gran Canaria, Fuerteventura, Lanzarote. Von Almut und Frank Rother (DuMont Landschaftsführer)

Katalonien und Andorra
Von den Pyrenäen zum Ebro. Costa Brava – Barcelona – Tarragona – Die Königsklöster. Von F. R. Allemann und Xenia v. Bahder. (Erscheint Frühjahr '80)

Zentral-Spanien
Kunst und Kultur in Madrid, El Escorial, Toledo und Aranjuez, Avila, Segovia, Alcalá de Henares. Von Anton Dieterich

Südamerika: präkolumbische Hochkulturen
Ein Reisebegleiter zu den indianischen Kunststätten in Peru, Bolivien und Kolumbien. Von Hans Helfritz

Städte und Stätten der Türkei
Ein Begleiter zu den Kunstwerken Istanbuls und Kleinasiens. Von Kurt Wilhelm Blohm

Tunesien
Karthager, Römer, Araber – Kunst, Kultur und Geschichte am Rande der Wüste. Von Hans Strelocke

USA – Der Südwesten
Indianerkulturen zwischen Colorado und Rio Grande. Von Werner Rockstroh

»Richtig reisen«

»Richtig reisen«: Amsterdam
Von Eddy und Henriette Posthuma de Boer. 203 Seiten mit 50 farbigen und 130 einfarbigen Abbildungen

»Richtig reisen«: Ferner Osten
Von Charlotte Peter und Margrit Sprecher. 302 Seiten mit 14 farbigen und 120 einfarbigen Abbildungen

»Richtig reisen«: Griechenland 1
Delphi, Athen, Peloponnes und Inseln
Von Evi Melas. Etwa 290 Seiten mit etwa 58 farbigen und etwa 140 einfarbigen Abbildungen. (Erscheint Frühjahr '80)

»Richtig reisen«: Großbritannien
England, Wales, Schottland
Von Rolf Breitenstein. 284 Seiten mit 58 farbigen, 140 einfarbigen Abbildungen

»Richtig reisen«: Ibiza/Formentera
Von Ursula von Kardorff und Helga Sittl. 248 Seiten mit 52 farbigen und 153 einfarbigen Abbildungen

»Richtig reisen«: Istanbul
Von Klaus und Lissi Barisch. 257 Seiten mit 28 farbigen und 173 einfarbigen Abbildungen

»Richtig reisen«: Kanada und Alaska
Von Ferdi Wenger. 325 Seiten mit 39 farbigen und 118 einfarbigen Abbildungen

»Richtig reisen«: Kopenhagen
Von Karl-Richard Könnecke. 200 Seiten mit 32 farbigen und 118 einfarbigen Abbildungen

»Richtig reisen«: London
Von Klaus Barisch und Peter Sahla. 251 Seiten mit 18 farbigen und 189 einfarbigen Abbildungen

»Richtig reisen«: Los Angeles
Hollywood, Beverly Hills, Venice, Santa Monica
Von Priscilla und Matthew Breindel. Etwa 346 Seiten mit 75 farbigen und etwa 180 einfarbigen Abbildungen. (Erscheint Frühjahr '80)

»Richtig reisen«: Mexiko und Zentralamerika
Von Thomas Binder. 330 Seiten mit 32 farbigen und 119 einfarbigen Abbildungen

»Richtig reisen«: Moskau
Von Wolfgang Kuballa. 268 Seiten mit 36 farbigen und 150 einfarbigen Abbildungen

»Richtig reisen«: Nepal
Kathmandu: Tor zum Nepal-Trekking
Von Dieter Bedenig. 288 Seiten mit 37 farbigen und 97 einfarbigen Abbildungen

»Richtig reisen«: New York
Von Gabriele von Arnim und Bruni Mayor. 312 Seiten mit 61 farbigen und 178 einfarbigen Abbildungen

»Richtig reisen«: Paris
Von Ursula von Kardorff und Helga Sittl. 277 Seiten mit 34 farbigen und 178 einfarbigen Abbildungen

»Richtig reisen«: Rom
Von Birgit Kraatz. Etwa 280 Seiten mit etwa 40 farbigen und etwa 120 einfarbigen Abbildungen. (Erscheint Frühjahr '80)

»Richtig reisen«: San Francisco
Von Hartmut Gerdes. 248 Seiten mit 33 farbigen und 155 einfarbigen Abbildungen

»Richtig reisen«: Südamerika 1
Kolumbien, Ekuador, Peru, Bolivien
Von Thomas Binder. 252 Seiten mit 35 farbigen und 121 einfarbigen Abbildungen

»Richtig reisen«: Südamerika 2
Argentinien, Chile, Uruguay, Paraguay
Von Thomas Binder. 330 Seiten mit 37 farbigen und 110 einfarbigen Abbildungen

»Richtig reisen«: Südamerika 3
Brasilien, Venezuela, die Guayanas
Von Thomas Binder. 332 Seiten mit 38 farbigen und 117 einfarbigen Abbildungen

»Richtig reisen«: Tokio
Von Frank und Ceci Whitford. 270 Seiten mit 49 farbigen und 120 einfarbigen Abbildungen

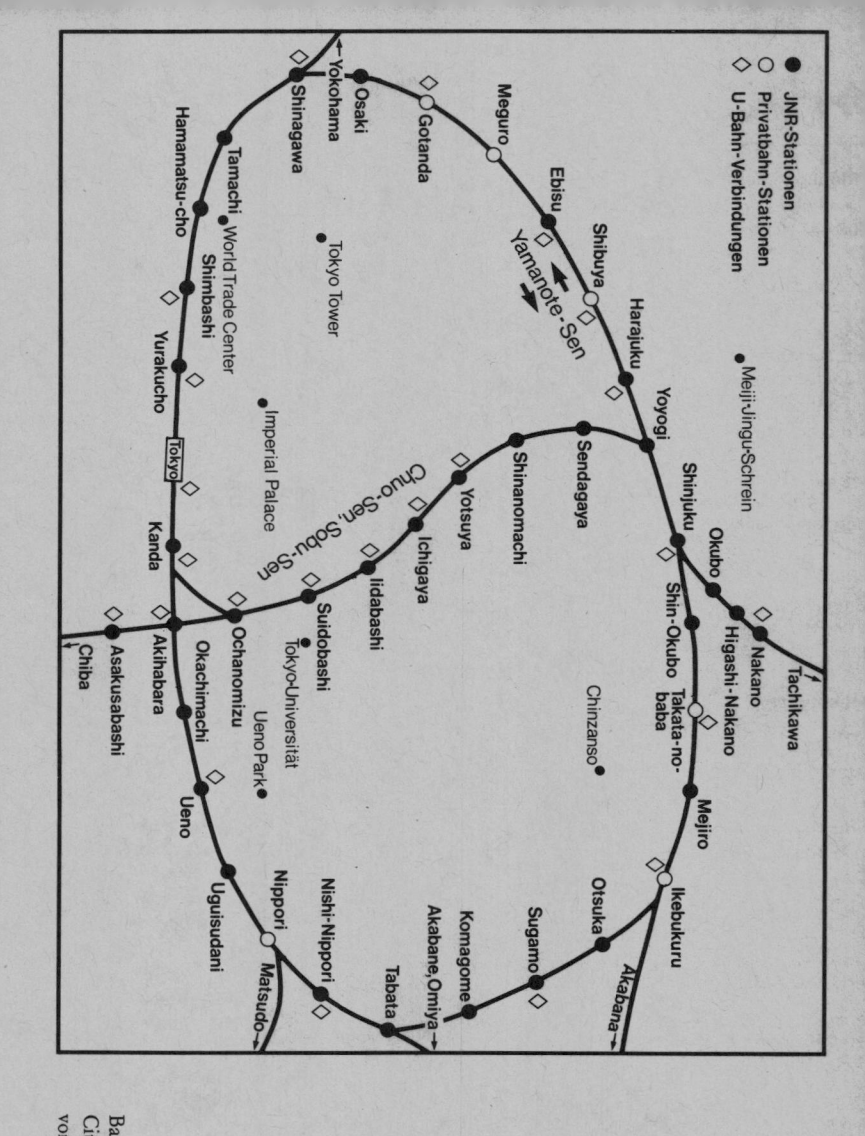

Bahnlinien im
City-Bereich
von Tokio